エンタテインメントと著作権─初歩から実践まで─⑤

インターネットビジネスの
著作権とルール（第2版）

福井健策 編

福井健策・池村聡・杉本誠司・増田雅史 著

Internet Business

Entertainment
and Copyright

CRIC　公益社団法人著作権情報センター

　CRIC「エンタテインメントと著作権」シリーズの刊行がはじまってから、早くも14年が経過した。「音楽」「映画・ゲーム」など巻ごとに特定ジャンルに絞り込み、ビジネスの成りたちと著作権の基礎から実務までを1冊で解説するという挑戦的な内容だったが、幸いにして皆様の支持をいただき、2015年からは全5巻の改訂版刊行がはじまった。ここに第5巻「インターネット編」の第2版を刊行して、シリーズ改訂作業は終わる。

　振り返ればシリーズ刊行がはじまった2005年当時、ネットビジネスはすでに著作権のさまざまな論争のほとんどを占めるほどであった。とはいえ当時は、Winnyはすでに社会問題化していたが、YouTubeは生まれたて、TwitterとFacebook（一般公開版）は誕生前夜であり、ニコニコ動画とLINEは存在さえしなかった。つまり今とはずいぶん風景が違っていた。（ついでに言えば津田大介はちょうど有名になりかけたネット文化の旗手、堀江貴文はライブドア事件の公判中でメディアの標的、JASRACは……まあだいたい今と同じような存在だった。）

　その後ネットと社会を襲った多くの「革命」を経て、巨大に膨張しコンテンツビジネスの破壊と変革をもたらし続けるネットビジネスの全容を眺めつつ、そこで生起する著作権などさまざまな法的問題の概観をもくろんだのが、本ネット編の初版（2014年）だった。この目標は、改訂作業でもそのまま維持されている。かかわる課題は、初版時と比べてさえあまりに多く、「何を」「どこまで」掘り下げるのか正解の見えないものばかりである。そうしたなか、関連ビジネスおよび法律の第一人者たちは超多忙な日々のなか多くの時間を執筆に割いてくださり、今回も十分世に問う価値のある概観の書になり得たように感じている。その射程の広大さは、巻末の索引をご覧いただくだけでもおわかりいただけるだろう。

　本書は、今回も3部構成をとっている。**第Ⅰ章**では変容し続けるネットビジネスの概況と、著作権その他の権利との関係を眺める。**第Ⅱ章**では著作権の基礎的な知識を、インターネット分野とのかかわりを念頭におきながら体系的にレクチャーする。この箇所は各巻とも、第1巻「ライブイベント

編」の第Ⅱ章（二関辰郎執筆）を下敷きに必要な変更を加えて執筆されている。**第Ⅲ章**は、ネットビジネスの個別の事象ごとに法的な解説を加えた箇所で、きわめて幅広い分野が網羅されている。**巻末**には関連団体のリストや索引を加えた。必要な箇所をどこから読んでも理解できるように意を用いたつもりであり、クロスリファレンスもできる限り取り込んである。

　編者としては前回に引き続き、全体の項目のピックアップと構成は十分にCRIC や執筆者各位と協議し、具体的な執筆内容についても議論させていただいた。とはいえ、最終的に意見が異なる箇所は（あまり多くはなかったが）、当然ながら各執筆者の意向を尊重している。

　言うまでもなく、本書の誕生にあたって最大の謝辞を捧げるべきは、今回も魅力あふれる表紙カバーを描き下ろしてくださった漫画家の赤松健さん（「出版・マンガ編」共著者、日本漫画家協会常務理事）、密な作業に全力で取り組んでくださった執筆者の皆様、企画進行を担った片田江邦彦事務局次長や加藤宏亮さん、深澤一央さん（初版時）をはじめとする公益社団法人著作権情報センターの皆様、通山和義さん、Reproduction の市川敦史さんである。さらに初版時の、株式会社ドワンゴ広報の高橋江梨子さん、森・濱田松本法律事務所パートナー（いずれも当時）だった野口祐子弁護士のご尽力にも、改めて感謝したい。現在はグーグルジャパンの執行役員法務部長として以前にも増して多忙をきわめる野口弁護士の存在なくては、本書は誕生し得なかった。その他、巻末に参考文献として記したもののほか、数多くの先人達の活動と文献に本書は負っている。感謝したい。

　初版に続き、本書がネットビジネスの豊かな幸福な発展の一助とならんことを願っている。

　2019 年師走　いく分暖かい日差しの注ぐ日に

シリーズ編者　福井　健策

III インターネットビジネスの著作権【実践編】

1 コンテンツ配信

2 SNS その他の投稿サービス

3 二次創作

7 違法行為

8 グローバルな著作権問題

装幀────DICE DESIGN 土橋公政
編集協力──（有）麦人社

I

インターネットビジネスの
しくみと動向

インターネットをとりまく
ビジネスの概観
―― インターネットビジネスの仕組みに触れる

📶 インターネットがもたらしたビジネスの構造改革

インターネットの基本的特徴は、双方向性（インタラクション）にあります。そして、近年は「クラウド」という言葉に象徴されるように、あらゆる手続や処理がネットワーク上で分散して行われています。この状態は、インターネットの使われ方が、原理的に分散型であるその構造にますます近づいた姿であるといえるでしょう。

インターネットが私たちの身近なものになる以前、すべての手続や処理は中央集権的であり、情報は一方向的な発信、あるいは受信でした。社会・経済原理においても同様で、限定的な選択肢のもとで皆が同じものを求める時代、あるいは恣意的に欲求が画一化された大量生産と大量消費の時代です。しかし、この状況はインターネットの出現によって一変します。距離や時間という概念を取り払うネットワークの力によって、分散していた「個」の思考や嗜好、そして欲求は双方向に伝達されて増幅され、グループやコミュニティを形成します。その結果、潜在的であったビジネスポテンシャルを顕在化し、カテゴリやマーケットといった単位へと押し上げていったのです。

この動きはとても特徴的で、同じ価値観で形成されたコミュニティを構成する「個」は、ビジネスの対象となるサービスや商品に対しても高いロイヤリティ（忠誠心）でつながっており、購入確度や購入単価が高い良質な顧客層となります。一見すると、インターネットにおけるビジネスは、顧客が検索機能などを用いて価格や内容の比較検討を容易に行えるために、より安価で良質な商品を提供することに重きをおく仕組みが稼働する市場原理を想像させます。もちろんこれもインターネットを活用したビジネスの特徴ではありますが、逆に作用させることができる点も、インターネットビジネスのも

うひとつの本質的な側面であるといえます。分散されている価値観を双方向に共有させることでコミュニティを形成し、承認欲求を喚起することは、結果的に顧客単価と満足度を引き上げる効果があるのです。そして、こうしたコミュニティを数多く成立させると同時に集約することができるために、非常に効率のよいビジネスが展開できるというわけです。

このように、インターネットはその基本構造を駆使することで、「個が求める価値」をさまざまな要求に基づいてマッチングさせることができるようになり、ビジネスにおける多様性と構造改革をもたらしたのです。

📶 多様化するインターネットビジネス

わが国にインターネットがもたらされて30余年、われわれの生活はインターネットによって大きく変化しましたが、平成後期から令和に変わるまでのおよそ10年の間にはさらに大きな変化が起きています。

当初の20年間はパソコンを介したウェブブラウザからインターネットに接続するウェブサービスによって、インターネットサービスはもちろん、ビジネスも広告事業モデルやeコマースなどを中心に新しいビジネスやインフラ、メディアとして展開されてきました。しかしこの状況は一変し、いまやインターネットサービスを提供するデバイスの主役はスマートフォンに取って代わられています。多くのインターネットサービスやコンテンツは「**アプリ**」としてソフトウェア化され、ウェブブラウザを介さずにインターネットに接続して利用者に価値を提供します。従来の広告や物品の購入だけでなく、音楽や映像といったコンテンツの購入や販売、会員制サービスへの募集と加入、ファンディングやドネーションと呼ばれる出資や寄付行為、そして、これらのすべての対価の支払い（決済）も、インターネット上でのサービスであり、ビジネスの対象となりました。インターネットの本来もつ双方向性（インタラクション）という機能が十分に活用され、求めるものどうしをつなぐことすべてがサービスやビジネスの機会へと変化し、多様化を極めているのです。

われわれの日常がインターネットへの接続を当然の前提とする生活スタイルに変わりつつあることを示唆するように、生活と密接に関係し、経済

的な指標の一つとなっている広告市場にも大きな変化がもたらされています。「2018年日本の広告費」（電通）によれば、国内のインターネット広告費は1兆7589億円（前年比116.5%）で、日本の広告費全体に占める割合は26.9%に成長しています。対して、これまでの広告市場を支えてきた地上波テレビ広告費は1兆7848億円（前年比98.2%）となり、全体比率としては27.3%にとどまります。もはやインターネット広告費がテレビ広告費を上回ることもそう遠いことではなさそうです。

　そして、今後はさらにさまざまな行為や事象がインターネット上で仮想化されていく時代へと加速していくことになります。その一つとして、インターネットのサービスを支える仕組みについても大きな変化を見ることができます。サーバやデータベースなど、サービスを支えるシステムは、もはや所有するものではなくなってきているのです。Amazon 社の AWS（Amazon Web Services）や Google 社の GCP（Google Cloud Platform）に代表される**オンライン仮想レンタルサーバ**への移行は、近年とくに顕著になっています。その理由は、Amazon 社や Google 社の大規模な投資によってつくり上げられ、かつ彼らの事業ノウハウを凝縮したインフラシステムはつねに最新の技術を使用し、セキュリティ面も堅牢であることから、一般的なインターネット事業者が自社でサーバなどを所有しメンテナンスするよりも、はるかに費用対効果が高い環境が提供されるようになったためです。われわれの生活すべてが仮想空間で成り立つようになる日も、もはや間近に迫っているといえるでしょう。

📶 インターネットビジネスの課題とコンテンツ市場の動向

　インターネットビジネスは、広告、物販、金融・決済、ソフトウェア機能、SNS やプラットフォームを含めるメンバーシップ、そして音楽や書籍、映像などの各種コンテンツの提供等にカテゴライズされます。

　なかでも、本書のテーマである「著作権」に関連が深いのは、コンテンツの提供やコンテンツのやりとりが伴う SNS やプラットフォームに属するビジネス（**コンテンツ市場**）になりますが、この市場も 2012 年以降大きく成長しています。総務省のまとめた「令和元年版 情報通信白書」によれば、イン

ターネット等を経由した情報通信系コンテンツの市場規模は、コンテンツ市場全体の 31.1% となる 3 兆 6784 億円に達しています。なかでも映像系ソフトは、ゲームカテゴリが牽引する形で大きな伸びを見せており、2017 年には情報通信系コンテンツのうち 61.5% を占める 2 兆 2632 億円に達し、2013 年と 2017 年を比較してみると 1.8 倍近くにまで成長しています（➡ p.16 図 1、図 2 参照）。

　これ以前にもコンテンツの提供はインターネットビジネスの一端を担うものでしたが、簡単にデータが複製、共有ができてしまうコンピュータネットワークの特性がネガティブに作用し、多くのコンテンツが SNS や動画共有サービスなど制作者の意図しないところで違法に複製、共有されていました。このため、コンテンツ市場では、インターネット上でコンテンツに対価を支払うという習慣が定着しづらいという大きな課題を抱えていました。このような状態を脱却するために、インターネット事業者やコンテンツ事業者をはじめとする関係者は互いに協力し、違法に複製、共有されているコンテンツを排除する仕組みをつくり、それらのコンテンツが出回らない環境の整備を行っています。また、インターネットの利用者に対する「著作権」の理解と啓蒙を進め、コンテンツの価値は本来「著作権」を所有するクリエイターに収益として還元されるべきものであるという認識を、インターネット（利用者）全体に浸透させるべく努めています。そうした取組みは一定の成果をあげていますが、「海賊版」等の違法行為対策はインターネットビジネスにとっていまもなお大きな課題の一つであり続けています。もちろんその前提としては、SNS や動画共有サービスの出現によって利用者のコンテンツ制作が活性化し、二次創作を含むコンテンツ創作文化が形成されたことに起因していますし、そこからインターネットがより深く、より広くわれわれの生活に浸透し、コンテンツ産業の経済圏確立への足がかりがつくられたことを考えると、「著作権」のあり方についてはいまだに多くの議論の余地を残していると思われます。

　同じく 2010 年を前後して、市場の様相にも変化が見られます。前項（➡ p.13）の冒頭に触れたように、この時期からインターネットサービスやコンテンツへの接触経路が、ウェブブラウザからアプリに変わってきています。この変

図1│通信系コンテンツ市場の内訳（2017年）

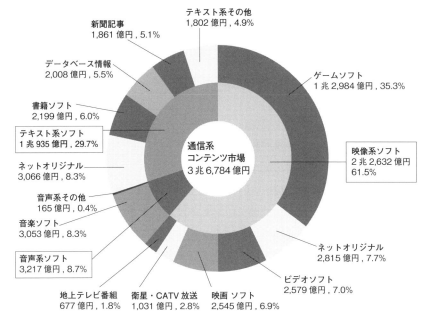

新聞記事
1,861億円, 5.1%

テキスト系その他
1,802億円, 4.9%

データベース情報
2,008億円, 5.5%

書籍ソフト
2,199億円, 6.0%

テキスト系ソフト
1兆935億円, 29.7%

ネットオリジナル
3,066億円, 8.3%

音声系その他
165億円, 0.4%

音楽ソフト
3,053億円, 8.3%

音声系ソフト
3,217億円, 8.7%

地上テレビ番組
677億円, 1.8%

衛星・CATV放送
1,031億円, 2.8%

映画ソフト
2,545億円, 6.9%

通信系
コンテンツ市場
3兆6,784億円

ゲームソフト
1兆2,984億円, 35.3%

映像系ソフト
2兆2,632億円
61.5%

ネットオリジナル
2,815億円, 7.7%

ビデオソフト
2,579億円, 7.0%

（出典）総務省情報通信政策研究所「メディア・ソフトの制作及び流通の実態に関する調査」

図2│通信系コンテンツ市場規模の推移（ソフト形態別）

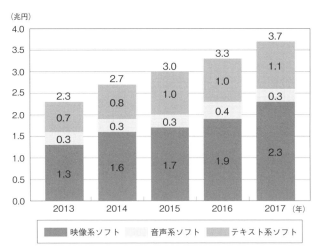

（出典）総務省情報通信政策研究所「メディア・ソフトの制作及び流通の実態に関する調査」

化は、支払いの仕組みやスタイルを含めて利用者の課金に対する意識を大きく変え、サービスやコンテンツの利用に対価が必要になることへの抵抗感を低減しました。とくに 2010 年以降に飛躍的な成長を遂げている「ソーシャルゲーム」は、2012 年を境にフィーチャーフォン（高性能携帯電話）からスマートフォンやタブレットに市場を移し、2016 年には市場規模が 1 兆円に達しています。また、月額定額制(サブスクリプション)を導入した動画視聴サービスとして、2011 年には「Hulu」、2015 年には「Amazon prime video」と「Netflix」がそれぞれ国内に参入し、従来の劇場公開作品やテレビ番組のアーカイブだけでなく、ハリウッド映画にも勝る出来栄えのオリジナル映像作品を提供するなどのサービスをもって利用者を伸ばし、市場を拡大しています。

　このように、コンテンツに対する意識の変化とともに、それをとりまく仕組みやサービス様式の変化によって、インターネットコンテンツはビジネスとして成長の一途をたどるようになりました。

📶 GAFA の時代

　現在、インターネットビジネスを語るうえで最も影響力をもつといわれているのが「**GAFA**」と呼ばれる企業群（「GAFA」は「Google」「Apple」「Facebook」「Amazon」の 4 社の頭文字を集めた呼称）です。いずれの企業も、インターネットサービスを通じて成立する私たちの生活圏にとっては欠かせない役割を担っています。

　Google は検索エンジンであり、そのほかにもコンピュータを使用するうえで欠かせないソフトウェア機能をクラウドで提供するほか、企業に向けてもインターネット広告やアクセス解析、グループウェア、前述した GCP（Google Cloud Platform）や、さらにはスマートデバイス向けの「Android OS」に至るまで、インターネットを使用するために必要なほぼすべての機能を全方位的に提供しています。そして、世界最大の動画共有サービス「YouTube」もこの Google の傘下なのです。

　Apple は統一されたデジタルブランドを展開、「Mac」や「iPhone」、「iPad」といったデバイスとともに、独自の OS とプラットフォームで音楽・動画配信・電子書籍などのコンテンツ配信サービスも行い、スタイリッシュなデザ

インの高さも手伝って、クリエイターをはじめ世界中で多くのファンを集めています。「iPhone」は最もシェア率の高いスマートフォンとして、一時は国内総数の70％近くにも迫ることもあったほどです。

Facebookはご存知のとおり、世界中で最も利用されている実名制SNSです。こちらも利用規模は世界最大で、月間のアクティブ利用者（MAU）は23億8000万人、デイリー（DAU）では15億6000万人を数えています（Facebook社2019年第1四半期業績ハイライト）。

そして、Amazonはeコマースを担う世界最大のマーケットプレイス型ネットショップです。商品を販売する企業をプラットフォーム上で横断的に結び、独自の流通ネットワークを介して商品を顧客の元に届けます。インターネットの特徴を生かしたこの仕組みによって、私たちはAmazonであらゆる種類の商品を購入することが可能となりました。このような流通網を確立したAmazonは、これまでの流通の歴史を数年の間に塗り替えたといわれています。さらにAmazonは、音楽・動画配信サービスや電子書籍、融資、さらに前述したAWS（Amazon Web Services）に至るまで、広範囲にビジネスを展開しています。

このように「GAFA」を構成する企業群は、それぞれのプラットフォーム上でサービスを展開しています。それらのプラットフォームにアクセスするだけで多くの情報や商品を得られるという点で、消費者にとっては便利でわかりやすいものです。一方で、プラットフォームは私たちの個人データや行動、思考の履歴をすべて掌握しているために、普段は無意識に感じている欲求や選択に先回りしてビジネスとしてのサービスを提供しています。「GAFA」が提供するサービスは、もともとは私たちの潜在的な「要求」に基づく提案や品揃えに起因しているものなので、利用者からは当然のことながら高い評価を得ることができます。このような仕組みも、インターネットの基本構造や特徴を存分に生かしているものです。

「GAFA」はインターネットビジネスの中で最も成功した企業として評価されていますが、このような仕組みの活用に懸念を示す考えもあります。消費者の行動や思考に先回りしてサービスを提供できるということは、提供者（この場合には「GAFA」）は思うままに消費者の行動や思考を操り、市場を独

占することもできる可能性があるということです。米国国内では、このような過度のマーケティングに歯止めをかけることを目的に法制度の見直しが始まっており、急速に拡大し世界に影響を与えた「GAFA」も社会と折り合いをつけることが迫られています。

　ここまで述べてきたように「GAFA」のあり方には今後も大いに議論の余地はあるようですが、現在のインターネットの仕組みを活用しビジネスとして成功するためのケーススタディはここに凝縮されています。すでに次の「GAFA」を担うといわれる企業も頭角を現し始めており、インターネットのサービスとビジネスはこれからも世代交代を繰り返しながら、私たちの生活に浸透し支えていくことでしょう。いまやインターネットは通信インフラでありながら、人々が活動や意思決定を行う場所でもあります。その中に入り込むことができれば、誰にでも「GAFA」のように成功するチャンスはあるでしょう。次の時代の「GAFA」を担うのはあなたかもしれません。

（杉本誠司）

インターネットビジネスをめぐる全体動向❶
—— インターネットビジネスの変容と歴史

📶 めまぐるしく変化するインターネットサービス

　1990 年代にわが国で本格的なインターネットの商用サービスが開始されて以来、さまざまなサービスがインターネット上で展開されるたびに、私たちの生活様式はめまぐるしい変化をたどってきました。現在渦中にいる私たちにとってはそれほど意識することのない日常的なインターネット上のサービスも、30 年前には予想もしなかったものであり、その様相はいまなお継続的な変容を見せています。以下では、そのような変化を担うことになったいくつかのトピックについて、本書の主旨に沿って紐解いてみたいと思います。

■ モバイルインターネット

　わが国のインターネットビジネスを語るうえで「**モバイルインターネット**」の登場は欠かすことができないトピックといえるでしょう。1999 年に NTTドコモの携帯電話利用者に限定的に提供された「i-mode」は、カテゴリ別（取引契約事業者別）に一覧されたインターネットコンテンツサービスとして誕生しました。その後、「EZweb」（現：au）や「J-sky（のちに Yahoo! ケータイ）」（現：ソフトバンク）といった国内の各携帯電話キャリアでも同様のサービスが追随し、2000 年代初頭においてわが国におけるモバイル環境でのインターネット利用を飛躍的に広めるきっかけになりました。

　その後、「Google」や「YouTube」、「Amazon」などの台頭により、オープンなインターネット環境がモバイルにも進出し、かつてのサービスはその影響力を弱めることになります。2006 年に発売された iPhone の「App Store」（Apple）や 2007 年発表の Android「Google Play」（Google）は、同様のコンテンツサービスをアプリ形式で世界各国に展開し、モバイルにおけるインターネットの利用を飛躍的に広げています。

■ インターネット広告

　インターネットの黎明期から変わりなくビジネスを支えている**インターネット広告**は、1996 年に商用検索サービスとして開始された「Yahoo! JAPAN」に掲載されたバナー広告がわが国で最初とされていますが、それ以降のインターネット広告は多様を極めることとなります。

　バナー広告はディスプレイ型として標準化され、2008 年にはインターネット上の複数のウェブサイトやアプリにまたがって掲載されるアドネットワークを形成するようになるほか、2010 年を過ぎると広告に反応した利用者の閲覧履歴やカテゴリ、プロファイルを追跡・分析し、利用者の思考特性や嗜好にマッチすると推測される広告を個人別にターゲティングして表示するなど、広告掲載に特化したネットワークコンピュータ技術を活用した広告が展開されています。また、2002 年に Google や Yahoo! によって開始された**検索連動型広告**（リスティング広告）は、キーワード単位での掲載やその成果の状況がリアルタイムで確認可能になるなど費用対効果に優れ、インターネット独自の技術を使った広告として、広告の常識を一変させました。

　複雑化するインターネット広告を効率的に購買するためにデータマーケティングの専門家も出現し、広告出稿や購買を代行する多くのインターネット専業の広告代理店が台頭したのも、インターネットビジネスの時代の特徴といえるでしょう。

■ コンテンツサービス

　1990 年代のインターネット黎明期より**コンテンツサービス**を支えてきた代表格としては、音楽配信やオンラインゲームが頭に浮かびます。**音楽配信**は「着メロ」や「着うた」といった、携帯電話の着信音向けのコンテンツ配信から、2000 年代初頭には「iTunes Music Store」や「着うたフル」として本格的な音楽配信市場へと広がりを見せました。さらに 2010 年以降にはそれまでのダウンロード型の音楽配信はストリーミング型へと徐々に姿を変え、サブスクリプション（定額聴き放題）型の課金スタイルとあいまって、国内外の音楽配信事業者による市場規模は拡大基調を続けています。

　一方、**オンラインゲーム**は 1997 年の「ウルティマオンライン」を商用サービスの始まりとして、多人数参加型ゲームやカジュアルゲームなど多種多様

なカテゴリのゲームコンテンツがウェブブラウザや SNS、クラウドなどの環境で展開されていきました。その後、2008 年のスマートフォン発売をきっかけに専用のアプリをダウンロードしてプレイするアプリゲームが主流となり、ゲーム中のアイテム購入に料金を支払う課金モデルによってビジネスが成り立っています。

そのほかにも、電子書籍や動画、映像といったコンテンツは、インターネットビジネスを語るうえでは欠かすことのできないカテゴリです。わが国の**電子書籍**は 1995 年に開始された「電子書店パピレス」からスタートし、1999 年以降は大手出版社が続々と電子書籍市場に参入しました。2010 年以降は Amazon の電子書籍専用リーダー「Kindle Fire」の発表を契機に、電子書籍専用のコンテンツ制作が盛んになり、ここでも電子書店各社によるサブスクリプション型の定額課金モデルが目立つようになってきました。

また、わが国で**動画配信サービス**が広まる最大のきっかけは「YouTube」（2005 年）や「ニコニコ動画」（2006 年）などの動画共有サービスにあり、さらに 2016 年に参入した「AbemaTV」によって、インターネット利用者が動画を主力コンテンツとして利用する時代を築き上げました。さらにこの流れから派生してライブ映像やオンデマンド型の商用映像コンテンツ市場が、「Hulu」（2011 年）を先駆けに展開します。家庭内に設置するセットトップボックス型のデバイスを中心に 2015 年に参入した「Amazon prime video」や「Netflix」によって、サブスクリプション型のビジネスモデルとともに市場規模は飛躍的に拡大し、現在ではハリウッド映画さながらのオリジナル番組を多数制作するなど、テレビに代わり映像視聴文化を牽引するポジションを獲得しようとしています。

SNS

インターネットという仕組みが私たちの生活を大きく変化させた要因は、日常的なコミュニケーション（人間関係の構築とそのやりとり）をインターネットが担ったことでしょう。その代表的なサービスが **SNS** です。

わが国では 2000 年代初頭より、インターネット上で個人のプロフィールを交換し友達関係をつくり、チャット上でその友人たちとの日常会話を交わすなど、SNS の原型となるサービスが始まっています。それが現在の標準的

なスタイルになったのは 2004 年に開始された「mixi」や「GREE」の時代からです。その後、同時期に米国で開始された「Facebook」が 2008 年に日本にも正式参入し、代表的な SNS のポジションを獲得しました。「Facebook」は、全世界では 23 億人（MAU：2019 年 Q1 実績）の利用者を数えています。

　また、わが国における SNS には若年層を中心にユニークな潮流が生まれました。「Facebook」と同時期に参入した「Twitter」（2008 年）は、140 文字のテキストを主体としたマイクロブログ型 SNS として日本を中心に利用者を広げ、ネット上で多くの利用者による時事の議論の場をつくっています。2012年より開始された「LINE」はチャット型 SNS で、電話に代わるコミュニケーション手段として急速に普及拡大し、プライベートな側面での情報交換による利用が多く見られています。さらに、写真投稿型 SNS「Instagram」（2014 年）によってコミュニケーションの主体がテキストから写真へと大きく変容するとともに、影響力のあるユーザを中心にしたコミュニティが形成され、「インスタグラマー」や「インフルエンサー」といった存在を生み出しました。

　多くの人をつなげ、その場に定着させることができる特性に注目して、サービス事業者は SNS の中に広告やコンテンツ、物販、金融などのサービスを提供しながら利用者の生活拠点を構築するとともに、ビジネスの多様化を進めています。

■ レビューサイト・レーティングサイト

　インターネットの双方向性（インタラクション）を活用し、人、モノ、コトの流れを大きく変えたのが**「口コミ」のサービス化**です。職業ライターだけでなく、実際の利用者による商品やサービスについての感想や評価が情報として共有されることで、そのカテゴリ商品やサービスは口コミ情報とともに、順位化されたり、興味をもった別のユーザの嗜好やプロフィールに合わせてソート（最適抽出）されたりするなどの結果、共感度を高め、カテゴリはもちろん、商品やサービスを中心としたロイヤリティユーザのコミュニティを形成し、販売拡大や利用のマッチングを助長する新しいメディアサービスの形として役割を果たすようになりました。コスメ商品をレビュー対象とした「アットコスメ」（1999 年開始）や、飲食店をレビュー対象とした「ぐるなび」（1996 年開始）は、いち早く「口コミ」の利活用に目をつけ、黎明期

の代表事例をつくり出した事業者としてサービスを拡大しました。その後も多くの事業者が参入し、旅行、美容、結婚、住宅、さらに保険や投資などの金融商品に至るまで**レビューサイト**が扱うジャンルは多岐にわたります。

　一方、「価格コム」（1997年開始）などが商品やサービスの販売価格情報を多方面から集め、**レーティング**（比較）することで、同様に購買活動は格段に効率化されました。これらの情報機能はレビュー（口コミ）と融合され、私たちの選択肢を多様化させています。

　このように、レビュー（口コミ）やレーティング（比較）といった、意思決定に必要な情報がネット上に集約されることで、生活の隅々にかかわる購買活動の中核もインターネット上に移り変わっているのです。

📶 すべてはプラットフォームの上に

　インターネットサービスは情報やコンテンツなど利用者の交流を促進する何らかのきっかけと場所をつくり、その交流を目的とした利用者どうしのつながりに連続性をつくることでサービスを拡大しています。そして、サービスの中で利用者に対する直接的な課金や間接的な広告収益などのビジネスモデルを適用させることで、ビジネスとして成立しています。こうしたビジネスを包括的に管理、機能させるサービス事業者は「**プラットフォーム**」と呼ばれ、ビジネスフロー的にも優位な立場にあります。「プラットフォーム」には、音楽やテキスト、写真、映像などのカテゴリ別コンテンツやSNSによる個人の投稿などが集められた情報群をサービスとして稼働しているものから、それらのサービスをさらに包括的に集めたものなど、その階層と範囲はさまざまです。「プラットフォーム」自体が経済圏を構成することからも、どのような「プラットフォーム」を構築し、事業を掌握できるかがインターネットビジネスの成功の鍵を握るともいわれており、インターネット事業者たちは日々「プラットフォーム」の覇権争いにしのぎを削っているのです。

（杉本誠司）

インターネットビジネスをめぐる
全体動向❷
—— スマートデバイスの時代

📶 スマホファースト

2008 年の「iPhone」発売、それに続く「Android」型スマートフォンの発売以来、わずか 10 年ほどの間に私たちの生活は一変しました。

他者とのコミュニケーションはもとより、日々の情報との接触、買い物、ゲームなどの娯楽や映画、音楽の鑑賞、読書、ライブ、スポーツ観戦、預貯金の管理から、日常的な行為や行動に関する予約・登録、支払い、認証など、私たちの日常生活のほぼすべてがスマートフォンとインターネットを基軸とした生活スタイルに変容しています。もちろん、タブレットやパソコンなどのスマートフォン以外のデバイスも活用されていますが、スマートフォンへの依存度は圧倒的です。かつて電車の中では新聞や雑誌、書籍を手にしている人を数多く見かけましたが、現在はほとんどの人がスマートフォンと向き合っています。街中はちょっとした待ち時間だけでなく、飲食の最中や歩いているときでさえもスマートフォンを手放すことができない人たちで満ち溢れ、社会的な問題にも発展しているものの、それほどスマートフォンは私たちの生活に溶け込み、無意識にインターネットに接続することが常態化しています。いまやスマートフォンとインターネットは完全に社会インフラの主役として機能しているのです。

わが国のインターネットの歴史は 30 年以上に及びますが、誰もがインターネットを利用するに至った 2008 年からの 10 年間の変化を勘案すれば、スマートフォンの出現は大きな役割を果たしたといえるでしょう。

総務省の「令和元年版 情報通信白書」によれば、2018 年の通信機器の世帯別保有数は「スマートフォン」が 79.2% となり、2016 年を機に、トップであった「パソコン」を上回っています。経年の傾向（➡図 3「情報通信機器の世

図3│情報通信機器の世帯保有率の推移

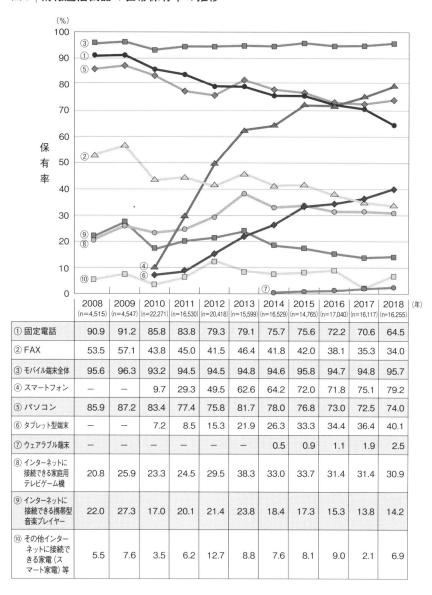

	2008 (n=4,515)	2009 (n=4,547)	2010 (n=22,271)	2011 (n=16,530)	2012 (n=20,418)	2013 (n=15,599)	2014 (n=16,529)	2015 (n=14,765)	2016 (n=17,040)	2017 (n=16,117)	2018 (n=16,255)
① 固定電話	90.9	91.2	85.8	83.8	79.3	79.1	75.7	75.6	72.2	70.6	64.5
② FAX	53.5	57.1	43.8	45.0	41.5	46.4	41.8	42.0	38.1	35.3	34.0
③ モバイル端末全体	95.6	96.3	93.2	94.5	94.5	94.8	94.6	95.8	94.7	94.8	95.7
④ スマートフォン	—	—	9.7	29.3	49.5	62.6	64.2	72.0	71.8	75.1	79.2
⑤ パソコン	85.9	87.2	83.4	77.4	75.8	81.7	78.0	76.8	73.0	72.5	74.0
⑥ タブレット型端末	—	—	7.2	8.5	15.3	21.9	26.3	33.3	34.4	36.4	40.1
⑦ ウェアラブル端末	—	—	—	—	—	—	0.5	0.9	1.1	1.9	2.5
⑧ インターネットに接続できる家庭用テレビゲーム機	20.8	25.9	23.3	24.5	29.5	38.3	33.0	33.7	31.4	31.4	30.9
⑨ インターネットに接続できる携帯型音楽プレイヤー	22.0	27.3	17.0	20.1	21.4	23.8	18.4	17.3	15.3	13.8	14.2
⑩ その他インターネットに接続できる家電（スマート家電）等	5.5	7.6	3.5	6.2	12.7	8.8	7.6	8.1	9.0	2.1	6.9

（出典）総務省「通信利用動向調査」
http://www.soumu.go.jp/johotsusintokei/statistics/statistics05.html

図4 | インターネット利用端末の種類

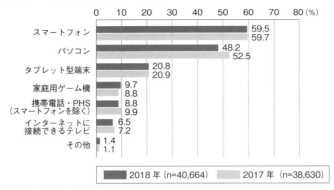

※当該端末を用いて過去1年間にインターネットを利用したことのある人の比率
（出典）総務省「通信利用動向調査」
http://www.soumu.go.jp/johotsusintokei/statistics/statistics05.html

帯保有率の推移」参照）を見ても、2010年以降は「スマートフォン」と「タブレット型端末」が連続的かつ急速な増加傾向にあり、その他の情報通信機器が減少傾向にあることからも、「スマホファースト」な状況がますます顕著になっていくことが予想されます。

　この流れはインターネットに接続する端末の利用状況からもうかがい知ることができます。同白書によれば（➡図4「インターネット利用端末の種類」参照）、「スマートフォン」の利用率（59.5％）が最も高く、「パソコン」（48.2％）を上回っているほか、全体傾向としても、2017年を転換期に「スマートフォン」利用によるインターネット接続という形態に集約されつつあることがわかります。なお、「家庭用ゲーム機」のポイント上昇も確認することができますが、これは、「Nintendo Switch」や「Sony PlayStation®4」などの主力普及機のゲームタイトルがネットワーク対戦やダウンロード販売に積極的な姿勢を見せ、市場が拡大していることなどが要因として推察されます。

📶 アプリプラットフォーム

　さらに、スマートフォンをはじめとするスマートデバイスがインターネットへの接続を担う状況は、サービスやビジネスの様相を大きく変えるきっかけとなりました。パソコンが主流の時代にはウェブブラウザを通じてインター

ネットサービスが提供されていましたが、スマートデバイスが主流となった現在では**アプリ**（アプリケーションの略語ですが、すっかり定着しました）と呼ばれるソフトウェア単位でサービスやコンテンツが提供され、アプリごとに必要に応じてインターネットへの接続が行われるようになりました。

　このようなアプリをスマートデバイス上で一覧し利用できる機能（あるいは状態）をプラットフォームと呼び、従来のウェブブラウザも情報やコンテンツを閲覧できるアプリの一つとして提供されています。ウェブブラウザと異なり、アプリの場合にはソフトウェア単位での付加価値や機能提供の幅が広がり、かつ利用者が他のインターネットサービスに手軽に移動してしまうことがないため、ソフトウェアや必要な機能の購入という状況をつくり、オンラインでの課金を容易にしています。このアプリプラットフォームは、さながらカタログやショーケースといったところでしょう。

　そして、**アプリプラットフォーム**は、米アップルコンピュータ社の「iOS」を搭載した「iPhone」や「iPad」上で提供される「App Store」（アップストア）と、米 Google 社の「Android OS」を搭載したスマートフォン上で提供される「Google Play」に二分されています。スマートデバイスの利用者は、必要なアプリを「ストア」と呼ばれるアプリプラットフォームから選び、ダウンロードののちインストールします。アプリケーションはスマートデバイスに格納され、画面上に表示されたアイコンから直接、サービスやコンテンツが呼び出され利用されます。もはや、URL やドメインを意識することなくインターネットに接続しているのです。

🛜 ビジネスモデルの変容

　アプリプラットフォームによるスマートデバイス主流のインターネットビジネスは、マーケティングの側面でも大きな変化をもたらしています。

　パソコンが主流であったウェブブラウザ時代には、インターネットのプラットフォームは誰もが自由にエントリーしてサービスやビジネスを展開できるオープンなものでした。もちろん、その状況はウェブブラウザベースのインターネットでは現在も変わっていませんが、先に述べたように、インターネットサービスの主流が、スマートデバイス上のアプリそのものに内包され

てしまった現在、ビジネスを展開しようとする事業者は「App Store」や「Google Play」のアプリプラットフォームの審査を受けたのち、アプリを提供することを余儀なくされています。

　また、アプリプラットフォームにはそれぞれのプラットフォームに標準化された課金機能があるため、アプリそのものの利用料やアプリ内の機能、アイテムの利用料を課金するビジネスモデルを展開することが容易になりました。インターネットのサービスやコンテンツは無償でシェアされるというイメージは、アプリというパッケージ化されたソフトウェアによるサービスの提供そして課金機能によって、大きく変わったのです。スマートデバイスが台頭したこの10年の間に、インターネットビジネスはスマートフォンを主流にしたアプリによる課金モデルへとラインナップを増やし、いまでは、年間の売り上げが数100億円から1000億円を超えるスマートフォンに特化したゲームなどのコンテンツサービス（事業者）も現れるようになりました。

🛜 プラットフォームによるビジネスの募占化

　一方、「App Store」（アップルコンピュータ社）から提供されるアプリの数はおよそ210万本、「Google Play」（Google社）から提供されるアプリの数はおよそ360万本に及んでいます（アプリケーション市場調査会社「Appfiguress社」による2017年実績：2018年報告）。アプリプラットフォームの中では、日々新しいアプリがリリースされ、プラットフォーム内の人気アプリになるためのランキング競争にしのぎを削っています。アプリの人気はダウンロード数やインストール数で表されており、成果の指標となるCPI（Click Per Install）を上げるために宣伝や広告が活用されています。

　そして現在、このようなプラットフォームの仕組みを提供するアップルコンピュータ社とGoogle社は、プラットフォームを利用して課金ビジネスを行う事業者の売り上げから一定の割合を手数料として徴収することで、インターネットビジネスの成長とともに莫大な収益を得ています。この先、新しいスマートデバイスやプラットフォーム、インフラが出現することで、この均衡が崩れる可能性もあるかもしれませんが、当面はこの2社によるインターネットビジネス環境の寡占が続きそうです。　　　　　　　（杉本誠司）

インターネットビジネスをめぐる全体動向❸
── クラウドの時代（よりインターネットらしい時代）の到来

📶 クラウドがもたらす構造変革

　私たちが使用しているスマートフォンやタブレット、コンピュータといったデバイスは、いまや完全に私たちの生活に入り込み、日常的な行動をつかさどる取捨選択のすべてがこれらを通じてインターネット上の仕組みや情報を介して行われているといっても過言ではありません。そして、その様相もデバイスやネットワークの技術的な進歩によって大きく変わりつつあります。

　スマートフォンをはじめとするデバイスでは、アプリケーションソフトウェア（アプリ）上でさまざまな機能やサービスを使用することができますが、そこで提供されるコンテンツ、情報や機能は手元の電子デバイスの中には存在せず、ほとんどが**クラウド**と呼ばれるインターネット上の仮想環境（主にサーバと呼ばれる外部のコンピュータ装置がネットワーク経由で複雑に組み合わされたもの）に格納されたり稼働したりしています。私たちの手元にあるデバイス内には、上述のアプリのみがあらかじめダウンロード（インストール）され、そのアプリをとおしてクラウド上のコンテンツや情報を閲覧したり操作したりするという構造が主流になっているのです。

　これは、コンピュータやネットワーク技術の飛躍的な進歩によって、私たちの日常的に扱う情報の範囲や量が膨大になったことと、より簡便にこの膨大な情報に触れることを両立するために整備された環境といえます。この環境のおかげで、デバイスはハードディスクなどの記憶装置を簡素化することができるようになり、軽量かつスタイリッシュなデザインとともに、老若男女を問わずあらゆる人たちの生活シーンに登場するようになりました。

　パーソナルユースだけでなく、企業レベルの情報ネットワークでも大きな

変化が起きています。これまでは企業が自社で構築所有していた情報システムやデータベースなどの仕組みを、Amazon 社の AWS や Google 社の GCP といった汎用的な大規模仮想システム（クラウドプラットフォーム）に載せ替えてしまうような動きも主流になりつつあります。これによって企業は、より高度かつ煩雑になっているハードウェアやネットワークのトラブル、情報セキュリティの負荷を軽減し、提供すべき情報やサービスの品質向上に注力できるようになるのです。

　いまや、私たちをとりまく情報社会は、物理的な状態と仮想的（論理的）な状態とが混在しながら全体を形成しています。クラウド環境を効率的に使うことが当たり前になればなるほど、物理的な存在を意識することは減少傾向になることが強く予想されますが、一方では、法制度などの社会の仕組みはそのような状況を前提としておらず、これが今日のインターネットにおける安全性や権利にかかわる問題の一端を生み出しています。

📶 コンテンツはダウンロードからストリーミングへ

　インターネット上に動画コンテンツのプラットフォームが生まれた 2000 年代初頭から、ネット上で取り扱われるコンテンツのデータサイズは格段に大きなものになり、利用者の手元にデータを格納するプロセスがもはや合理的でないことも、クラウドという環境が生まれ普及する一因となりました。クラウドを活用する場合、コンテンツをはじめとするデータのやりとりの際に利用者の電子デバイス上にデータの物理的なコピーを置く必要がないため、権利侵害の誘発を防止する効果もあります。もちろんこれらの環境を支えてきたのは、モバイル通信網の整備や Wi-Fi 環境の普及によるネットワークインフラの高速化や大容量化という背景にほかなりません。

　音楽コンテンツに関しては、データサイズが比較的小さいことやビジネスモデルの関係から iTunes をはじめ、**ダウンロード型**（ここでは、ストリーミング型との対比で、コンテンツのコピーをデバイス内に蔵置して利用するものを指します）を維持する傾向が見られましたが、2016 年頃を境に、月額利用料金など、一定の料金を支払うことによって無制限にサービスやコンテンツを利用できる**サブスクリプション型**のビジネスモデルが普及しはじめ、音

楽コンテンツサービスもサブスクリプション型が勢力を増し、**ストリーミング型**のコンテンツサービスへと変化していきます。

　映像コンテンツに関しても、これまでにさまざまなサービスが現れましたが、現在では Netflix や Hulu、Amazon Prime Video、Spotify に代表されるサブスクリプション型（これを **VOD** = Video on Demand と呼ぶことがあります）のサービスが飛躍的にシェアを伸ばしています。映像コンテンツは、電子デバイスのアプリケーションをとおした利用だけでなく、専用のセットトップボックスなどを使用してテレビで視聴するサービスも提供されており、テレビ放送コンテンツを差し置いて存在感を発揮する状況は、もはや珍しいものではありません。

　手元の電子デバイスにデータが物理的に存在しないことはメリットが多く、デバイス内の容量に合わせてデータの入れ替えなどを意識する必要もなく、情報やコンテンツの所持を増やすことができるほか、破損や紛失といったセキュリティ面においても大きく役割を果たしています。今後さらなるネットワークインフラの進歩とともに、こうした状態は加速します。コンテンツや情報が仮想空間（インターネット上）に存在することが当然のこととなる時代は、もはや目前に迫っているでしょう。

次世代高速モバイル通信（5G、Wi-Fi 6）への移行

　インターネットの普及において欠かせない要因の一つに、無線型のネットワークインフラの進化があります。

　無線型ネットワークには大きくはモバイル通信と Wi-Fi とに区分されます。**モバイル通信**は、現在 4G と呼ばれる世代の通信方式が 2012 年以降の標準として普及しています。また、**Wi-Fi** は、もともとは 2000 年前後から普及しはじめた無線 LAN を指しており、モバイル通信網を介さずにワイヤレスにインターネットに接続する方式として利用されてきました。2011 年のスマートフォンの発売とともに、登録商標である Wi-Fi という名称が適用され、いまでは各家庭内での無線型インターネット接続環境の標準となったほか、街中でも多くの施設内で公衆 Wi-Fi を利用してインターネットに接続することができるようになりました。

　しかし、多くの人がスマートフォンなどの高機能型の電子デバイスを所持している現在、動画視聴などネットワーク負荷の高い条件下で同時にスマートフォンを使用することが集中する場所では、通信の遅延や停止などといった障害も発生しがちです。そこで2019年以降、モバイル通信は次世代型の通信方式である「5G」規格を採用、Wi-Fiも新たに「Wi-Fi 6」という規格を採用することが決まっています。これらの新規格はいずれも、従来の4倍から10倍の通信速度（データ転送量）を実現するというものです。

　このような環境の変化は、大きなデータ量をもつ情報やコンテンツの電子デバイス上でのやりとりを拡大することはもちろん、利用シーンにも大きな変化をもたらすことになります。それは、私たちの生活すべてがインターネットを介した状態で機能しはじめるIoT（Internet of Things）社会がより現実的になることを示しています。

📶 中央集権化から分散化への流れ―ブロックチェーン型の情報管理

　これからのクラウド主流の時代を考えたとき、広大なインターネットの世界ではデータの所在や権利が分散化し、管理方法は多様を極めます。データを管理（マネジメント）するという概念はありますが、その方法は管理者や格納場所、あるいはデータの所有者や利用者の都合で移り変わったりすることも十分に考えられます。

　一方で、このクラウドという構造の上では、利用者にとって、データが物理的な所有状態を示すものではなく、使用する権利や閲覧する権利などの概念的な所有価値となることから、その権利が行使される状態をいかに担保されるかが重要になってきます。

　インターネット上で双方向にあらゆるものがつながった状態で、それらの痕跡を共有し確認し合うことによって所有価値を確認できる構造が**分散型台帳技術**と呼ばれるデータの管理手法であり、その代表的な例が**ブロックチェーン**です。ビットコインをはじめ、暗号資産（仮想通貨）の取引管理手法として一躍有名になったブロックチェーンですが、ここには中央集権的に取引情報を管理するという考え方そのものが存在しません。その代わりに、取引情報を履歴とともに複数方向に共有していくことによってその事実を管

理するという方法を用いています。目的となるデータやコンテンツの最新の所有者や使用者はもちろん、それまでの所有者や使用者の履歴を含めた権利情報をデジタルに付帯させることができるのです。デジタルに構成された情報が網の目のように張り巡らされ、かつ双方向につながっているインターネットだからこそ成立する情報の管理方法といえるでしょう。また、一見すると同じものに見えるデジタルデータやデジタルコンテンツの複製に対しても、所有や使用の状態をユニークに管理、継承することが可能になるため、正しい許諾や手続に基づいて成立しているデータなのか、そうでないものなのかを正確に見極めることができます。

　この仕組みを利用することで、権利侵害などを含む不正なデータが発生しない環境をシステム的に構築することができることに加えて、管理手法の範囲を飛躍的に広げることも可能となることから、ビジネス領域でも大きな可能性を秘めていると考えられています。これまでの管理概念を越えて、中央集権による管理機能ではなく分散管理を基軸とするブロックチェーンは、インターネットの特性を十分に活かした管理手法として注目を集めています。さまざまな利用シーンに向けた検討が進められており、これからの情報社会における主流となることが期待されています。

📶 仕事の流儀を変えたクラウドソーシング

　クラウドの波は私たちの仕事の流れにも大きな変化を及ぼしています。これまで、企業が専門性の高い業務を外部の組織や人にアウトソース（外注）するという形で分業を依頼していた流れにもインターネットやクラウドの仕組みが活用されています。依頼すべき業務に対して、専門スキルのある不特定多数の人材をインターネット上で幅広く募集し、採用できるようになったために、アウトソース（外注）の効率化は格段に進むようになりました。また、必要に応じて、発注から納品に至るまで仕事のやりとりがネット上で完結することによって、発注する側も受注する側も、その所在地や時間に影響されることなく、内容を優先してマッチングが行われるため、双方にとって満足度の高い業務環境が得られる結果を生みました。

　デザインやライティング、システム開発・運用、ウェブ制作などのクリエ

イティブ性の高い業務に携わる人材は、個人（事業）として活動しているケースも多いため、積極的に**クラウドソーシング**が活用されています。この動きは、同時に個人の事業可能性にも広がりをもたせ、「企業に所属する」という従来の仕事に対するスタンスやイメージにも変化を与えています。

　国内では「ランサーズ」が2008年に最初のクラウドソーシング事業をスタート、現在の最大手となっており、続いて2011年に開始した「クラウドワークス」の大手二強が注目を集めています。

　また、クラウドソーシングから派生した一般消費者向けのサービスとして台頭しているのが「Uber」（2009年開始）です。一般の人が所有している自動車をタクシーとして活用するビジネスモデルで、配車と決済をUberがウェブサービスとして仲介することで、乗客と自動車の所有者（運転手）がほぼ交渉を必要とせずにタクシー利用を可能としているものです。残念ながら、現在の日本では白タク行為（違法）にあたるとしてサービスは中止していますが、世界的にはタクシーという交通機関の利用常識を塗り替えるモデルとして普及しています。

　さらに、この「Uber」が2014年から開始した「Uber Eats」は、飲食店の出前をクラウドソーシングから着想しているサービスです。Uber Eatsと提携している飲食店のメニューからユーザは出前の注文と支払い（決済）を済ませると、配達者登録をしている別のユーザが飲食店の出前を請け負って注文したユーザに配達、手数料収入を得るという仕組みです。現在は、日本国内でも都市部を中心にUber Eatsの利用シーン（出前配達）が日常的に見られるようになっています。インターネットやクラウドの仕組みを活用することによって、今までは考えもつかなかった組み合わせでの需要と供給の関係が生まれ、新たな経済圏を拡大しているのです。

　このように、インターネットらしい時代の到来というのは、これまで私たちが当然のように感じていた状況が覆されることでもあるようです。それらを意識し、実践できる感覚を身に付けることこそが、インターネットを活用するスキルそのものなのかもしれません。　　　　　　　　　　（杉本誠司）

デジタル・ネットワーク社会と
著作権法

デジタル・ネットワーク化と著作権法改正の歴史

　ここまで述べてきたデジタル技術やインターネット技術の発展は、表1（➡ p.39）のとおり、著作権法と非常に密接に関連します。とくに1997年以降に行われた著作権法改正の多くは、デジタル技術やインターネット技術に対応するために行われたものということができます。

　そもそも、現在の著作権法は1970年につくられたものですが、当時はアナログ時代であり、インターネットという便利な技術も世の中にはありませんでした。そのような時代につくられた著作権法では、著作物を鑑賞すること（アクセスすること）は著作権者の許可なく誰もが自由に行えるのが原則で、著作権の対象とはされていません。したがって、小説を読んだり、映画を観たり、音楽を聴いたりすること自体は、仮に海賊版によって鑑賞する場合でも、著作権侵害にはあたりません。これは、人間が知識にアクセスすることは最大限に尊重されるべきであるという考えに基づくものともいえます。また、アナログ時代には、著作物を広く流通させる場合には、出版物やLPレコードのような形態で大量に複製物を作成する必要がありました。

　そこで著作権法では、著作物へのアクセスそれ自体ではなく、その手前の段階であり、このような流通の最初に行われる行為である「複製」に対し、権利を及ぼすことによって著作権者を保護することとしたのです。著作権が「コピーライト」（コピーの権利）と呼ばれる所以です。

デジタル技術の宿命——一時的複製、アクセスコントロールの問題を例に

　一方、インターネットの前提となっているデジタル技術は、宿命的にデータの蓄積が必要な技術です。デジタルは、すべての情報を0と1で表現する

技術ですが、人間の目や耳はアナログな情報として表現されたもの（音や光）しか感知することができません。したがって、デジタル技術を用いて0と1で表現されたものは、人間が理解できるように、再生の段階でアナログな情報に変換しなければならず、変換のためには、0と1の表現をメモリなどの記録媒体に一時的に蓄積することが必要になります。

このような著作物の**一時的蓄積**が著作権の対象となる「複製」に該当するかどうかは、世界中で対立がある未解決な大きな問題ですが、とくに欧米では「複製」に該当すると解釈する国が多いといえます。しかしながら、このように解釈した場合、本来は自由が保障されているはずの著作物へのアクセスに対して、著作権が及ぶことになってしまうのではないか、という問題意識をもっている研究者も多く存在します。日本では、こうした一時的蓄積は「複製」にあたらないという解釈が有力ですが、他方、TPP11に伴う著作権法改正（2018年12月30日施行）において、**アクセスコントロール回避規制**（➡p.107「DRM（デジタル著作権管理）とは何か」参照）が導入され、視聴行為やプログラムの実行を管理・制限する技術（アクセスコントロール技術）の回避行為等が著作権侵害として取り扱われることになりました。アクセスコントロール技術を著作権法上保護することは、裏を返せば、著作物へのアクセスそれ自体を事実上保護することを意味し、日本の著作権法が大きな変革期を迎えたとの評価も可能です。

🛜 デジタル・インターネット時代の光と影

デジタル方式による複製には、アナログ方式と異なり、複製による劣化という問題がほとんどありません。例えば、アナログ時代は、友人から借りたLPレコードをカセットテープにダビングし、そのカセットテープからさらに別のカセットテープにダビングし……、という形で音楽の複製が行われていましたが、複製を繰り返すことにより音質はどんどん劣化していきます。しかし、いまでは、例えばCDをパソコンにデジタルコピーし、それをCD-Rに記録するといった形で音楽の複製が何度行われても、通常、音質の劣化はありません。

さらには、デジタル技術は、著作物の創作方法にも大きな変革をもたらし、

音楽や映画といった、アナログ時代では一部のプロやセミプロ、ハイアマチュアしか創作できなかったジャンルの作品も、デジタルツールを活用することにより誰もが手軽に創作できるようになりました。また、著作物の流通という観点から見れば、媒体（有体物）の移動という形でしか流通していなかった時代と比べて、いまでは、インターネットを活用して、著作物を一瞬にして世界中に流通させることが可能であり、誰でも簡単に、世界中の著作物を鑑賞することができます。このようにデジタル化・ネットワーク化の進展によって、著作物の創作や利用が容易になったことを「**一億総クリエイター化**」、「**一億総ユーザ化**」と表現する人もいます。こうした時代にあっては、著作権者の利益を害さない範囲において、著作物の利用を円滑化することが求められます。

　しかし、他方では、デジタル技術・インターネット技術を悪用することにより、高品質の海賊版を一瞬にして大量に、世界中に流通させることも可能になりました。さらには、インターネット空間における**匿名性**という問題もあいまって、漫画・アニメを筆頭に、海賊版による被害はきわめて深刻なものとなっており、権利者の収入手段をいかに守るか、権利保護の実効性をいかに確保するかという問題が生じています（➡ p.40「著作権をめぐる国際的な対立の高まり」参照）。

　このように、デジタル・インターネット時代を著作権という観点から見た場合、光と影の両方に目を向ける必要があります。著作権法は、プラスの可能性を最大限に守りながら、効率的に海賊版対策をする、という難しいかじ取りを日々迫られているのです。現代社会では、次々に新しい著作物の利用方法が生まれています。その中には、著作権者の経済的利益を明らかに害し、著作権侵害であると考えられるものもありますが、著作権侵害か否か、簡単には答えの出ない利用も数多く存在しており、裁判に発展したものも少なくありません。

　このような激動の時代に、著作権は、そして著作権法はどうあるべきかについて、本書を通じて皆さんと考えたいと思います。　　　　　　（池村聡）

表1 │ デジタル・ネットワーク化と著作権法改正の歴史

改正法の成立年	主な改正事項
1970（昭和45）年	• 現行著作権法の成立
1985（昭和60）年	• プログラムの保護の明確化
1986（昭和61）年	• データベースの保護の明確化
1992（平成4）年	• 私的録音録画補償金制度の創設
1997（平成9）年	• インタラクティブ送信に係る権利（自動公衆送信権、送信可能化権）の創設
1999（平成11）年	• 技術的保護手段回避規制、権利管理情報の改変等の規制の導入
2003（平成15）年	• 授業の同時配信等の制限規定の導入
2006（平成18）年	• 放送の同時再送信の円滑化 • 機器の補修時等における一時的複製の制限規定等の導入
2009（平成21）年	• 私的ダウンロードの違法化 • インターネット等を活用した著作物等の利用の円滑化を図る制限規定の導入（検索サービス、情報解析等） • 国会図書館の所蔵資料のデジタル化の制限規定の導入 • 著作権者不明等の場合の裁定制度の見直し
2012（平成24）年	• 「写り込み」等に関する制限規定の導入 • 国立国会図書館による送信サービスの制限規定の導入 • 技術的保護手段の規制の見直し • 違法ダウンロードの刑事罰化
2014（平成26）年	• 電子書籍に対応した出版権の整備
2016（平成28）年	• 保護期間の延長 • 著作権等侵害罪の一部非親告罪化 • アクセスコントロール回避規制の導入 • 配信音源の二次使用に関する使用料請求権の付与 • 損害賠償に関する規定の見直し 　※ 2018（平成30）年12月30日に施行
2018（平成30）年	• 柔軟な権利制限規定の整備 • 教育の情報化に対応した権利制限規定等の整備 • アーカイブの利活用促進に関する権利制限規定の整備等

著作権をめぐる国際的な対立の高まり

📶 情報「フリー」化の潮流

　これまで述べたように、デジタル・ネットワーク化の急速な進展は、人々の情報アクセスの可能性を無限に広げる一方で、国際的な対立も招きました。

　デジタル化・ネットワーク化によって、情報のコピー・保管・流通のコストは（理念上は）限りなくゼロに近づけることができます。その結果、SNS社会化が象徴するように万人がクリエイター／情報発信者となり、世界中の人々に低コストで情報を届けることが可能になりました。コストがゼロに近づくなか、無料・無制限（＝フリー）の多様な情報流通が革命的な規模で広がり、その圧力もあって音楽・テキストなど従来有料だったコンテンツの世界的な価格破壊も進みました。まさに、クリス・アンダーソンが名著『フリー』（2009年）で予言した事態ですが、一方で見放題・聴き放題といったサブスクリプション・モデルの普及（➡ p.126「音楽配信ビジネス」ほか）、アプリプラットフォームを通じた課金の拡大（➡ p.25「インターネットビジネスをめぐる全体動向②」）など、変化も起きています。

　こうした情報のフリーな流通の「影」の側面として、オンラインでの海賊版の流通も爆発的に増大したといわれます。その典型例は、BitTorrent（ビットトレント）などの「**ファイル共有ソフト**」を利用した海賊版ファイルの交換であり、また、「**サイバーロッカー**」といわれるストレージサイトに漫画・アニメなどを無断でアップし、「**リーチサイト**」と呼ばれるリンクサイトでこうした海賊版にユーザを誘導して利益をあげる構図です（➡ p.270「ファイル共有ソフト」、p.278「リーチサイト、悪質なサイバーロッカーをめぐって」ほか参照）。

　5万冊ともいわれる大量の海賊版漫画をアップロードし直接にユーザたちに読ませた海賊版サイト「漫画村」の場合は、出現から1年足らずで急速に

アクセス数を伸ばし、2018年に報道された月間1億超アクセスもの海賊版流通の規模と被害の大きさは、人々に衝撃を与えました。

📶 知財の強化と「ネットの自由」

海賊版の跳梁に危機感を強めた米国などの権利者・コンテンツ企業は、1990年代以降一貫して、世界的に知的財産権の強化をはかってきました。第一の動きは、大小の**知財訴訟**の続発であり、ハリウッド・メジャーを擁するバイアコムが世界最大の動画投稿サイトYouTubeとその親会社Googleを訴えた10億ドルの巨大賠償訴訟は関心を集めました（2014年、和解が成立）。さらには、米国では全米レコード協会（RIAA）が、ファイル共有ソフトを使用して音楽をダウンロードした数百名の個人に対して賠償訴訟を提起する戦略をとり、その高額な和解金要求も論争の的となりました。

知財強化の第二の動きは、**新規の立法**です。米国では海賊版対策を強化する「オンライン海賊版防止法案」（SOPA）などが2010年に議会提案されました。同法案は、ハリウッドなどの強力なロビイ活動により成立確実と目されていましたが、ネット上での人々や企業の活動を過度に制約するとして空前の反対運動を招き、わずか数日で採決の無期延期に追い込まれています。このように、知財の強化はしばしば「**ネットの自由**」をキーワードとするユーザや企業側の強い反発を招き、その対立がゼロ年代以降のネットと知財の動向の中心だったといっても過言ではないでしょう。

知財強化の第三の動きは、欧米中心の**国際条約**の追求です。ここでも、知財保護を強調する各種条約は「ネットの自由」との激しい論争を招きつつあります。2011年には、偽造品の取引の防止に関する協定（ACTA）という、やはり海賊版取り締まりを掲げた国際条約が、自由への過度な制約だとしてヨーロッパの200以上の都市で数万人規模の抗議デモ（反ACTAデモ）を招き、欧州議会において圧倒的票差で否決される、という事件も起きました。2019年には、GAFAなどプラットフォームたちに著作権侵害コンテンツの削除や一定の場合の使用料支払を義務づける、「EU新著作権指令」が、ネット界・報道機関を巻き込んだ論争の末に成立しました。

「ネットの自由」のうねりは日本にも及んでおり、オンライン海賊版対策と

して2011年に議員立法で成立した「違法ダウンロードの刑事罰化」法案や、2018年以降相次いで見送りの決まった「海賊版サイトブロッキング」や「ダウンロード違法化の拡大」法案は、いずれも大規模な社会論争を巻き起こしました。また、米国要求でさまざまな知財強化メニューが含まれた環太平洋パートナーシップ協定（TPP）についても、その交渉過程の秘密性や日本の文化・法体系にそぐわないルール導入への危機感から、成立までには大きな論争を要しました（➡ p.280「ダウンロード違法化、違法ダウンロードの刑事罰化、非親告罪化」、p.283「ブロッキングその他の海賊版対策をめぐる議論と動向」参照）。

　世界的な知財強化の試みに対しては、さまざまなNPOが国際連携を広げる一方で、コンテンツ業界とIT業界の双方が政府へのロビイ活動を展開しており、前述の訴訟やGAFA規制の動きとあいまって、しばしば情報社会の覇権争いの様相も呈します。

　こうした「フリー化」の流れと知的財産権との世界的な緊張関係のなか、権利の保護（＝新たな創造への投資のインセンティブ）と利用の促進（＝創造の果実の社会による享受や再創造への活用）のバランスは、ますます重要さと困難さを増しているといえるでしょう。　　　　　　　　　　（福井健策）

インターネットビジネスと
その他の権利❶
──肖像権・パブリシティ権、個人情報保護・プライバシー権

インターネットビジネスの法律問題を考えるうえでは、著作権以外の権利にも注意を払う必要があります。代表的なものを見ていきましょう。

📶 肖像権、パブリシティ権

インターネット上のコンテンツには、さまざまな写真や映像が含まれることがありますが、そのうち人物の氏名や外見が含まれているものに関しては、注意が必要です。

私たち個人（自然人）は、平穏に私生活を送るために、他人から勝手に顔や姿を撮影されない権利、または写真や映像を勝手に利用されない権利をもっています。これを「**肖像権**」といい、侵害者に対しては、差止めや損害賠償を請求できます。肖像権を明記した法律はありませんが、憲法上の人権に由来するものとして保護されることは、確立された判例になっています。

もっともこれは、顔や姿を撮影され、それが不特定多数に見られることによって知名度や人気を得たりする人たち（芸能人などの有名人）には、そのまま当てはまりません。このような人たちの肖像権は、プライベートな場面に限ってだけ主張できると考えられています。しかし、逆に有名人の顔や姿、または氏名や芸名には、その知名度や人気によって商品やサービスに人を惹きつける力、顧客吸引力があることから、これを利用して経済的な利益を得る行為を独占する権利、「**パブリシティ権**」が生じると考えられています。例えば、有名人の写真を勝手にウェブサービスの広告に使ったり、断りもなく「○○さんもお薦め！」と名前を表示して商品を販売したりする行為は、この権利を侵害するものとして、差止めや損害賠償請求の対象となります。パブリシティ権を明記した法律もありませんが、一定の場合に保護されることは、やはり確立された判例になっています（なお、個人の氏名については、この

次に説明する個人情報の観点も問題となりえます)。

　まとめると、他人の氏名や外見をコンテンツ中で利用する際には、それが有名人のものであってもそうでなくても、注意が必要といえます。

📶 個人情報の保護、プライバシー権

　とくに個人向けのビジネスでは、個人に関する情報を扱う場面が多いと思います。このような情報を保護する法令に、個人情報保護法などがあります。

　同法上の「**個人情報**」とは、特定の個人を識別できるものをいい、他の情報と組み合わせて個人を識別することが簡単なものも含まれます。例えば、氏名や住所は典型的な個人情報ですし、会社のメールアドレスだけでも、個人の氏名をローマ字にしたアドレスであれば、特定の個人を識別でき、個人情報といえる場合があります。これに対し、ウェブページの閲覧履歴は、個人的な情報であることは事実ですが、それだけでは特定の個人を識別することは通常困難ですので、同法上の個人情報にはあたりません。もっとも、例えば氏名など特定の個人を識別できる情報と紐づけられた情報であれば、その全体が個人情報として扱われることとなりますので、その範囲はかなり広くなりえます。

　事業者は、何らかの形で検索可能な状態の個人情報を事業に用いている場合、その件数にかかわらず、「**個人情報取扱事業者**」としてさまざまな義務を負うこととなります（➡義務の詳細については、p.298「個人情報の保護」参照）。例えば、企業のウェブサイト上でよく見る「**プライバシーポリシー**」（個人情報保護方針）は、個人情報の利用目的を明示する義務に対応したものです。ちなみに、従業員が受け取った名刺をエクセルに入力して管理しているだけでも、検索可能な状態の個人情報を扱っているといえます。そのため、個人情報保護法は、個人情報を取得するようなサービスを扱っている企業だけではなく、多くの企業にとって注意しなければならない法律といえます。

　世の中には、上記のような意味での個人情報にあたるか否かにかかわらず、個人の私生活上の秘密にあたるような情報がたくさんあります。このような情報は、**プライバシー権**によって保護されることがあります。プライバシー権を明記した法律はありませんが、憲法上の人権に由来するものとして保護

されており、先ほど挙げた肖像権は、プライバシー権の一部ともいわれます。

　近時は、情報端末やネットワークの発達により、個人のプライバシーにかかわる情報を大量かつ継続的に入手することも可能となってきました。これに関する近時の動向は、実践編で解説します（➡ p.301「インターネット上のプライバシー問題①」参照）。

　また、インターネット上ではあらゆる情報が国境を意識せず送受信できる一方、個人情報の自由な移転に制約をかけ、特定の国・地域内で徹底した保護を図る動きも見られます。その代表格であり、わが国への影響も大きかったのが EU の「**一般データ保護規則**」（**GDPR**）ですが、2019 年 1 月には、わが国の仕組みが EU と比較して十分であると認定され（いわゆる「十分性認定」）、EU 域内からわが国への個人情報移転が例外的に認められることとなりました。GDPR には、自分の個人情報を削除するよう請求できる「忘れられる権利」の明文化など、わが国とは質的に異なる仕組みも導入されています。その詳細も実践編で解説します（➡ p.304「インターネット上のプライバシー問題②」参照）。　　　　　　　　　　　　　　　　　　　　（増田雅史）

インターネットビジネスと その他の権利❷
── 名誉権、商標権・ドメインネーム、意匠権

前項に引き続き、著作権以外の権利の代表例を見ていきます。

🛜 名誉権（名誉毀損・信用毀損）

　第三者に対する誹謗中傷が**名誉毀損**にあたりうることは、広く知られています。法律上「名誉権」という権利が直接定められているわけではありませんが、自らの名誉を守る権利は、誰もが有している人格的な権利・利益の一部として考えられています。そして、これを侵害する行為に対しては、こうした行為が民法上の不法行為にあたるとして、侵害行為の差止めや損害賠償を求めることができます。

　刑法でも、名誉毀損罪や侮辱罪が定められています。同法では、被害者の社会的評価が低下するような被害が生じるのであれば名誉毀損に、そうでない場合には侮辱にあたると整理されていますので、差止めや損害賠償を求める場合も、被害者の社会的評価が低下するような行為であるか否かによって、被害の評価には差が出てくるでしょう。

　このほか、被害者の経済的信用を低下させる行為は「**信用毀損**」といわれ、刑法は信用毀損罪が定められています。企業に対する行為の場合は、名誉毀損（法人に対する名誉毀損も成立します）と信用毀損とが区別しづらいことがあり、また、「**業務妨害**」とも区別しづらいことがあります。

🛜 商標権、ドメインネーム

　企業のロゴや商品名などは、著作権ではなく、**商標権**で保護されます。商標権は、著作物を創作すれば自動的に発生する著作権とは異なり、特許庁に出願し、登録を受ける必要があります。登録を受ければ、そのときに指定した商品やサービスのカテゴリに関して、似たような表示を用いる他人に対し、

差止めや損害賠償を請求することができます。

　商標として登録がされていない企業・商品・サービスの名称であっても、**不正競争防止法**によって、一定の保護を受けることがあります。同法は「不正競争行為」として他人のよく知られた表示を使って、商品やサービスの提供者などに誤認・混同を生じさせる行為などを禁止しています。このような行為によって営業上の利益を侵害された場合、侵害者に対して、差止めや損害賠償を請求することができます。

　近時の法改正により、2015 年 4 月からは音（サウンドロゴ）、色彩、動きや変化などにも商標権が認められることとなり、2017 年 9 月には初の「音商標」の一つとして、インテルの CM で流れる“あの音”の登録が認められています。

　不正競争防止法は、**ドメインネーム**も保護しています。ドメインネームとは、「google.com」などのように、インターネット上の住所を文字列で表したものであり、これも商標と同様に、商品やサービスの出所を示すものといえます。ドメインネームの末尾は「トップレベルドメイン」（TLD）といいますが、これはさらに、「.com」や「.net」のように、汎用的なドメイン（gTLD：ジェネリック TLD）と、「.jp」や「.eu」のような国別・地域別のドメイン（ccTLD：国別コード TLD）とに区別されます。

　ところで、他人にドメインネームを勝手に登録されてしまった場合、それが不正競争行為にあたるとして訴訟を起こすこともできますが、たとえ勝ったとしても、その強制手段が十分でないといわれています。そこで、ドメインネームを管理している団体が仲裁手続を用意し、仲裁人が示した仲裁判断に従って登録の移転を行うといった、裁判外での紛争処理手続が発達しています。例えば「.com」ドメインの管理者 ICANN は、WIPO 仲裁調停センターにおける手続を指定しており、「.jp」ドメインの管理者 JPNIC は、日本知的財産仲裁センターにおける手続を指定しています。

　このほか不正競争防止法は、**営業秘密**（秘密として管理されている技術上・営業上有用な情報）の不正な取得・使用・提供を不正競争行為とすることで営業秘密を保護していますが、2018 年の法改正では、IoT・ビッグデータ・AI 等の情報技術が進展する第四次産業革命を背景として、**限定提供データ**（業

として特定の者に限定して提供されるデータであって、ID やパスワード等で管理されているもの）についても、その不正な取得・使用・提供が不正競争行為に加えられました（2019 年 7 月 1 日施行）。

📶 意匠権

　意匠権とは、工業デザインの利用を一定の範囲で独占させる権利です。工業デザインであればなんでも保護されるというわけではなく、「視覚を通じて美観を起こさせるもの」でなければならず、また、審査を経て特許庁の登録を受ける必要があります。

　インターネットビジネスとの関係では、スマートフォン等の情報端末の操作画面デザインに関する議論が注目されています。2006 年の意匠法改正では、物品に記録・表示される画面デザインについて一定の場合に意匠登録が認められることとなったものの、画面デザイン自体の保護が認められていることが多い諸外国との比較で、保護の範囲が十分でないとの意見がありました。2019 年の改正ではこの点が改められ、「機器の操作の用に供されるもの又は機器がその機能を発揮した結果として表示されるもの」であれば、物品に記録・表示されていない画像でも意匠権の保護対象となりました。これまで画面デザインは、著作権を通じた保護以外にはあまり有効な選択肢がなく、とりわけ機能的なデザインについては保護が困難な面もありましたが、本改正はそのような状況を変えるかもしれません。　　　　　　　　　　（増田雅史）

Ⅱ

インターネットビジネスの著作権
【必須知識編】

著作物とは何か❶
―― 総論

著作物の例

　この章では、インターネットビジネスと関係の深い、「**著作権**」、「**著作者人格権**」、「**著作隣接権**」などの権利を紹介します。これらはすべて**著作権法**という法律で定められた権利です。このうち著作権と著作者人格権の対象となる作品などを、**著作物**といいます。

　著作権法では、9つの著作物の例が挙げられています。

①小説、脚本、論文、講演その他の言語の著作物

②音楽の著作物

③舞踊又は無言劇の著作物

④絵画、版画、彫刻その他の美術の著作物

⑤建築の著作物

⑥地図又は学術的な性質を有する図画、図表、模型その他の図形の著作物

⑦映画の著作物

⑧写真の著作物

⑨（コンピューター）プログラムの著作物

　もっとも、これらはあくまでも例示であり、著作物はこの9つのタイプに限られるわけではありません。例えば、スマートフォンで楽しめるゲームのアプリケーションについて考えてみると、スマートフォンやサーバ上には、ゲームを動作させるためのプログラムが存在しており、これは「プログラムの著作物」に該当します。また、キャラクターのイラストは「美術の著作物」にあたりそうですし、BGM は「音楽の著作物」にあたります。しかし、ゲームのシステムを表現するための複雑な画面構成や、その動きについてはどうでしょうか。これが著作物にあたるかどうかについては、そもそも議論があ

るものの（➡ p.188「ゲームと著作権侵害」参照）、著作物にあたるとすれば、「美術の著作物」や「図形の著作物」でしょうか。それとも、動きがあるから「映画の著作物」でしょうか。となると、イラストを含めたゲーム全体が「映画の著作物」にあたるかもしれない……。このように考えていくと、その著作物がどの例に該当するのかを決めるのは、簡単なことではなさそうです。

　しかし、いずれの著作物に該当するにせよ、著作権や著作者人格権は発生します。そのため、このような区別をする実益は、通常はあまりありません。

二次的著作物

　例えば小説をアニメ化したもの、漫画作品内のキャラクターを題材にしたイラスト、クラシックをロックにアレンジしたものなど、すでに存在する著作物に新たな創作行為を加えて作成された著作物を**二次的著作物**といい、これは、元となった著作物（**原著作物**）とは別の著作物として保護されます。著作権法では、二次的著作物とは、「著作物を**翻訳**し、**編曲**し、**変形**し、又は**脚色・映画化**、その他**翻案**することにより創作した著作物」と定義されています。

　原著作物の著作者は、自分の著作物をもとに二次的著作物を創作することに関してはもちろん、その結果として創作された二次的著作物を第三者が利用することに関しても、それを許諾するかしないかを決めることができます。したがって、二次的著作物を利用しようとする人は、**二次的著作物の著作権者**のほか、**原著作物の著作権者**の許諾も得なければなりません。

　例えば、ある漫画作品を過去にアニメ化した映像を、その後インターネットでも配信するというケースでは、アニメ作品の著作権者から許諾を得るだけではなく、その原作者である漫画の著作権者からも許諾を得る必要があります。

　このように、著作権では複数の人の権利が重ねてかかわってくる場合があるため、利用のための手続（**権利処理**ともいいます。➡ p.101「『権利処理』とは何か」参照）が複雑になることがあります。

（増田雅史）

著作物とは何か❷
──著作物の定義

　著作権法は、前項で説明した**著作物の例**とは別に、**著作物の定義**をおいています。著作物にあたるかどうかは、前項「著作物とは何か①」で挙げた9つの例のいずれかのタイプのどれに当てはまるかとは関係なく、著作物の定義に該当するかどうかで決まります。

　その定義によれば、著作物とは、「思想又は感情を創作的に表現したものであって、文芸、学術、美術又は音楽の範囲に属するもの」とされています。以下、

①思想又は感情を

②創作的に

③表現したもの

④文芸、学術、美術又は音楽の範囲に属すること

のそれぞれの要素ごとに、その意味を見ていきましょう。

【著作物の要件①】思想・感情

　まず、著作物であるためには、「**思想又は感情**」を表現したものでないといけません。著作者の精神的活動の結果が現れたものであることが必要です。このことから、思想・感情とはかかわりのない単なるデータや歴史的事実は、著作物から除かれることになります。

　したがって、例えばウェブページのアクセス解析をしたデータや、それを紙に出力したものは、著作物には該当しません。相対性理論などの自然法則それ自体や、TCP / IP などのプロトコルやルールそれ自体も、同じく著作物にはあたりません。AI が自律的に生成したものも通常、思想・感情に基づくものとはいえず、著作物に該当しないと考えられています（人の個性が表れたものとはいえないとして、次に述べる創作性の観点から著作物性を否定す

る立場もあります。➡ p.222「AI・ロボットと著作権②」参照)。

【著作物の要件②】創作性

　次に、著作物であるためには「**創作的**」な表現でなければいけません。ありふれた表現や、他人の作品を忠実にまねしただけの作品では著作物とは認められず、オリジナリティ（独自性）が必要です。例えば、他人のイラストを単にトレースしただけのイラストでは、いかに描写が正確であっても、新たな著作物としての権利は認められません（無論、単純な模写でない場合は二次的著作物となる余地はあります）。

　ただし、創作行為は、先人の文化的所産から学んだことや経験を踏まえて行われるのが通常ですから、著作物と認められるために必要なオリジナリティはさほど高度なものでなくてもよいとされており、その人なりの個性が表れていればよいと考えられています。例えば、幼稚園児が描いた絵でも創作性は認められます。著作物としての創作性が認められるか否かと、実際にそれがマーケットで価値をもつか否かは別問題なのです。

　もっとも、創作性は高度でなくてもよいとはいえ、**タイトル**（**題号**）、登場人物やキャラクターの氏名・名称などは、一般に創作性が認められないと考えられています。

　音楽の曲名やゲームのタイトルを決めるにあたっては、少ない文字数で作品の内容を的確に反映し、同時に人々の印象に残るものにすることが重要ですから、創意工夫が求められます。しかし、短い単語の組み合わせなどを著作物と認めてしまうと、長期間にわたって独占権が生じてしまい、他人の自由な表現活動を不当に制約するおそれがあります。それを避ける観点から、一般的な作品のタイトルなどごく短い表現には、創作性は認められないこととされています（裁判で争われたものを見ると、例えば、「ボク安心 ママの膝より チャイルドシート」という交通標語は著作物性が肯定され、「マナー知らず大学教授、マナー本海賊版作り販売」という新聞記事見出しは著作物性が否定されました）。

　ただし、これは「音楽やゲームなどの作品のタイトルが、それ単体では著作物としての保護を受けない」という意味です。タイトルも、作品という著

作物の一部となっていますので、その限りでは著作権や著作者人格権で守られています。したがって、例えば勝手に他人の作品のタイトルを変更することはできません（➡ p.66「著作者人格権」参照）。

📶 【著作物の要件③】表現

　著作物と認められるためには、「**表現したもの**」であることが必要です。したがって、頭の中にあるだけで外部に表現されていない**アイデア**は著作物にあたりません。文章などによって外部に表明されていても、文章の背後にあるアイデアそれ自体は著作物ではありません。例えば、ゲームの世界観やアニメのキャラクター設定はアイデアのレベルにとどまるもので、それ自体は著作物には該当しません。したがって、このような世界観や設定を模倣したとしても、作品としては新たなシナリオに基づくゲームやアニメであると認められる場合には、他人の著作権の侵害には該当しません。もっともその場合でも、単なる世界観や設定の借用のレベルを超え、例えばキャラクターのイラストなどの具体的な表現の模倣まで行っていると、著作権侵害となります。

　アイデアと表現とを二分し、表現だけに著作権の保護が及ぶとする考え方は、世界共通といってもよいでしょう。もっとも、どこまでがアイデアの模倣で、どこからが具体的な表現の模倣であるかの判断は、実際にはなかなか容易ではなく、事案に応じた個別具体的な検討が必要です。

　あるアイデアや理論、思想などを表現する際に、その言い回しが同じか類似したものにならざるを得ない場合（これを「表現の選択の幅が狭い」と呼ぶことがあります）には、その言い回しは著作物として保護されません。もし、その数少ない表現が誰かの著作物として独占されると、他の人が同じアイデアや理論、思想を表明できなくなってしまい、結局はアイデアや理論、思想自体の独占を認めたに等しくなってしまうからです。実際の事件では、学問の分野になりますが、自分が考えた「城」の定義（具体的には、「城とは人によって住居、軍事、政治目的をもって選ばれた一区画の土地と、そこに設けられた防禦的構築物をいう」という表現）を他人が使ったとして裁判になった事案で、裁判所は、「城」の定義に創作性があったとしても、それは学問的

な思想自体の創作性であって、同じ思想をもつ者が「城」を定義する場合、表現は同一類似にならざるを得ない（から表現自体には創作性はない）として、著作物性を否定しました。

　なお、「表現したもの」にあたるためには、形のある物に固定されている必要はなく、例えばアドリブの演奏など、無形的な表現であっても著作物になります（ただし、映画の著作物の場合のみ、例外的に物への固定が必要と考えるのが一般的です）。ちなみに、録音、録画などにより、表現が何らかの形で固定・保存されていないと、他人にそれを模倣された場合に、自分の著作物をまねされたことを後日証明することが困難であると考えられますが、それは証明の問題であって、著作物として認められるか否かとは別のことです。

【著作物の要件④】文芸、学術、美術または音楽の範囲に属すること

　最後に、著作物であるためには「文芸、学術、美術又は音楽の範囲に属するもの」であることが必要とされています。しかしながら、このジャンル分けはそれほど厳密にはとらえられておらず、広く知的・文化的な範囲に含まれていればよい、という程度に考えられています。実際、先に挙げたように、著作権法自体が著作物の例として挙げている中には、地図やコンピュータプログラムなどが含まれていますが、これらが文芸・学術・美術・音楽のいずれであるかを確定することは難しい場合があるでしょう。

　ただしこの条件により、家具など実用品のデザインの中には、著作物に含まれないものが出てきます。

（増田雅史）

著作物とは何か❸
──編集著作物、データベースの著作物

編集著作物

　著作権法によれば、「素材の選択又は配列によって創作性を有する」編集物は、著作物として保護されます（**編集著作物**といいます）。「編集物」については定義がおかれていませんが、新聞などがその典型例です。

　編集著作物の特徴は、個々の素材が著作物にあたるか否かを問わず、その素材の選択や配列に創作性があれば、編集物全体が著作権によって保護されることです。例えば、新聞や雑誌のように個々の記事が通常著作物である場合だけではなく、職業別電話帳のように個々の素材が著作物でないものも、編集著作物としての要件さえ満たせば保護されることになります。

　もっとも、どのような場合に「**素材の選択又は配列**」に創作性があるといえるかは、難しい問題です。これまでにない選択や配列の方法を探るといった高度な創作性までは必要なく、何らかの形で人間の精神的活動・創作活動の成果が表れていればよい、と説明をした裁判例があります。これによれば、編集著作物となるためのハードルは低そうですが、例えば五十音順などのありふれた配列方法だけでは、編集著作物とは認められないでしょう。

データベースの著作物

　著作権法は、「**データベースの著作物**」についても定めています。これは、「情報の選択又は体系的構成によって創作性を有する」データベースを、著作物として保護するというものです。「データベース」とは、情報の集合物であって、パソコンなどを用いて検索ができるようになっているものを指します。

　編集著作物でいう「素材の選択又は配列」と、データベースの著作物でいう「**情報の選択又は体系的構成**」とは、よく似ています。そのため、データベー

スにあたるような編集物は、編集著作物からは明文で除外されています。

　どのような場合に「情報の選択又は体系的構成」に創作性があるといえる
かは、編集著作物と同じように難しい問題です。とくにデータベースの場合、
便利にすればするほど、網羅的な情報を、よく用いられる方法で整理したも
のになりがちです。そのため、データベースは皮肉にも、実用的なものほど
著作物としては保護されにくいといえます。

データベースに与えられる保護

　しかし、実用的なデータベースをつくるには、多大な労力や資金が必要な
場合もありますので、著作権と同様に、無許諾のコピー行為を禁止したいと
考える欲求自体は自然なことです。

　このような視点から、EU では、著作権とは別個に「**データベース権**」を定め、
データベースを保護すべきことが加盟各国に義務付けられています。これは、
データベースからの情報の抽出や、その後の再利用（複製や配布・送信）に
ついて、一定の場合に独占権を発生させるものです。また、米国でも、許諾
なく複製されたデータベースの流通行為の差止めが可能となっています。

　これに対して、わが国では、著作権法によって保護されないデータベース
については、その無許諾利用に対する差止めの手段はないのが現状です。不
法行為という法理によって、損害賠償の請求をする道は残されていますが（➡
p.274「ニュースアグリゲータの行為は適法か」参照）、欧米と比較すると、デー
タベースに対する保護は弱い状況となっています。

　現在は、従来では想定できなかったようなきわめて膨大なデータを日々取
得し、商業的に利用することも可能となってきました。いわゆる「**ビッグデー
タ**」ビジネスです。この状況を受け、収集・蓄積・保管等に一定の投資や労
力を要するが既存の特許権や著作権で保護されないデータに対し何らかの特
別な保護を与えるべきかが議論されましたが、知財本部に設置された「新た
な情報財検討委員会」の 2017 年報告書においては、何らかの権利を創設す
るよりも、まずは契約実務等の取組みを支援するアプローチをとることが適
当とされました。ビッグデータビジネスに関する諸問題については、別項で
さらに解説します（➡ p.217「ビッグデータビジネスの権利問題」参照）。（増田雅史）

著作権・著作者人格権とは何か

　音楽やイラストなどの作品が著作物と認められる場合、著作権法により、その著作物を創作した人（**著作者**）には、**著作権**と**著作者人格権**が発生します。このうち著作権は、著作物の利用に関する財産的な権利をいい、次ページの一覧表に記載されているように、さまざまな権利（一般的に「**支分権**」といいます）から構成されています。なお、著作権は、著作者人格権と異なり譲渡可能ですので、著作者以外の者が著作権をもつこともあります。そのため、著作権をもっている人のことを「著作者」ではなく「**著作権者**」と呼ぶことがあります。

　ピアノ用の曲を例に説明すると、その曲の楽譜をコピーする行為は「複製権」の問題になり、その曲でピアノリサイタルを開催し演奏すれば「演奏権」の問題になります。また、その演奏を録音した CD をダビングする行為や録音データをパソコンに保存する行為は「複製権」の問題となります。さらに、演奏の動画をインターネット上で配信すれば「公衆送信権」の問題にもなりますし、曲をロック調にアレンジすれば「編曲権」の問題になります。

　それぞれの権利については、「著作権①〜③」（➡ p.60 〜 65）で個別に説明しますが、著作権は、このように伝達されるメディアや方法などに応じた複数の権利（支分権）から成り立っているため、「**権利の束**」であるといわれることがあります。

　著作権者は、これらの権利の対象となる行為を独占して行うことができ、原則として、他者が無断で利用しようとした場合には、それを禁止する（差し止める）ことができます。それゆえ、「著作権は禁止権である」といわれることがあります。著作権者は例えば、許可なしに著作物がコピーされそうな場合には、「複製権」に基づいて複製の禁止を求めることができ、許可なしに著作物がインターネット上で配布されている場合には、「公衆送信権」に基づ

表2│著作権

支分権の名称	禁止できる行為の具体例
複製権（21条）	個人向けの市販ソフトウェアを会社のパソコンにインストールする。
上演権及び演奏権（22条）	演劇の脚本を劇場で上演する。 音楽をライブハウスで演奏する。
上映権（22条の2）	映画を映画館で上映する。
公衆送信権（23条）	映像作品をテレビで放映する。 テレビ番組を動画投稿サービスに掲載する。
口述権（24条）	エッセイを朗読会で朗読する。
展示権（25条）	絵画を展示会で展示する。
頒布権（26条）	映画のリール（上映用フィルム）を映画館に配布する。
譲渡権（26条の2）	書籍化した小説を書店で販売する。
貸与権（26条の3）	音楽CDをレンタルショップで貸し出す。
翻訳権、翻案権等（27条）	日本語小説の英語版を制作する。 小説を原作として映画化する。
二次的著作物の利用権 （28条）	小説を映画化したものを、ウェブで配信する。（原作である小説の作者に発生する権利。詳しくは後述）

表3│著作者人格権

それぞれの人格権の名称	禁止できる行為の具体例
公表権（18条）	日記を公表する。書籍化して販売する。
氏名表示権（19条）	匿名の小説を、実名を表示した書籍として販売する。 Aが作曲者なのに、「B」と表示したCDを販売する。
同一性保持権（20条）	エッセイの内容や題名に、意に反する改変を加える。

いて送信行為の中止を求めることができます（➡ p.116「著作権侵害への対抗手段」参照）。

著作者人格権については、「著作者人格権」（➡ p.66）で詳しく説明します。

（増田雅史）

著作権❶
──複製権、上演権、演奏権、上映権

　著作権は、前項で示した一覧表に記載されているさまざまな権利から成り立っています。ここでは、それぞれの権利について個別に説明しましょう。

■ 複製権

　複製権とは、他人が自分の著作物を勝手に複製（コピー）することを禁止できる権利です。**複製**は、著作権法で「印刷、写真、複写、録音、録画その他の方法により有形的に再製すること」と定義されています。つまり、形のあるものに固定することをいいます。コピー機で文書などをコピーするだけでなく、音楽CDをリッピングしてデータをパソコンのハードディスクに保存することや、テレビ放送をHDDレコーダーに録画することなども含みます。ただし、複製を私的に行う場合には、著作権侵害にはならない場合があります（➡ p.85「制限規定とは何か②」参照）。

　今世紀に入ってからは、パソコンやスマートフォンなどの能力向上や、ITインフラの発達に伴って、あらゆるコンテンツがデータとして扱われ、インターネット上を飛び交うようになりました。著作物をこのような形で利用する場合、パソコン等の手元の端末やネット上のサーバなどで、次々と複製が行われることになります。個人が一つの著作物を利用するだけで、何度も複製が生じることとなるわけですが、著作権法ができた当時にはこのような利用態様が想定されておらず、さまざまな問題を生んでいます（➡ p.210「クラウドサービスと著作権」など参照）。

■ 上演権、演奏権

　上演権とは、自分が創作した脚本や振付などを、他人が許可なく公に上演することを禁止できる権利で、**演奏権**とは、自分が創作した音楽を他人が許可なく公に演奏することを禁止できる権利です。ここでいう「上演」や「演奏」は、生の上演や演奏に限られず、例えば、録音した音楽CDを再生する行為

も「演奏」に含まれます。

ここでは、複製権のときにはなかった「公に」という条件がついています。「公に」とは、「公衆に直接見せ又は聞かせることを目的として」いることであり、「**公衆**」とは**不特定または多数**の人という意味です。例えば、ライブハウスや路上ライブで不特定の人を前に演奏すれば、実際に聞くのがたとえ一人でも「公の演奏」です。目の前に聴衆がいなくても、それを別の場所（屋外会場など）にいる聴衆に向けて流すような場合には、「直接見せ又は聞かせる」にあたると考えられています。不特定の人を対象としなくとも（特定の人だけが対象でも）、多数の人の前で演奏すれば、「公に」に該当します。この場合に何人であれば多数といえるかの明確なルールはないのですが、数十人を超えればおおむね多数と考えてよいでしょう。

複製の場合には、有形的にコピーをつくるので、コピーされた著作物が後に残るのに対し、上演や演奏はその場限りのもので後には残りません。そのため、誰かが勝手にこれらの行為を行った場合でも、権利侵害の度合いが異なると考えられ、複製権のときにはなかった「公に」という限定がついています。例えば自宅の風呂で鼻歌を歌う場合のように、私的に行った場合には、そもそも上演権や演奏権が及ばないのです。

なお、「公に」上演・演奏する場合でも、営利目的がない一定の場合には、著作権者の許諾なく自由に行うことができます（➡ p.83 **表4**・38 条）。

■ 上映権

上映権とは、自分の著作物を、第三者が勝手にスクリーンやディスプレイ画面などに映写して公衆に見せることを禁止できる権利です。かつては映画の著作物についてのみ認められていたのですが、いわゆるマルチメディアが進展し、写真や音楽などのあらゆる著作物が上映の形で提供されるようになってきたことから、1999 年の著作権法改正から、著作物の種類に限定はなくなりました。映画館における上映だけでなく、例えば、飲食店にモニターを置いて客に DVD 映像などを見せれば**公の上映**にあたります。

なお、営利目的がない一定の場合には、著作権者の許諾がなくても自由に上映を行うことができます（➡ p.83 **表4**・38 条）。 　　　　　（増田雅史）

著作権❷
──公衆送信権、口述権、展示権

個々の著作権の説明を続けます。

■ 公衆送信権等

公衆送信とは、テレビやラジオなどの放送、ケーブルテレビなどの有線放送、インターネットなどで、公衆（不特定、または特定の多数人のこと）に向けて無線または有線で送信することをいいます。ネットに接続されたサーバに情報をアップロードし、誰もがインターネットでその情報にアクセスできるようにすることを**送信可能化**といい、それも公衆送信に含まれます（実際にアクセスされた際に自動的に送信が行われることを**自動公衆送信**といいます）。したがって、他人が撮影した写真などの著作物を自分のホームページに勝手に掲載するだけでも、まずそのデータをサーバに保存する点で複製権の侵害となり、さらに送信可能化する点で**公衆送信権の侵害**になります（実際に誰かがそれを閲覧する前の、他人に送信しうる行為をした時点＝送信可能化の時点で、公衆送信権侵害が成立することになります）。

インターネットを用いた著作物の利用には、必ず送信行為が伴います。そのため、公衆送信権は、インターネットビジネスにおいては、複製権と並んで、つねづね問題となる支分権といえます。

インターネット上のコンテンツには、誰でもアクセス可能です。そのため、アップロードをした行為が私的な行為のつもりであったとしても、私的複製のような理屈で合法になるわけではありません。YouTube、ニコニコ動画などの動画投稿サービスへのアップロード行為についても、同様です。

このほか、公衆送信権と同じ条文に規定されている権利に、**伝達権**があります。伝達権が対象とする行為は、公衆送信される著作物を受信し、それを公に伝達することです。喫茶店などにテレビを置いてテレビ放送を受信し、客に見せる行為は「伝達」にあたります。テレビ放送でいえば、それをリア

ルタイムで見せる行為が伝達権の対象になり、いったん録画したものを見せれば上映権の対象となります。いずれであるかによって適法な利用となる要件などが異なってくるため、区別をする必要があります。伝達権に関しては、家庭で使われるようなテレビを使う場合であれば、それをレストランなどに置いて客に見せても、著作権侵害となりません。

■ 口述権

口述権は、他人が勝手に、公衆に向けて著作物を朗読などする行為を禁止できる権利です。例えば、書店で集客を目的として、著作権者に無断で、店内で絵本の朗読会をすると、口述権の侵害になります。小説や詩などの言語の著作物にのみ認められるので、例えば、写真作品の内容を言葉で描写して観客に伝えたとしても、口述権の侵害にはなりません。

テキストを読み上げソフトに読み上げさせる行為はどうでしょうか。これも「口述」にあたるように思えますが、著作権法が定める「口述」は、あくまで人間が読み上げる行為を対象としています。そのため、口述権ではなく、上演権や演奏権が作用する場面といえるでしょう（歌詞を歌唱ソフトに歌わせる行為を考えると、演奏行為に近いことがわかります）。もっとも、口述行為であっても、上演・演奏行為であっても、「公に」または「公衆に」という要件がある点や、営利目的でない行為が適法となりうることは変わりませんので、あまり区別の実益はありません。

■ 展示権

展示権は、絵画や版画、彫刻などの美術の著作物、未発行の写真の著作物について、他人が勝手に公衆に見せるために展示することを禁止できる権利です。この権利は原作品（オリジナル）にのみはたらきます。複製物にははたらきませんから、例えば複製画を喫茶店の壁に飾っても展示権の侵害にはなりません。

（増田雅史）

著作権❸
──頒布権、譲渡権、貸与権、翻案権、二次的著作物の利用権

■ 頒布権

　頒布権は、**映画の著作物**の複製物について、他人が勝手に販売したり、レンタルしたりすることを禁止できる権利です。映画の著作物についてのみ認められますが、映画館上映用のフィルムのみならず、DVD やブルーレイの販売やレンタルについても権利は及びます。なお、著作権法でいう「映画の著作物」は、劇場用の映画に限られず、TV 番組やコンピュータゲームなど、動画といえるものが広く含まれます（もっとも、ゲームについては、ほとんど画面の動きがなく、およそ「映画」とはいえないものもありますので、内容次第でしょう）。

■ 譲渡権

　譲渡権とは、著作物（その複製物を含みます）を、他人が勝手に譲渡により公衆に提供することを禁止できる権利です。映画の著作物については頒布権が認められているので、譲渡権は、それ以外の著作物について認められます。

　ここで、著作権者が自分の著作物をいったん他人（例えば卸売店）に譲渡したり、譲渡を許諾したりした場合には、その後の譲渡（例えば卸売店から小売店への譲渡や、購入後の商品の転売）には権利が及びません。このように、1 回の譲渡で権利が消えてしまうことを「消尽」といいます。

■ 貸与権

　貸与権とは、著作物の複製物を他人が勝手に公衆に対してレンタルする行為を禁止できる権利です。映画の著作物には頒布権が認められているので、貸与権は、それ以外の著作物について認められます。

■ 翻訳権、翻案権等

　翻訳権は、著作物を他人が勝手に他国の言語に変えることを禁止できる権

利です。**翻案**とは、漫画を原作としてアニメをつくるなど、元の作品に新たな創作的表現を加えて別の著作物をつくることをいいます。著作権者はこのほか、**編曲**（原曲にアレンジを加える行為）、**変形**（漫画キャラクターのぬいぐるみをつくるなど形状を変える行為）についても禁止権をもっており、これらの行為や翻訳も「翻案」と総称する場合があります。複製が後述する私的複製（➡ p.85「制限規定とは何か②」参照）として適法に実施できる場合には、翻訳や翻案も適法になります。

　ところで、翻案が行われた場合、新たな創作性が加えられた別の著作物が誕生しますので、それについては別途の著作権が発生することになります。この別の著作物を「二次的著作物」といいます。

■ 二次的著作物の利用権

　著作権者は、その著作物を翻案して創作された二次的著作物についても、権利を得ることになります。これが「**二次的著作物の利用権**」です。例えば、日本語の小説を英語に翻訳した場合、日本語版を原著作物といい、英語版を**二次的著作物**といいます。ここで、日本語版の原作者と、英語版の翻訳者が異なる場合、英語版をベースに映画化をしたい人は、翻訳者だけではなく、オリジナル作品である日本語版の作者の許諾も得る必要があります。

　翻案権と二次的著作物の利用権との関係は少々わかりにくいので、以下のように図解してみました（図5参照）。

図5 | 翻案権と二次的著作物の利用権との関係

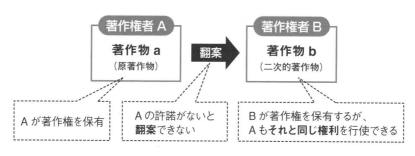

（増田雅史）

著作者人格権

「著作物とは何か②」において、著作物であるためには「思想・感情」を表現したものであることが必要と説明しました（➡ p.52）。このように、著作物は、ある人の思想・感情を表現したものであるため、表現者の人格と深く結び付いており、人格そのものとさえいえる場合もあります。著作権法はこの点に配慮して、**著作者人格権**という権利をおいています。

いわゆる知的財産権には、前述した著作権のほか、特許権、実用新案権、意匠権、商標権があります。これらのうち著作権以外の権利は、**工業所有権**と総称されることがあるように産業的利益一般との関連性が強く、権利者の人格との結び付きは著作権の場合ほど強くありません。それゆえ、著作権とは異なり人格権は認められていません。この点で、著作権法は、他の知的財産法とは大きく異なる位置づけにあるといえます。

著作者人格権は、著作権と同じように、一つの権利ではなく、「**公表権**」、「**氏名表示権**」、「**同一性保持権**」という３つの権利の総称です。それぞれ説明します。

■ 公表権

公表権とは、著作物を公表するか否か、公表する場合にいつ、どのような方法で公表するかを決めることができる権利です。公表権は、著作者の同意に基づいて一度公表された著作物については認められません。

■ 氏名表示権

氏名表示権とは、著作物が公表される場合に、著作者の氏名を表示するか否か、表示する場合にどのような名義で表示するか（芸名、本名など）を決定する権利です。例えば、一人で複数の名義を使って作曲しているソングライターが、それぞれの CD に自分が決めたアーティスト名を表示するよう指定できる権利です。

■ 同一性保持権

同一性保持権とは、著作者の意に反した作品の改変を受けない権利をいいます。例えば、イラストレーターに無断で、イラストの一部をトリミングしたり着色を変えたりする行為は、同一性保持権の侵害になりえます。

なお、著作物の**タイトル**（法律上は**題号**といいます）自体は著作物とは認められない場合が多いのですが、著作権法には、著作者の意に反してタイトルを改変する行為は、同一性保持権の侵害に該当することが明記されています。例えば、ある人の作曲した曲を他人が演奏して CD を制作する際に、勝手に別の曲名をつけた場合、同一性保持権の侵害になります。

「著作者と著作権者②」（➡ p.72）で説明しますが、会社などの法人も著作者となることがあります。人格権というと、個人（自然人）のみがもつ権利のような気がするかもしれませんが、法人も著作者人格権をもつことができると考えられています。

著作権との違い

著作権も著作者人格権も、著作物の利用について著作者に認められる権利である点は共通しますが、著作権は財産的な権利であるのに対し、著作者人格権は個人の人格と深く結び付いている権利です。このため、著作権は他人に**譲渡**でき、**相続**の対象にもなりますが、著作者人格権は譲渡できず、著作者が死亡しても相続されず消滅します（このことを**一身専属性**といいます）。もっとも、著作権法の規定により、著作者の死後も、著作者人格権の侵害となるような行為をすることは禁じられているので注意が必要です（➡ p.99「著作権の保護期間②」参照）。

著作権と著作者人格権にはこのような性質の違いがあるため、著作権を譲渡する契約を締結する場合にも、著作者人格権は一緒に譲渡することができず、著作権の譲渡人（売主）のもとに残ります。そのため、実務上は、著作権の譲渡を受けたい人は、その後著作者人格権が行使されないようにするため、人格権の**不行使条項**を盛り込むことがあります。（➡著作者と著作権者の区別について、p.70「著作者と著作権者①」参照）。

（増田雅史）

著作権はどのような条件で守られるか

 ## 「無方式主義」という原則

　前項で述べたように、**知的財産権**といわれる権利の中には、著作権のほか、特許権、実用新案権、意匠権、商標権などがあります。

　このうち、著作権以外の権利、すなわち、発明を保護する**特許権**、考案（発明は高度なものである必要があるが、考案は高度なものである必要がない）を保護する**実用新案権**、物品のデザインを保護する**意匠権**、営業や商品に関するマーク等を保護する**商標権**などの権利については、権利を得るためには特許庁の登録を受けることが必要です。例えば、特許権の場合、特許として保護するに値する発明であるか否かを特許庁が審査します。そして、特許庁が認めたときに初めて登録がされ、特許権が発生することになります。

　他方、著作権では、そのような登録手続は一切必要なく、著作物の創作という事実があれば、その時点から権利が発生します。このように、権利の発生に何も手続を必要としないことを**無方式主義**といい、他方、特許のように登録などの手続を必要とすることを**方式主義**といいます。

　無方式主義は、世界のほとんどの国や地域が加盟している著作権関係の条約である、**ベルヌ条約**（→ p.118「著作権の国際的保護①」参照）が採用している大原則の一つです。無方式主義のもとでは、権利を取得すること自体は簡単です（単に、著作物を創作すればよいからです）。

　しかし、そのことに伴う問題もあります。特許権のような方式主義であれば、誰が権利者で、いつ権利が発生したのかを、登録を調べさえすれば容易に知ることができるのに対し、著作権のような無方式主義のもとでは、その点を第三者が確認することは容易ではありません。また、著作者自身にとっても、権利関係を証明するのが難しい場合があります。自分が著作者であることや、

どの時点で著作物を創作したかを、簡単に証明できない場合があるからです。

© 表示の意味と役割

企業のウェブページ等で、「© ○○株式会社、2019」といった記載を見たことがあるかもしれません。

この ©（マルシー）表示は、①「©」（C は著作権［copyright］の頭文字）の記号、②「著作権者の氏名または名称」、③「著作物を最初に発行した年」を並べて記載するのが一般です。前述のとおり、ベルヌ条約は無方式主義を採用しているため、日本を含む加盟国で著作権が保護されるためには何らの方式も必要としないのですが、同条約に加盟していない国のうち、**万国著作権条約**に加盟して方式主義を採用している国で著作権による保護を受けるためには、この © 表示が必要です。

もっとも、WTO 加盟国相互間では、「TRIPS 協定」に基づき、ベルヌ条約に加盟していなくとも、同じように権利が保護されます。そのため、現在はほとんど © 表示を気にする必要はありませんが、いまも広く習慣として残っています。

著作権の登録

すでに説明したとおり、著作権が権利として発生するために登録手続をする必要はないのですが、著作権法は、**著作権の登録**という制度も設けています。例えば、登録制度の一つに、第一発行年月日の登録があります。

前述のとおり、無方式主義を採用したために、いつ著作権が発生したかの証明が難しい場合があります。そこで、第一発行年月日の登録をしておけば、その登録日に最初の公表があったものと推定されることになっています。

また、別の登録の種類として、著作権の移転の登録があります。これは、著作権の譲渡などを受けた者が、そのことを登録しておくことによって、ほかにも譲渡などを受けた者がいるとき（つまり二重譲渡の場合）に、自分の権利の方を優先させるための制度です。

こうした著作権に関する登録は、コンピュータプログラムの場合を除き、文化庁が担っています。

（増田雅史）

著作者と著作権者❶

誰が著作者になるか

著作権法上、**著作者**は、「著作物を創作する者」と定義されています。例えば、音楽を作曲した作曲家、イラストを描いたイラストレーターなどが、それぞれの著作物に対する著作者です。

「**創作**」とは、思想・感情を独自の表現として具体化する行為です。「著作物とは何か②」（➡ p.52）で説明したとおり、表現された著作物の背後にある単なるアイデアは著作物として保護されません。したがって、抽象的なアイデアを出しただけの人は、「著作物を創作する者」には該当しないので、著作者になりません。また、作品の創作にあたって資金提供をしただけの人も、著作者にはなりません。

例えば、あるゲーム制作会社が、外部のイラストレーターにキャラクターのデザインを外注して、イラストが描かれたとします。その場合、イラストを実際に描いたのはイラストレーターですから、著作者となるのはイラストレーターであって、ゲーム制作会社ではありません。ゲーム制作会社が、ゲームのストーリーやキャラクター設定、キャラクターの見た目の特徴などを伝えていたとしても、やはり著作者になるのは、原則としてイラストレーターです。ゲーム制作会社が、そのイラストを自由に利用したい、他の会社に利用されたくないと考えるのであれば、イラストレーターとの間で、著作権の譲渡や独占的な利用許諾などの契約を結ぶ必要があります。

また、著作物を創作するにあたって単なる機械的作業に従事しただけの人も、著作者にはなりません。例えば、白黒のキャラクターイラストを描くにあたって、イラストレーターの指定したとおりにベタを塗っただけのアシスタントは、著作者にはなりません。

著作者と著作権者の違い

著作者は、著作物が創作された時点で、その著作物について著作権と著作者人格権の主体（権利者）になります。

「著作者人格権」（➡ p.66）で説明したように、著作者人格権は譲渡することができず、また著作者が死亡した場合でも相続の対象になりません（死亡の時点で消滅します）。これに対し、著作権は譲渡することができ、また相続の対象にもなります。ですから、著作者が著作権を誰かに譲渡した場合には、譲渡を受けた人（譲受人）が著作権の主体（**著作権者**）になりますが、他方、著作者人格権は性質上譲渡することができないため、著作者に残ります。そうすると、著作権の譲渡や相続があった場合には、著作者と著作権者は別の人になり、権利が分かれることになります。

したがって、著作権の移転があった著作物を利用しようとする第三者は、著作権者（著作者ではない人物）から著作権についての利用の許諾を受けるとともに、著作物の利用方法が内容を大きく改変するなど著作者人格権に触れる場合は、著作者からも同意を得る必要があるという点に注意が必要です。許諾を得なければならない相手が増える場合がある、ということです。

著作者と著作権者という用語は、言葉としても似ていますが、このように異なった概念なので、区別して理解することが重要です。

著作者の推定

著作者としての氏名が表示されている場合（例えば、音楽データ配信サービスに、配信されている曲の作曲家・作詞家として名前が記載されている場合）、表示された人が著作者と「推定」されます。したがって、ゴーストライティングなど、何らかの理由で実際の著作者とは異なる人を著作者として表示する場合、実際の著作者は、紛争などが将来生じたときに、自分が著作者であるということを別途証明する必要が生じます。そのような事態への備えとして、例えば、著作者として表示される人との間で、誰が真の著作者であるかの確認書を作成しておくことは有益でしょう。

（増田雅史）

著作者と著作権者❷
──職務著作

📖 職務著作とは何か

　著作者は、思想・感情を独自の表現として具体化した者をいうため、そのような創作行為を実際に行うのは、必ず個人（自然人）です。しかし、企業の従業員が動画、ゲームやウェブページなどを業務上作成する場合には、実際に作業にかかわった従業員ではなく、その従業員が所属している企業などが著作者になることがあります。このように、法人などが著作者になる場合の著作物を、**職務著作**、あるいは**法人著作**などといいます。

　企業や団体などの職員が、何らかの著作物を業務上作成する場合には、複数の職員が関与していることが多いといえます。ここでもし、関与した職員全員が著作者になると、著作物をその後利用する場合に職員全員の承諾を得なければならず不便ですし、作成された著作物に対しては企業や団体などが対外的責任を負うのが通常です。そのため法律上、法人その他使用者（「法人等」）が著作者になりうるとされているのです。

📖 職務著作の条件

　職務著作になるためには、
① 法人等の発意に基づき、
② 法人等の業務に従事する者が、
③ 職務上作成する著作物で、
④ 法人等の著作名義で公表すること
が必要です。なお、これらの条件がそろっている場合でも、法人等と従業員との間で「著作権は従業員に帰属する」といった契約を結んでいる場合には、契約の規定が優先して、従業員が著作者になります。

それぞれの要件について、見ていきましょう。

①法人等の発意に基づいて著作物が作成されること

著作物の作成が、法人等の判断によって開始される必要があります。もっとも、従業員の業務内容から、上司等からいわれなくても著作物を作成するのが当然であるような場合には、この条件は満たされると考えられています。

②法人等の業務の従事者であること

実際に創作を行った者が、法人等の業務の従事者である必要があります。会社の社員や役員のほか、いわゆる派遣社員などもこれにあたります。例えば、オンラインゲームの制作会社が、従業員や派遣社員にプログラムを作成させた場合、そのプログラムの著作物については、会社が著作者となります。一方、同社がゲームの制作を外注し、別の制作受託会社にプログラムを作成させた場合、そのプログラムの著作者は制作受託会社であって、発注者にはなりません。そのため、制作委託契約の中で、著作権の譲渡を受けるか、適切な利用許諾を得ておくなどの手当てをしておく必要があります。

③職務上作成する著作物であること

法人等の従業員が職務として作成する必要がありますので、例えば、アニメーション制作会社に所属するイラストレーターやBGMのコンポーザーが、休日を使って趣味でイラストを描いた場合や、業務と関係なく音楽を作曲した場合などは、職務著作とはなりません。

④法人等の著作名義で公表すること

法人等を著作者として公表する必要がありますので、従業員個人の名義で公表した場合には職務著作にはなりません。もっとも、プログラムの著作物の場合には、この条件は必要なく、①〜③さえ満たされていれば、法人著作となります。

（増田雅史）

著作者と著作権者❸
── 共同著作など

共同著作とは何か

「二人以上の者が共同した著作物であって、その各人の貢献を分離して個別に利用することができないもの」を**共同著作物**といいます。例えば、複数のイラストレーターが、1枚の絵を完成させる場合などです。ただし、1枚の画像や紙に収まっていても、それぞれのイラストが独立しており、分離して取り出すのが容易である場合には、それぞれのイラストが独立した著作物と評価される場合が多いでしょう。他方、一連のイラストが漫画として構成されており、その全体を複数のイラストレーターで共同して作成した場合には、その漫画全体が共同著作物となるものと思われます。

共同著作物である著作物については、一つの著作物の著作権を、複数の者が共有します。そして、著作権の行使は、原則として共同著作物の著作者全員が共同して行うことになります。著作権の「行使」には、自分で利用をすることと、他人に対して利用許諾することとが、両方含まれます。そのため、利用許諾を得る利用者の立場からすると、共同著作物を利用する場合には、全著作者の許諾を得なければならないことになります。一人でも反対したり連絡がとれなかったりすれば、その作品は利用できません（なお、米国ではこれとは異なり、共同著作物の著作者は原則として、他の共有者の同意なく、自分で利用し、他人に対して利用許諾することができます。このように、国によって制度に若干の違いがあります）。

なお、共同著作物の条件にあたる場合でも、同時にすでに述べた職務著作（⇒ p.72）の条件にも該当するならば、その著作権は法人等に帰属することになります。

集合著作物・結合著作物とは何か

　共同著作物に似た概念として、「集合著作物」、「結合著作物」があります。

　集合著作物とは、上記で説明した例のように、1枚の画像や紙に収まっていても、それぞれのイラストが独立しているようなものをいいます。この場合には、各人の貢献を分離して個別に利用することができるため、共同著作物にはならず、各人が著作者となった複数の著作物が集合しているにすぎないととらえられます。

　結合著作物とは、集合著作物の一種ですが、一体的なものとして創作されていながら分離して利用することが可能なものをいいます。例えば歌謡曲では、歌詞は一つの独立した著作物であり、作詞家がその著作者です。また、歌詞からは離れた楽曲（メロディ）それ自体も一つの独立した著作物であり、作曲家がその著作者になります。これらは、実際には歌手によって歌唱された録音物として利用される場合が多いでしょうが、例えば歌唱部分を楽器での演奏に置き換えて利用するなど、楽曲のみを分離しての利用も可能であり、結合著作物といわれます。

　音楽のみを利用する場合には作曲家だけから、歌詞のみを利用する場合には作詞家だけから許諾を得ればよく、前者の場合に作詞家から、後者の場合に作曲家から許諾を得る必要はありません。

利用許諾を受けるにあたっての注意

　「著作者と著作権者②」（➡ p.72）と本項で説明したとおり、同じく複数の人が創作に関与する場合でも、職務著作・共同著作・集合著作・結合著作など、さまざまな区別が生じ、それぞれの場合に誰から許諾を得るべきかが異なってきますので、注意が必要です。

（増田雅史）

著作隣接権とは何か

著作隣接権とは

　多くの人は、アイドル歌手の歌を聴いた場合、「○○（曲名）は△△（アイドル歌手の名前）の曲だ」と認識するのではないでしょうか。しかし、著作権法は、著作物の創作者と、著作物の公衆への伝達者とを区別しています。すなわち、著作物を創作した者には、「**著作者**」として著作権や著作者人格権を与えています（➡ p.58「著作権・著作者人格権とは何か」参照）。これに対し、著作物の公衆への伝達者は、「**著作隣接権者**」として、著作者とは別の枠組みで一定の権利を保護しているのです。

　歌手による歌唱の場合、歌手は著作物である音楽（歌詞と楽曲）を歌唱し、著作物を公衆に伝達する立場にあり、新たな著作物を創作しているわけではありません（即興の創作として歌唱される場合を除きます）。著作権法上、著作者として保護されるのは作詞家・作曲家であり、歌手は著作者としては保護されないのです。ただし、どのような声でどのように歌唱するかによって、音楽の良し悪しや味わいは随分と変わってきますので、歌唱にも著作物の創作に準ずるような、著作物を演じることに関しての一定の創作性があるとは考えられます。

　そこで、著作権法では、歌手による歌唱は、著作権ではなく、**著作隣接権**という別のカテゴリで保護することにしています。もっとも、著作隣接権者に認められている権利の種類は、著作者に認められている権利（➡ p.59 の表2と表3を参照）に比べて少なく、著作隣接権は著作権よりも狭い権利であるということができます。

　著作隣接権も、著作権と同様に（➡ p.68「著作権はどのような条件で守られるか」参照）、実演などがされれば、何らの手続も必要なくその時点で保護の対象に

なります。著作権と著作者隣接権はそれぞれ独立して認められますので、例えば、音楽 CD を複製する場合には、著作権者である作詞家や作曲家の許諾だけではなく、著作隣接権者である歌手（実演家）やレコード会社の許諾も得る必要があります。

　著作隣接権者には、「実演家」、「レコード製作者」、「放送事業者」および「有線放送事業者」がいます。誰が著作隣接権者になるのか、各著作隣接権者がどのような権利をもっているかについて、それぞれ見ていきましょう。

実演家の権利

　歌手や楽器の演奏家、映画や演劇に出演する俳優、舞踊を踊るダンサーなどが「実演家」にあたります。シンガー・ソングライターは、作詞・作曲のほか歌唱をも手がけるため、著作者であると同時に、実演家にもあたります。

　実演家の権利（実演家権）には、まず、実演を録音・録画する権利および録音物・録画物のコピーを許諾する権利（**録音権・録画権**）があります。例えば、ダンスをビデオに撮影するためにはダンサーの許諾が必要ですし、歌を録音するためには歌手の許諾を得る必要があります。もっとも、実演家がいったん、自分の実演を映画の著作物のために録音・録画することを許諾した場合、以後、その映画の複製については、録音権・録画権は主張できません。このように、一度だけ許諾の機会（対価の交渉などをして契約を締結する機会）が与えられていることを、「**ワンチャンス主義**」と呼ぶことがあります。

　次に、実演を放送し、有線放送することについても権利（**放送権・有線放送権**）をもちます。この権利にもいくつかの例外があり、例えば、放送される実演を有線放送する場合や、実演家の許諾を得て録音・録画された実演を放送・有線放送する場合には、この権利ははたらきません。

　実演家はこのほか、ネット上に実演の録音・録画データをアップロードするなどの「送信可能化」を許諾する権利（**送信可能化権**）、実演が適法に録音されている商業用レコードが放送や有線放送に使われた場合に使用料（**二次使用料**）を受ける権利、実演の録音物・録画物の譲渡により公衆に提供する権利（**譲渡権**）、自分の実演が録音されている商業用レコードを公衆に貸与する権利（**貸与権**）などをもちます。このうち一部は、許諾権ではなく**報酬請**

求権（他人の行為を禁止することはできないが、相応の利用料を受け取ることができる権利）として定められており、団体（日本芸能実演家団体協議会＝芸団協）を通じて分配されることとなっていますが、ここでは詳論しません。

実演家人格権

　従来、著作隣接権者には、著作者とは異なり人格権が認められていませんでした。しかし、実演家の実演においても、姿態や動作、表情などによって実演家の感性や人格が表れているといえることから、2002年の著作権法改正によって、**実演家人格権**として氏名表示権、同一性保持権が認められるようになりました。

　もっとも、著作者人格権とは異なり、公表権に相当する権利は認められていません。

レコード製作者の権利

　「**レコード製作者**」とは、音を最初に「**レコード**」（レコード盤・CDなど。映像が伴うものは除外されます）に固定した者、すなわち、いわゆるマスター（原盤）を製作した者をいいます。

　「レコード」という名称からは、円盤型の媒体を連想しがちですが、著作権法上の「レコード」とは「物に音を固定したもの」全般を指しますので、あとで音声を機械的に再現可能な媒体は、すべて含まれることになります。例えば、デジタルレコーディングをした結果、ハードディスクに音声情報を保存した時点で「音を固定した」といえますし（ハードディスクが「レコード」になる）、クラウド上の保存領域に保管しただけでも、その保存領域は「レコード」に該当するでしょう。また、録音されるものは「音」であればよく、著作物である必要もありません。例えば、川のせせらぎをスマホで録音しただけでも、録音者は「レコード製作者」となります。

　レコード製作者の権利（狭義の**原盤権**）には、まず、そのレコードを複製することについての権利があります。この複製には、レコードの放送を受信して録音する行為も含まれます。このほかに、レコード製作者は、実演家の場合と同様に、送信可能化権、二次使用料を受ける権利、譲渡権、貸与権を

もちます。二次使用料を受ける権利と貸与権のうち期間経過後の報酬を受ける権利については、実演家の場合と同様に団体を通じて利用料が分配されることになっていますが、その団体は、実演家の場合とは異なり、日本レコード協会とされています。

放送事業者の権利

「**放送事業者**」とは、「**放送**」を業務として行う者をいい、NHK や民放などが該当します。この「放送」は、無線通信の送信である点で、次に説明する「有線放送」と区別されます。

放送事業者の権利には、その放送を受信して録音・録画する権利（複製権）、その放送を受けて再放送したり、有線放送したりする権利（再放送権および有線放送権）、送信可能化権、テレビ放送についてその影像を拡大する特別な装置を用いて公に伝達する権利（伝達権）があります。

有線放送事業者の権利

「**有線放送事業者**」とは「**有線放送**」を業務として行う者をいい、CATV 事業者などが該当します。この「有線放送」とは、「同一の内容の送信が同時に受信されることを目的として行う」ものを指しますので、オンデマンド視聴型のインターネット映像配信サービスは、有線放送には該当しません。また、AbemaTV、YouTube ライブやニコニコ生放送などの、インターネットを利用して多数の視聴者に同時に同じコンテンツが送信されるサービス（いわゆるライブストリーミング）も、視聴者がその番組を選択するまでは、最寄りのIP 局から視聴者に対する情報の送信は行われませんので、有線放送には該当しないと考えられています。そうすると、これらのサービスでは、有線放送ではなく自動公衆送信が行われているということになりますが、有線放送の場合と異なり、情報の送信者に新たに権利が生じることはありません。

有線放送事業者の権利には、放送事業者の権利と同様に、複製権、放送権・再有線放送権、送信可能化権、有線テレビについての伝達権があります。

（増田雅史）

制限規定とは何か❶

制限規定とは

　著作権者は、著作物の利用（支分権の対象となる行為）に関し、独占的な権利（著作権）をもっているため、ある著作物を利用するためには、原則としてその著作物の著作権者から許諾を得る必要があります。しかし、あらゆる利用について許諾が必要であるとすると、ときに著作物の公正で円滑な利用に支障を生じることがあり、著作権法1条が定める「文化の発展に寄与する」という法目的にも反しかねません。

　そこで、著作権法は、一定の場合に例外的に、著作権者の権利を制限して、著作権者から許諾を得ずに著作物を自由に利用できるという規定を設けており、このような規定を「**制限規定**」といいます。日本の著作権法は、これまで、利用目的や態様などに応じた個別の制限規定（**個別規定**）のみを設けており、どの個別規定も適用されない著作物の利用は、原則として著作権者の許諾が必要でした。

　一方、例えば米国著作権法には、個別規定に加えて、**フェアユース規定**という一般的・包括的な制限規定が設けられています。フェアユース規定は、一定の要素を総合的に考慮した結果、フェアユース（公正な利用）であると判断されれば、著作権者の許諾を得ずに著作物を自由利用できるというものであり、検索エンジンサービスや書籍のスキャン・全文検索サービスがフェアユースに該当すると判断された裁判例もあります。

　日本においても、2009年頃からこのような包括的・一般的な制限規定（**日本版フェアユース規定**）の導入について文化庁において検討がされたものの、権利者団体を中心に反対論も根強く、導入は見送られていました。しかし、2018年の法改正で従来の個別規定よりも柔軟性を備えた権利制限規定が導入

されました（➡ p.92 column 01「日本版フェアユース導入をめぐる議論」参照）。

　なお、制限規定によって著作権が制限される場合、著作者人格権（➡ p.66「著作者人格権」参照）は別個に考える必要がありますので、注意が必要です。

制限規定の一覧

　日本の著作権法には、現在、次の表に記載した制限規定があります。このうち、われわれの日常生活やインターネットビジネスとかかわりの深いものについては、「制限規定とは何か②・③」（➡ p.85 ～ 91）で紹介します。

　制限規定にはさまざまなものがありますが、教育や障害者福祉などの公益目的、所有権との調整、デジタルでの円滑な流通などといった観点から設けられていることがわかります。

表4│著作権が制限されるケース

私的使用のための複製 （30条）	個人的・家庭内その他これに準ずる範囲内で使用するために、使用する者が複製できる（翻訳・翻案等も可）。なお、デジタル方式の録音録画機器・媒体を用いて著作物を複製する場合には、著作権者に対して補償金の支払いが必要となる。
付随的利用 （30条の2）	写真や動画を撮影する場合、撮影等の対象物に付随して写り込んだり録り込まれたりする著作物は、軽微なものであれば複製・翻案し、その後複製・翻案物を利用することができる。
検討の過程における利用 （30条の3）	著作権者の許諾を得て著作物を利用しようとする場合などに、利用するか否かを社内で検討したり、著作権者から許諾を得ようとするために、その著作物を利用できる。
著作物に表現された思想又は感情の享受を目的としない利用 （30条の4）	①著作物の利用に関する技術（録音、録画技術等）の開発や実用化のための試験に用いる場合、②情報解析の用に供する場合、③人の知覚による認識を伴うことなく電子計算機による情報処理の過程その他の利用に供する場合など、著作物に表現された思想又は感情を自ら享受し又は他人に享受させることを目的としない場合に、その著作物を利用できる。

（次ページ以降へ続く）

図書館等における複製等 （31条）	政令で認められた図書館等では、非営利事業として一定の条件のもとで、①利用者に提供するための複製、②保存のための複製等を行うことができる（①の場合には翻訳も可）。 国立国会図書館は、資料の破損等を避けるために所蔵資料をデジタル化し、絶版等資料に関するデジタルデータを他の図書館等に対して自動公衆送信できる。
引用 （32条）	①公正な慣行に合致し、引用の目的上正当な範囲内であれば、公表された著作物を引用して利用できる。 ②国・自治体等が一般に周知させるために発行した広報資料等は、転載禁止の表示がされていない限り、説明の材料として新聞その他の刊行物に転載できる（いずれも翻訳も可）。
教科用図書等への掲載 （33条）	学校教育の目的上必要な限度で、公表された著作物を教科書等に掲載できる（翻訳・翻案等も可）。ただし、著作者への通知と著作権者への補償金の支払いが必要となる。教科書をデジタル化した「デジタル教科書」においても同様に掲載が許される。この場合、教科書発行者への通知と著作権者への補償金の支払いが必要となる（33条の2）。なお、弱視の児童・生徒のための教科用拡大図書への複製も一定の条件で許される（33条の3）。
学校教育番組の放送等 （34条）	上記と同様の基準で、学校教育番組において放送・有線放送したり、学校教育番組用の教材に掲載したりできる（翻訳・翻案等も可）。なお、著作者への通知と著作権者への補償金の支払いが必要。
教育機関における複製等 （35条）	非営利の教育機関で教育を担任する者や学生・生徒は、授業の過程で使用するために必要な限度で、著作物を複製し、公衆送信や公の伝達ができる（翻訳・翻案等も可）。なお、公衆送信（遠隔授業のための同時配信を除く）を行う場合、教育機関の設置者は著作権者の補償金の支払いが必要（35条2項）。 ※本書執筆時には未施行
試験問題としての複製等 （36条）	入学試験その他の試験・検定に必要な限度で、著作物を複製・公衆送信できる（翻訳も可）。なお、営利目的の場合には著作権者への補償金の支払いが必要。
視覚障害者等のための複製等 （37条）	①著作物を点字によって複製したり、コンピュータ用点字データとして記録・公衆送信できる（翻訳も可）。 ②視覚障害者等（肢体不自由者含む）の福祉事業を行う一定の者は、視聴覚障害者等が必要な方式での複製、その複製物の貸出、譲渡、自動公衆送信ができる（翻訳・翻案等も可）。

聴覚障害者等のための複製等 （37条の2）	聴覚障害者等の福祉事業を行う一定の者は、著作物を、聴覚障害者等が必要な方式で複製し、公衆送信したり、字幕等を映像に付加して複製、貸出したりできる（翻訳・翻案も可）。
非営利目的の上演・上映・貸与等 （38条）	①営利を目的とせず、かつ観客から料金を受けない場合は、公表された著作物を上演・演奏・上映・口述できる（ただし、実演家・口述者に報酬が支払われる場合は除く）。また、放送・有線放送される著作物を受信装置を使って公に伝達することができる。 ②営利を目的とせず、利用者から料金を受けない場合は、（映画以外の）公表された著作物のコピーを貸与できる（その他の規定あり）。
時事問題に関する論説の転載等（39条）	新聞・雑誌に掲載された時事問題に関する論説は、利用を禁ずる旨の表示がない限り、他の新聞・雑誌に掲載したり、放送・有線放送したりできる（翻訳も可）。
政治上の演説等の利用 （40条）	①公開の場で行われた政治上の演説・陳述、裁判での公開の陳述は、ある一人の著作者のものを編集して利用する場合を除いて、方法を問わず利用できる。 ②国・自治体等で行われた公開の演説・陳述は、報道のために新聞・雑誌に掲載したり、放送・有線放送したりできる（翻訳も可）。
時事の事件の報道のための利用（41条）	時事の事件を報道するために、その事件を構成したり事件の過程で見聞されたりする著作物を利用できる（翻訳も可）。
裁判手続等における複製 （42条）	裁判手続上、または立法・行政上の内部資料として、必要な限度で複製できる（翻訳も可）。
行政機関情報公開法等における開示のための利用 （42条の2）	行政機関情報公開法等の規定により著作物を公衆に提供または提示する場合には、必要な限度で利用できる。
公文書管理法等による保存等のための利用 （42条の3）	公文書管理法等の規定により ①公文書を保存する場合は、必要な限度で著作物を複製でき、 ②著作物を公衆に提供または提示する場合には、必要な限度で利用できる。
国立国会図書館法によるインターネット資料及びオンライン資料の収集のための複製 （43条）	①国立国会図書館の館長は、国や公共団体、民間団体等が公表するインターネット資料等を収集するために必要と認められる限度において、著作物を国立国会図書館の記録媒体に記録することができる。 ②国や公共団体、民間団体等は、国立国会図書館の求めに応じてインターネット資料等を提供する場合、必要と認められる限度において著作物を複製できる。

放送事業者等による一時的固定（44条）	放送事業者・有線放送事業者は、放送・有線放送することができる著作物を、放送・有線放送のために一時的に録音・録画できる。
美術の著作物等の原作品の所有者による展示（45条）	美術・写真の著作物の原作品の所有者等は、所有作品を公に展示できる（ただし、美術の著作物を公開された屋外の場所に恒常設置する場合は除く）。
公開の美術の著作物等の利用（46条）	公開された屋外の場所に恒常設置された美術の著作物や、建築の著作物は、一定の例外を除き自由に利用できる。
美術の著作物等の展示に伴う複製（47条）	美術・写真の著作物の原作品を適法に展示する者は、観覧者のための解説・紹介用の小冊子に展示著作物を掲載し、解説または紹介のために展示著作物を上映し、自動公衆送信できる。展示者等は、展示著作物の所在情報を公衆に提供するために展示著作物を複製し、公衆送信できる。
美術の著作物等の譲渡等の申し出に伴う複製等（47条の2）	美術品や写真をインターネットオークションや通信販売等で取引する際に、その商品画像を複製し、公衆送信できる。
プログラムの著作物の複製物の所有者による複製等（47条の3）	プログラムの著作物のコピーの所有者は、自らコンピュータで実行するために必要な限度で複製・翻案できる。
電子計算機における著作物の利用に付随する利用等（47条の4）	①コンピュータにおけるキャッシュのための複製、②サーバ管理者による送信障害防止等のための複製、③ネットワークでの情報提供準備に必要な情報処理のための複製など、コンピュータにおける利用を円滑または効率的に行うために当該利用に付随する利用に供する目的とする場合には、必要な限度で著作物を利用することができる（1項）。 ①複製機器の保守・修理のための一時的複製、②複製機器の交換のための一時的複製、③サーバの滅失等に備えたバックアップのための複製など、コンピュータにおける利用を行うことができる状態の維持・回復を目的とする場合には、必要な限度で著作物を利用することができる（2項）。
電子計算機による情報処理及びその結果の提供に付随する軽微利用等（47条の5）	①所在検索サービス、②情報解析サービス、③その他政令で定めるサービスを行う者は、必要な限度において、情報処理の結果の提供に付随して、軽微な利用を行うことができる。なお、①〜③の準備のための利用もできる。 ※③については本書執筆時には政令指定なし

＊以上は各制限規定のあくまで概要である。制限規定の多くは、著作隣接権や出版権にも準用される。なお、多くのケースでは利用される著作物の出所の明示が必要となり（48条参照）、作成された複製物の目的外使用の制限がある（49条参照）。

（池村 聡）

制限規定とは何か❷
── 日常生活に密接に関係する制限規定

　ここでは、インターネットユーザにとって身近な制限規定である、私的複製、いわゆる「写り込み」、引用、非営利目的の上演・上映等、公開の美術の著作物等の利用について説明します。

私的複製（➡ p.81 表4・30条）

　個人的に楽しむ目的で音楽 CD をパソコンにコピーしたり、テレビ番組を HDD レコーダーに録画したりする行為や親しい友人間で楽しむために雑誌記事をコピーしたりする行為は、**私的複製**として、著作権者の許諾を得ずに自由に行えます。ただし、近時、録音・録画を制限するコピープロテクションなどの**技術的保護手段**（いわゆる **DRM**）が、DVD ソフトやコンテンツ配信等に採用されていますが、そのようなプロテクションが施されている場合に、それを回避して録音・録画を行う行為には、私的複製としての例外は認められません（➡ p.107「DRM（デジタル著作権管理）とは何か」参照）。また、政令で指定されたデジタル方式の録音録画機器・媒体を用いて著作物を複製する場合には、著作権者に対して補償金の支払いが必要となりますが、これは実際には、機器や媒体の価格に上乗せする形で支払われています。

写り込み（➡ p.81 表4・30条の2）

　「写り込み」とは、一般的には、写真や動画の撮影の際、本来意図した撮影対象だけでなく、背景に小さく絵画が写り込む場合や、街角の様子を収録した際、街中の音楽を拾ってしまう場合などをいいます。こうした場合、絵画や音楽は複製されているものの、通常は付随的で軽微なものにすぎず、これによって著作権者の利益は害されないと考えられますが、該当する制限規定がなかったため、著作権者の許諾を得なければ著作権侵害に該当するのでは

ないかとの指摘がありました。そこで、2012年の著作権法改正により、「写り込み」に関する制限規定が設けられました。例えば、背景に絵画やキャラクターグッズが写り込んだ動画をインターネット配信するといったことは、写り込んだ著作物の著作権者の許諾を得ずに行えます（➡ p.177「写り込み、入り込み」参照）。

🌐 引用 （➡ p.82 表4・32条）

　例えば、有名な小説の一節を、オリジナルの文章の中で紹介する場合など、公表された他人の著作物を自分の著作物の中に取り入れて用いる場合、一定の条件を満たせば「**引用**」として、著作権者から許諾を得る必要はありません（なお、各種一発ギャグや「アムロ、いきまーす」、「ボーっと生きてんじゃねーよ！」のような短い文章など、そもそも著作物と認められないものは、引用の例外によるまでもなく基本的に自由に利用できます）。

　引用と認められるためには、一定の条件を満たす必要があります（➡ p.146「引用、転載、リンク①」参照）。

　また、多くの判例や伝統的な学説では、引用した部分にはカギ括弧をつけたり、枠囲みするなどして、引用する著作物が明確に区別でき（**明瞭区別**）、また、引用する著作物の部分はあくまでサブ的なものにすぎず、自ら作成するオリジナルの部分がメインとなるよう、内容的な**主従関係**がなければならないとされています。なお、複製によって利用するときには、必ず他人の著作物について著作者名、題名などを明らかにする**出所の表示**をしなければなりません。

🌐 非営利目的の上演・上映等 （➡ p.83 表4・38条）

　公表された著作物は、①営利を目的とせず、②聴衆・観衆から入場料その他名目を問わず一切の対価を徴収せず、③演奏者などの出演者に出演料などの報酬が支払われない場合には、著作権者の許諾を得ることなく、公に上演、演奏、上映、口述することができます。

　例えば、学校の文化祭での演劇の上演や軽音楽部によるライブなども、入場料などをとらなければ、この規定により著作権者の許諾を得ることなく行

うことができますが、文化祭でプロミュージシャンやアイドルのライブを開催し、これらの者に、交通費等の実費を超えたギャラが支払われる場合は、原則どおり著作権者の許諾を得る必要があります。

　営利目的か否か（①）は、対価を徴収しないこと（②）とは別の条件とされていることから、上演等を主催しようとする者が、入場料収入を得ていれば、チャリティー目的であったとしても、この規定は適用されません。また、入場無料であっても、スポンサー企業の宣伝目的がある場合は、営利目的があるとされ、やはりこの規定は適用されません。

　この規定で認められるのは、上演、演奏、上映、口述という態様の利用に限られます。したがって、インターネットを用いたライブ配信（公衆送信)は、仮に①〜③の条件を満たす場合であっても、この規定は適用されないため、注意が必要です。

🌐 公開の美術の著作物等の利用 （➡p.84 表4・46条）

　屋外の場所に設置されている美術の著作物（彫刻や壁画、モニュメント等)や、建築の著作物は、一定の場合を除き、著作権者の許諾を得ずに自由に利用できます。

　例えば、有名な建築物を写真撮影し、これをインターネット上にアップしたり、公園にある銅像と一緒に写真撮影し、雑誌に掲載したりする場合がこれにあたります（つまり、屋外美術や建築に限っては前述の写り込みの規定より緩い条件で撮影利用もできます）。これに対し、その銅像のミニチュアを作成し、販売するといった場合は、著作権者の許諾を得る必要があります。

　このように、建築物の写真撮影は制限規定により自由に行うことができるのが原則ですが、入場料を支払って敷地内に入るような建築物では、敷地内での撮影が禁止されている場合があります。この場合、写真の無断撮影は著作権侵害には該当しませんが、撮影禁止を了解のうえ、入場したにもかかわらず撮影をした場合は、契約違反の責任を問われるおそれがあります。

（池村 聡）

制限規定とは何か❸
—— デジタル・ネットワーク社会と制限規定

　デジタル化・ネットワーク化の発展に伴い、著作物の利用態様は大きく変容しました。著作物の複製等が容易になり、また、技術仕様上、必然的に複製等が伴う場合もあります。また、著作権法上、著作物のハードルはそう高いものではなく、ちょっとした画像やイラスト、文章などは、著作物として著作権の対象となるため、とりわけインターネット上は著作物だらけともいうべき状況になっており、その分、こうした複製等を伴うケースが少なくありません。こうした複製等の中には、著作権者の利益を害さないと考えられるものもあり、また、こうした複製等のすべてに著作権が及ぶことになれば、社会生活上の利便性が損なわれてしまうことから、著作権法は、デジタル・ネットワーク社会に対応した制限規定を設けています。

非享受利用に関する権利制限規定 （➡ p.81 表4・30条の4）

　著作物の経済的価値は視聴等の鑑賞行為（著作物に表現された思想や感情を享受する行為）により知的、精神的欲求を満たすために対価の支払いをすることにより現実化されているものと考えることができます。こうした考えによれば、著作物に表現された思想や感情の享受を目的としない行為は、著作権者の利益を通常害するものではないと評価できます。そこで、2018年の著作権法改正により、①著作物利用に関する技術開発・実用化のための試験、②情報解析、③人の知覚による認識を伴わない利用など、著作物に表現された思想または感情を自ら享受し、他人に享受させることを目的としない利用全般を対象とする制限規定が設けられました。

　文化庁著作権課が作成した説明資料（「デジタル化・ネットワーク化の進展に対応した柔軟な権利制限規定に関する基本的な考え方」）によれば、例えば以下のような行為がこれに該当するとされています。

- 人工知能の開発に関し人工知能が学習するためのデータの収集行為、人工知能の開発を行う第三者への学習用データの提供行為
- プログラムの著作物のリバース・エンジニアリング
- 美術品の複製に適したカメラやプリンターを開発するために美術品を試験的に複製する行為や複製に適した和紙を開発するために美術品を試験的に複製する行為
- 日本語の表記の在り方に関する研究の過程においてある単語の送り仮名等の表記の方法の変遷を調査するために、特定の単語の表記の仕方に着目した研究の素材として著作物を複製する行為
- 特定の場所を撮影した写真などの著作物から当該場所の3DCG映像を作成するために著作物を複製する行為
- 書籍や資料などの全文をキーワード検索して、キーワードが用いられている書籍や資料のタイトルや著者名・作成者名などの検索結果を表示するために書籍や資料などを複製する行為

所在検索サービスに関する制限規定

(➡ p.84 表4・47条の5第1項第1号)

インターネット検索サービスにおいては、一般に①ウェブサイト情報の収集・格納（クローリング）、②検索用インデックスおよび検索結果表示用データの作成・蓄積、③検索結果の表示（スニペット表示）が行われていますが、これらはウェブサイトに含まれる画像や文章などの著作物の複製や公衆送信等に該当することから、著作権者に無断で検索サービスを提供した場合、著作権侵害に該当してしまうのではないかとの指摘がありました。

そこで、2009年の著作権法改正によりインターネット検索サービスに関する制限規定が設けられました。

しかし、この制限規定は、細かく複雑な要件が多く、典型的なインターネット検索サービスのみを想定するものであったため、ユーザの嗜好に合わせてサービス提供者側で適宜のキーワードを選択して検索を行い提供する、「プッシュ型」の検索サービスといった新たな検索サービスには適用されないといった問題が指摘されていました。

そこで、2018年の著作権法改正により、インターネット検索サービスだけ

でなく、いわゆる**所在検索サービス**（楽曲検索サービス、記事検索サービス、番組検索サービス等）にも適用対象が拡大されたほか、インターネット検索サービスに関しても、要件が緩和されました（➡ p.207「所在検索サービス」参照）。

🌐 ネットワーク上の情報流通の円滑化等に関する制限規定
（➡ p.84 表4・47条の4）

　ネットワーク社会においては、ネットワーク上の各種情報流通が円滑かつ確実に行われることが重要であり、通信事業者等は、多数のアクセスに効率的に対処したり、情報を安定的に提供したりできるよう、あるいは、災害などでシステムがダウンした場合に対処できるよう、さまざまな工夫を行っています。その際、ネットワーク上の著作物をサーバに記録することも多く、著作権者の許諾を得なければ記録ができないとすることは現実的ではありませんし、こうした利用は著作権者の利益を特段害するものではありません。

　そこで、2009年の著作権法改正により制限規定が設けられ、サーバの管理事業者等が、①アクセス集中による送信遅滞等の防止（**ミラーリング**）、②サーバに障害が発生した場合における復旧（**バックアップ**）、③送信の中継の効率化（**キャッシング**）のために行うサーバへの著作物の複製が著作権侵害に該当しないことが明確になりました。

　また、SNSにおいては、無数のユーザがさまざまな著作物を投稿していますが、サービス提供業者がすべてにつき著作権侵害か否かを判断することは不可能である一方、投稿された著作物は、サービス上で利用される前の段階の処理として、機械的に一括して大規模に情報処理されており、その過程では複製等が伴います。2012年の著作権法改正では、こうした複製等に関する制限規定が新たに設けられていました。

　その後、これらの制限規定は、2018年の著作権法改正において47条の4に統合され、コンピュータにおける利用を円滑または効率的に行うために付随して行われる利用や、コンピュータにおける利用を行うことができる状態を維持・回復するために行われる利用全般を対象とする制限規定となりました。

　改正前後の関係は、以下のとおりです。

表5 | 47条の4の改正前後の対応関係

2018年改正・内容				2018年改正前の条文番号	
47条の4 （電子計算機における著作物の利用に付随する利用等）	1項	本文	PC利用の円滑・効率化のための付随利用の一般規定	—（新設）	
		1号	PCにおけるキャッシュのための複製	47条の8	要件の一部緩和
		2号	サーバ管理者による送信障害防止等のための複製	47条の5第1項1号、同条第2項	
		3号	ネットワークでの情報提供準備に必要な情報処理のための複製等	47条の9	
	2項	本文	PC利用の維持・回復のための利用の一般規定	—（新設）	
		1号	複製機器の保守・修理のための一時的複製	47条の4第1項	要件の一部緩和
		2号	複製機器の交換のための一時的複製	47条の4第2項	
		3号	サーバの滅失等に備えたバックアップのための複製	47条の5第1項2号	

 ## インターネット取引に関する制限規定 （➡ p.84 表4・47条の2）

　例えば、所有する絵画をインターネットオークションなどで販売するという場合、絵画の画像をウェブサイトに掲載し、どんな絵画かを購入希望者に伝える必要があります。しかし、売主は絵画の著作権者ではない場合が多く、絵画の著作権者から許諾を得なければ画像を掲載できないとすると、自由に取引を行うのが難しくなってしまいます。

　そこで、2009年の著作権法の改正により制限規定が設けられ、絵画の売主が絵画の画像をホームページ上に掲載することは、著作権者の許諾がなくともできるようになりました（➡ p.204「eコマースと著作権」参照）。　　（池村聡）

日本版フェアユース導入をめぐる議論

　デジタル化・ネットワーク化の進展により、著作物の創作と利用の両面にわたり
さまざまな変化が生じており、これまで想像もつかなかったような創作態様や利用
態様が日々新たに生まれています。日本の著作権法は、著作権者の許諾を得なくて
もよい利用を定める、いわゆる「制限規定」を設けていますが、新たな利用態様が
生まれた場合、都度審議会で議論をし、法改正で新たな制限規定を設けるという、
いわば個別的な対応をしてきました。しかし、時代の変化に適切かつ迅速に対応し、
著作物の利用の円滑化を図るためには、このようなその場しのぎのやり方では限界
もあります。そこで、米国著作権法107条のフェアユース規定（下記）に代表され
る、一定の包括的な考慮要素を定めたうえで、権利を制限すべき利用に該当するか
どうかは裁判所の判断に委ねるという方式の制限規定（いわゆる「日本版フェアユー

米国著作権法 107 条　排他的権利の制限：フェアユース

　第 106 条および第 106A 条の規定にかかわらず、批評、解説、ニュース報道、
教授（教室における使用のために複数のコピーを作成する行為を含む）、研究ま
たは調査等を目的とする著作権のある著作物のフェアユース（コピーまたはレ
コードの複製その他第 106 条に定める手段による使用を含む）は、著作権の侵害
とならない。著作物の使用がフェアユースとなるか否かを判断する場合に考慮す
べき要素は、以下のものを含む。
(1) 使用の目的および性質（使用が商業性を有するかまたは非営利的教育目的
　　かを含む）
(2) 著作権のある著作物の性質
(3) 著作権のある著作物全体との関連における使用された部分の量および実質
　　性
(4) 著作権のある著作物の潜在的市場または価値に対する使用の影響
　上記のすべての要素を考慮してフェアユースが認定された場合、著作物が未
発行であるという事実自体は、かかる認定を妨げない。

山本隆司訳『外国著作権法令集（42）─アメリカ合衆国編』（著作権情報センター、2009）より

ス規定」、「権利制限の一般規定」）を導入すべきであるとの要請がなされるように
なりました。こうした要請を踏まえ、知的財産推進計画 2009 も、日本版フェアユー
ス規定の導入に向け検討を行う方針を打ち出しました。

　しかし、その後、文化庁の審議会で約 2 年に及ぶ激しい議論が行われた結果、米
国のような規定の導入は多数の支持を集めるには至らず、2012 年の著作権法改正
で一定の利用行為が新たに制限規定の対象となるにとどまりました。

　フェアユースのような包括的な制限規定には、将来新たに生ずる利用態様にも柔
軟に対応できるという大きなメリットがある反面、条文だけを見てもどのような利
用行為が許されるか明確ではないというデメリット（米国と異なり判例の蓄積がな
い日本ではなおさらでしょう）もあり、賛否が大きく分かれます。また、米国のフェ
アユース規定においても、裁判例でフェアユースに該当するとされた利用行為は、
権利者に実質的な不利益を与えない、ある種穏当な範囲にとどまるものです。しか
し、上記議論では、本来権利者から許諾を得るべきであり、米国でも許諾を得て行
われているような利用行為（例えばテレビ番組のインターネット配信）も「日本版
フェアユース規定」により権利を制限すべきだという趣旨の主張も多く見受けられ、
さらには、フェアユース規定があたかも「打ち出の小槌」のような万能のツールで
あるかのごとき誤解をしている意見が、ネットユーザを中心に多く見られました。
そして、こうした事情があったからこそ、権利者が必要以上にフェアユース規定を
警戒し、その結果、導入に強く反対したという面も否定できません。

　その後、IoT やビッグデータ、人工知能などの技術革新による「第 4 次産業革命」
を背景に、環境変化に対応した著作物利用の円滑化を図り、イノベーションを促進
するための「柔軟な権利制限規定」を整備すべきだとの声が高まり、文化庁での議
論の結果、2018 年の著作権法改正において、①著作物に表現された思想または享
受を目的としない利用（30 条の 4）、②電子計算機における著作物の利用に付随す
る利用等（47 条の 4）、③電子計算機による情報処理およびその結果の提供に付随
する軽微利用等（47 条の 5）という、従来の制限規定よりも一定の柔軟性を備えた
制限規定が導入されました。

（池村 聡）

著作権の保護期間❶

著作権の保護期間

　現行著作権法が施行された 1971 年以来、**著作権の保護期間**は、著作物が創作されたときから始まり、著作者の死後 50 年間存続するのが原則でした。しかし、環太平洋パートナーシップ協定（いわゆる TPP）交渉が大筋合意に達したことを踏まえた 2016 年・2018 年著作権法改正により、2018 年 12 月 29 日時点で著作権が存続中の著作物については、この期間が**70 年間**に延長されています（後述のとおり、映画の著作物だけは以前から 70 年間に延長済みでした）。

　死後も 70 年間にわたり（相続された）著作権が存続するとなると、100 年以上にわたり保護される作品も多くなるでしょう。特許権の保護期間が原則として出願から 20 年間とされていることと比較すると、これは大変長い期間といえます。

　このように著作権の保護期間が長く認められているのは、次の理由からです。特許によって保護される発明は、産業や技術の発展にかかわるものであって、機能・効率などを追求するものとして、誰が発明者であっても同じような方法や結論に収束していく（べき）傾向があります。そのため、あまり一つの発明に長期間の独占を認めると、技術の進歩が妨げられるという弊害が生じます。それに対し、著作権が取り扱う文化の世界は、そのような収束とはむしろ反対に、多様性（他者の表現とは異なる著作者の個性）を追求していく傾向があるため、長期間の独占を認めても、特許の場合ほど弊害は大きくない、むしろ長期間の独占を認めることによって創作を奨励するというメリットが大きいと考えられたのです。

　もっとも、いつまでも独占状態を認めると、作品の流通や先人の作品を利

用・活用した新たな創作行為が妨げられてしまい、文化の発展がむしろ停滞することになりかねません。そこで、著作権は永遠に保護されるのではなく、一定の期間に限定して保護されたのち、保護期間の経過後は誰でも自由に利用できる（公共の財産という意味で**パブリックドメイン**といいます）ことになっています。

保護期間の計算方法

　保護期間は、著作者が死亡した日、著作物が公表された日、または著作物が創作された日それ自体ではなく、その日の属する年の、**翌年の1月1日から起算する**こととなっています。

　例えば、2000年4月に死亡した著作者の実名の著作物の保護期間も、同年10月に死亡した著作者の実名の著作物の保護期間も、同じく2001年1月1日から起算して70年間経過するまで保護されるので、2070年12月31日まで保護されることとなります。このように、ある著作権の保護期間は通常、越年のタイミングで満了することとなります。

保護期間延長のトレンド、新保護期間への「乗り移り」

　著作権保護の世界的な基礎となった**ベルヌ条約**（➡ p.118「著作権の国際的保護①」参照）は、著作権を死後50年間にわたり保護することを求めており、しばらくの間はこれがグローバルスタンダードでした。しかし、冒頭で述べた法改正も示すように、著作権の保護期間は世界的に長期化する傾向にあり、現在では多くの国が50年間ではなく70年間を採用するに至っています。

　ところで、保護期間が延長される際には、一般にそれまでに著作権が消滅しているものに新たな保護期間が適用され保護が復活することはないため、新法が施行される微妙なタイミングで保護期間が満了する著作物が新法に「乗り移る」ことができるか（新しい保護期間のもとで保護されるか）問題となることがあります。2004年1月1日施行の著作権法改正時には、映画の著作物についてのみ保護期間が公表後50年間から70年間に延長された関係で、1953年に公開された映画作品の保護期間が2003年末に満了するのか、それとも新法により2023年末まで存続するのかが議論になり、裁判にもなりま

した。文化庁は、旧法による存続期間が満了する 2003 年 12 月 31 日午後 12 時と、新法が施行される 2004 年 1 月 1 日午前 0 時は時点として同一であるとして、新法施行時に著作権は存していたから新法により引き続き保護されるとの見解を示していましたが、最高裁はこの解釈をとらず、「**乗り移り**」を認めませんでした。

なお、2018 年の改正時には、施行日の前日に著作権が残存していれば改正後の保護期間が適用される旨（つまり「乗り移り」すること）の経過規定を定めたことで、解釈上の疑義が生じないよう手当てがされています。これにより、戦時加算の関係で 2018 年 12 月 29 日が存続期間満了日であった作品がもしあれば、その翌日（施行日）に著作権は消滅せず、2038 年 12 月 29 日まで保護されることとなります。

著作権の保護期間のバリエーション

著作権の保護期間は、著作者、著作物、氏名表示の方法などによって次のように変わってきます。

■ 実名で公表された著作物

個人（自然人）が創作した著作物のうち、著作者の実名で公表されたものの著作権は、原則どおり著作者の死後 70 年間保護されます。二人以上の著作者が創作した共同著作物については、最後に死亡した著作者を基準に、その著作者の死後 70 年間保護されます（保護期間が長くなる方に合わせているというわけです）。

■ 無名または変名で公表された著作物

自然人が創作した著作物でも、氏名表示なし（無名）で、あるいは本名とは異なる名称（変名）で公表された場合には、著作者が特定できず、いつから 70 年間を起算すればよいのかがわからないため、著作物の公表後 70 年間保護されます。これには例外があり、例えば、著名作家のペンネームなど、特定の人物の変名として周知されている名義で公表されていれば、実名で公表された場合と同様、その作家の死後 70 年間存続します。

■ 団体名義の著作物

法人が著作者の場合には、自然人のように著作者の死期を基準にすること

表6 | 著作権・著作者人格権・著作隣接権・実演家人格権の保護期間

権利の種類	著作物・著作隣接権の種類	保護期間の終了時点
著作権	実名で公表された著作物	著作者の**死後70年**
	共同著作物	最後に死亡した著作者の**死後70年**
	無名・ペンネームで公表された著作物	著作物の**公表後70年**（著作者の死後70年経過していることが明らかな場合には、その時点まで）
	団体名義の著作物	著作物の**公表後70年**（創作後70年以内に公表されなければ、創作後70年）
	映画の著作物	著作物の**公表後70年**（創作後70年以内に公表されなければ創作後70年）
著作者人格権	すべての著作物	著作者の**生存期間中**（ただし著作者人格権を侵害する行為などは、著作者の死後も禁止される）
著作隣接権	実演	実演が行われたときから**70年**
	レコード	レコードを発行したときから**70年**
	放送・有線放送	それぞれの行為が行われたときから**50年**
実演家人格権	すべての実演	実演家の**生存期間中**（ただし、生存していたとすれば実演家人格権の侵害となるべき行為は、実演家の死後も禁止される）

※上記50年・70年の期間は、死亡・公表等の翌年から起算。

ができません。そのため、法人など団体の著作者名義で公表された著作物については、著作物の公表後70年間保護されます。ただし、創作後70年以内に公表されなかった場合には、創作時から70年間保護されます。

■ 映画の著作物

　映画の著作物の著作権は、かつては団体名義の著作物と同様に公表後50年間（創作後50年以内に公表されなかった場合には創作時から50年間）だっ

たのですが、前述のとおり、2004 年 1 月から公表後 70 年間（創作後 70 年以内に公表されなかったときは、創作時から 70 年間）に延長されました。

　これは、ヨーロッパの多くの国や米国においては、1990 年代の法改正によって、保護期間の原則が著作者の死後 70 年間に延長されたという事情に起因しています。この際、映画の著作物についても、ヨーロッパでは主たる監督や脚本家、映画音楽の作曲者などのいずれか最後の死後 70 年間とされ、米国でも多くは職務著作として公表後 95 年の保護期間が与えられることとなりました。その後、冒頭で述べたとおり著作物全般の保護期間が 70 年間に統一されたことで、映画の著作物だけ扱いが異なる状況は解消されましたが、それまでの間の取扱いの違いから、映画の著作物については毎年多くのパブリックドメインが多数誕生するのに対し、その他の著作物は（一部海外作品を除いて）2039 年までパブリックドメインが生まれない状況となります（➡ p.234「パブリックドメインの活用」参照）。

🌐 著作隣接権の保護期間

　著作隣接権の保護期間は、実演についてはそれが行われた日、レコードについては最初にレコードを発行した日を基準時として、それぞれの日の属する年の翌年から起算して、**70 年**を経過した時をもって満了します。

　他方、放送および有線放送については、それぞれが行われた日の属する年の翌年から起算して、**50 年**を経過した時をもって満了します。　　　（増田雅史）

著作権の保護期間❷

 保護期間の特例

　前項では、著作権の保護期間の原則について説明しました。さらに、複数の国をまたがって著作物の保護が問題になる場合には、例外的な取扱いとして、保護期間の相互主義、戦時加算のような特例が適用されることがあります。

保護期間の相互主義

　著作物の本国の保護期間が、相手国における保護期間より短い場合には、本国の短い保護期間分しか保護されないことになっています。このことを、**保護期間の相互主義**といいます。

　例えば、日本では前述のとおり、著作権の保護期間が 70 年間に延長されましたが、中国では 50 年間とされているため、中国の著作物は、日本においても死後 50 年間までしか保護されない、というルールです。

戦時加算

　戦時加算とは、第二次世界大戦の戦勝国（連合国）の国民が戦前または戦中に得た著作権については、日本では通常の保護期間に戦争期間（最大で 10 年強）を加算して保護する、という仕組みです。これは、戦争期間中は日本で戦争相手国の著作権が十分保護されていなかった、という連合国側の要求により、サンフランシスコ平和条約に基づき日本だけが負わされた義務です（同じく枢軸国であったイタリアやドイツは負担していません）。「戦時」とは、日本の参戦日である 1941 年 12 月 8 日から、同条約の批准国 46 か国それぞれとの間で条約が発効した日（国によりますが、米国等の場合 1952 年 4 月 28 日）までを指します。日本では以前から不公平だという批判が強いのですが、政府は、同条約は戦後処理の法的な基礎であり、戦時加算の法的な解消は同条約の権利義務の変更を要するため、現実的には困難との見解です。

他方、2007年には、JASRAC（➡ p.104「権利の集中管理」参照）も加盟する著作権協会国際連合（CISAC）におけるはたらきかけの成果として、同連合の年次総会において、各加盟団体が会員に対し、戦時加算の権利を行使しないようはたらきかけることを要請する旨の決議が、全会一致で採択されました。また、**環太平洋パートナーシップ協定**（いわゆる**TPP12**）交渉の際にも、交渉に参加していた戦勝国（米国、カナダ、オーストラリア、ニュージーランド）との交換公文（サイドレター）中で、権利管理団体間の取組みを通じた対応への言及がなされました（オーストラリアはさらに、TPP発効により保護期間が70年間に延長された後は戦時加算を行使しない旨の書簡も追加送付）。もっとも、これらのサイドレターは法的な拘束力はない旨を明言するもので、**TPP11**にも継承されていません。よって、あくまで民間レベルに委ねる内容ですが、各国の権利者がこれに沿い、戦時加算の主張を差し控えることに期待したいと思います。

死後の保護

　「著作者人格権」（➡ p.66）で説明したとおり、著作権は財産権なので、著作者が死亡した場合には相続の対象になります。なお、著作者の生前に、すでに著作権が第三者に譲渡されている場合には、その譲受人が著作権者になっていますので、その場合には著作者の死亡によって著作権の相続が生じるわけではありません（➡ p.70「著作者と著作権者①」参照）。

　これに対し、著作者人格権や実演家人格権には**一身専属性**（➡ p.67）があるため、著作者や実演家に固有のものとして、譲渡や相続の対象になりません。そのため、著作者や実演家の死亡とともに消滅します。しかしながら、著作者や実演家が生存していたとしたら著作者人格権や実演家人格権を侵害することとなる行為（ただし、公衆に提供・提示する段階の行為に限定されます）は、死後といえども禁止され、差止めや損害賠償請求の対象になります。この差止請求権や損害賠償請求権を行使できるのは、著作者または実演家が遺言で指定した者がいればその者、そのような指定がなければ著作者または実演家の遺族です。具体的には、配偶者がいれば配偶者、配偶者がおらず子がいれば子といった順序で、行使できる人が決められています。　　　　（増田雅史）

「権利処理」とは何か
──適法に著作物を利用するために必要な契約

　これまで見てきたとおり、著作権とは、著作物を無断で利用されない権利です。そのため、複製や公衆送信等、著作権が及ぶ態様で著作物を利用する場合、その著作物の保護期間が切れていたり、制限規定が適用されたりする場合を除き、著作権者から**利用許諾**を得るか、**権利譲渡**を受ける必要があります。これを、一般的には「**権利処理**」といいます（図6参照）。

図6│著作物利用の手順

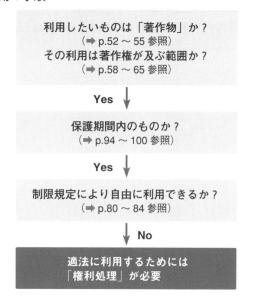

利用許諾

　利用許諾とは、著作権者から「著作物を利用してもいいですよ」と了解してもらうことをいい、**契約**の一種です。例えば、ある映画をテレビ放送する

には、テレビ局は、映画の著作権者に対し、対価を支払って放送の利用許諾を得ることになりますし、ある漫画をアニメ化するという場合、漫画の著作権者である漫画家から、アニメ化や完成したアニメの放送などにつき、対価を支払って利用許諾を得ることになります。インターネットビジネスでも同様であり、例えば、ある映画を適法にインターネット配信する場合には、配信業者は、映画の著作権者からインターネット配信に関して利用許諾を得る必要があります。

こうした利用許諾については、対価の額や許諾の対象となる著作物や利用の態様、許諾期間、禁止事項その他の条件につき確認する**契約書**が作成されるのが通常です。法律上は、口頭の合意だけでも契約は有効に成立しますが、あとで契約の成否や内容をめぐって各種のトラブルが生ずることも多いため、契約書を作成するのが望ましいことはいうまでもありません。

なお、著作権者から利用許諾を得た後に著作権が第三者に譲渡された場合、許諾を得た者は新しい著作権者に著作物を利用できる地位を対抗できないという問題がこれまで指摘されてきましたが、近い将来、対抗できるよう、法改正がなされる見込みです。

🌐 権利譲渡

利用許諾は、あくまで利用者は利用を了解してもらっているにすぎませんが、著作権者から著作権自体を譲ってもらい、利用者自らが著作権者となって利用を行うことも可能です。このように、著作権者から著作権の譲渡を受けることを「**権利譲渡**」といいます。利用許諾の場合は、特定の利用態様に限定して契約が行われることが多い一方、さまざまな態様で著作物を利用し、広くビジネスを展開するような場合は、権利譲渡の方法が活用されるケースが増えます。例えば、音楽業界では、作詞家や作曲家が著作権を**音楽出版社**と呼ばれる会社に譲渡し、音楽出版社からさらに**著作権等管理事業者**である JASRAC に著作権を**信託譲渡**をする取扱いが一般的です（➡ p.104「権利の集中管理」参照）。

権利譲渡を行う場合も、利用許諾と同様に、契約書を作成することが望ましいといえます。このときに注意をしなければならないのが、翻訳権や翻案

権といった著作権法27条に規定されている権利、そして28条に規定されている二次的著作物の利用権の取扱いです（➡ p.64「著作権③」参照）。著作権法は、権利譲渡の契約において、これらの権利が譲渡の対象であることが明記されていない場合は、これらの権利は譲渡の対象ではないと推定する旨を定めているからです。例えば、ある小説の著作権を単に「著作権をAからBに譲渡する」とのみ契約書に記載した場合、その小説を英訳する権利（翻訳権）や映画化する権利（翻案権）等は、Bには移転せず、Aがそのまま持ち続けている、という推定がはたらくことになります。したがって、こうした権利も譲渡の対象にするのであれば、契約書において、「**著作権（著作権法27条および28条に規定する権利を含む）をAからBに譲渡する**」といった記載をする必要があり、実務では、こうした記載が一般的に用いられています。こうした記載をしなかったばかりにトラブルに発展する例もあり、契約書を作成する際には十分注意が必要です。

　また、著作権は財産権ですので第三者に譲渡をすることが可能ですが、**著作者人格権**は人格的な権利であるため第三者に譲渡できないことにも注意が必要です（➡ p.66「著作者人格権」参照）。つまり、著作権の譲渡契約をした場合、譲受人が取得するのは著作権のみであり、著作者人格権は著作者が持ち続けることになりますので、例えば、著作物を改変することが予定されているような場合は、あらかじめ改変についての同意を取得しておくといった契約上の工夫が求められます。この点、実務上は、著作者人格権を「行使しない」ことをあらかじめ契約で定める、著作者人格権のいわゆる**不行使特約**が活用されています。

（池村聡）

権利の集中管理

![icon] 著作権等管理事業とは

　JASRAC（日本音楽著作権協会）の名前は、みなさんご存知かと思います。JASRAC は、音楽の作詞・作曲の著作権を権利者から預かり、権利者に代わってユーザに利用許諾を行い、使用料を徴収し、権利者に分配しています。

　こういった団体の事業を**著作権等管理事業**といいます。これは具体的には、権利者から著作権等の管理の委託を受けている事業者のうち、権利行使に関する判断についても一任を受けていて、かつ、使用料の金額も自ら決定できるものを指します。具体的な管理の方法には、①著作権自体を譲り受ける（信託譲渡）方式、②利用許諾の取次ぎまたは代理をする委任を受ける方式の 2 つがあり、それぞれ「**信託方式**」、「**委託方式**」などと呼ばれます。

　なぜ、このような団体が必要なのでしょうか。とくに権利の集中管理が進んでいる音楽を例に説明しますと、いま現在、音楽は日常生活のさまざまな場面で利用されています。テレビやラジオでは頻繁に音楽が流れますし、カラオケでも有名な曲に限らずたくさんの曲を歌うことができます。こういった音楽著作物を利用する事業者がいるからこそ、われわれの耳に音楽が届き、また利用できるわけですが、事業者が個々の権利者を逐一探し出して個別に

表7 | **著作権等管理事業法による規制緩和**

	（旧） 著作権仲介業務法		（新） 著作権等管理事業法
管理事業者となることについて	許可制	➡	登録制
管理委託契約約款について	許可制	➡	届出制
使用料規定について	許可制	➡	届出制

利用許諾を得なければならないとすると、その労力は並大抵のものではありません。一方で、音楽著作物を利用してもらいたいと考える権利者側も、いちいち交渉に応じるのは、やはり大変な負担となります。そこで、利用者と権利者がお互いに、個別交渉を経ずに音楽著作物を利用できるようにするため、権利を一括して管理する事業者（**著作権等管理事業者**）を間に挟むというアイデアが生まれたわけです。

規制緩和

　著作権の管理は、かつて著作権仲介業務法という法律によって規律されていましたが、管理事業者となるためには許可が必要で、例えば音楽分野は、事実上 JASRAC に独占されていました。これが 2000 年に成立した**著作権等管理事業法**によって、登録制に緩和され、新規参入が奨励されることとなりました。そのほかにも、権利者が管理事業者に著作権を譲渡または委託する契約も許可制から届出制に、利用者が著作物を利用する際の使用料規定も許可制から届出制にするなどの規制緩和がされることとなりました（表7参照）。

　また、著作権等管理事業法では、著作権仲介事業法とは異なり、著作隣接権を管理の対象とすることもできます。また、支分権ごとに（つまり利用の形態ごとに）権利を譲渡・委託するかどうかを選べるようにもなっていますので、例えば、インターネット上での利用行為については管理事業者に任せずに自分で管理する、といった対応も可能になりました。現に JASRAC などでは、権利者のニーズに合わせた複数のタイプの信託契約を用意しています。

　この規制緩和によって、さまざまな企業、団体が著作権等管理事業に参入することが可能になり、2019 年 7 月 1 日現在、28 の企業、団体が著作権等管理事業者として登録されています。例に挙げた音楽著作権に関する管理事業者としては、JASRAC のほか、2001 年にイーライセンス、ジャパン・ライツ・クリアランスが相次いで参入し、注目されました（この 2 社は 2016 年に合併し、現在は NexTone となっています）。

包括許諾方式と独占禁止法

　JASRAC については、テレビ局からの著作権料の徴収方式が独占禁止法に

違反するか否かをめぐって訴訟が提起され、話題となりました。

　JASRAC は、放送局に対し、自らが著作権を管理する音楽著作物の放送番組における利用を包括的に許諾していましたが（いわゆる**包括許諾方式**）、その際、許諾の対価である著作権料は、放送局が使用した楽曲全体に占める JASRAC 楽曲の割合とは無関係に決定されていました。著作権料が実際に使った割合と無関係に決まるということは、放送局が他の管理事業者の管理する楽曲を使った場合、支払うべき著作権料の合計額は増えることになります。

　公正取引委員会（公取委）は、これは競争を実質的に制限するものであるとし、2009 年 2 月、JASRAC に対し、独占禁止法に基づき、その中止等を命じる排除措置命令を発しました。この判断は、公取委が一転してこれを取り消すなど異例の展開を経たのち、最高裁まで争われ、2016 年 9 月、当初の排除措置命令が確定するに至っています。もっとも、JASRAC はすでに課金方式を変更し、当初の問題は解消されています。また現在は、フィンガープリント技術の活用等により、各局が利用した楽曲のすべてを報告する「全曲報告」がほぼ実現されており、サンプリングに頼っていた過去と比べ、権利者への著作権料分配の正確性も高まっています。

拡大集中許諾制度（ECL）

　デジタル・ネットワーク時代において、社会における著作物の適切な利用を促進するための、ライセンスを円滑化するための方策が継続的に議論されています。その一つの方策として盛んに挙げられ、知財本部の「次世代知財システム検討委員会」報告書（2016 年公表）でも「選択肢の一つ」として言及されたのが、「**拡大集中許諾**（**ECL**＝Extended Collective Licensing）」の仕組みです。

　拡大集中許諾制度は、北欧諸国で発達してきた仕組みで、要するに、一定の要件を満たした団体に対し、その団体が管理していない著作物についても網羅的な許諾権を与えるという制度です。権利者が不明な著作物（孤児著作物。➡ p.238）を含めた包括的な権利処理を実現することができる点で、例えば、過去の著作物のデジタル化プロジェクトにも貢献しうる仕組みといえ、2013 年にはイギリスも採用するなど、国際的に注目されています。　　（増田雅史）

DRM（デジタル著作権管理）とは何か

「DRM」「技術的保護手段」「技術的利用制限手段」

　例えば、市販されている映画の DVD やブルーレイディスクは、コンテンツに特殊な信号が付されていたり、あるいはコンテンツを暗号化したりするといった技術により、ユーザによる自由な複製を防止しているものがほとんどです。インターネットでストリーミング配信される映像に関しても、複製ができないように技術的な措置が施されているものもあり、地上波デジタルテレビ放送においては、**ダビング 10** と呼ばれる、複製の回数等を制限する技術的な措置が施されています。また、2000 年代初頭に、**コピーコントロール CD（CCCD）** と呼ばれる、パソコン等へ音楽データを取り込めないようにした CD が登場し、大きな論争を呼んだことは記憶に新しいところです（なお、CCCD は、今日ではほとんど流通していません）。デジタル技術により高品質な（劣化のない）複製物の作成が可能となり、こうした複製物がとくにインターネット上に拡散等した場合、権利者が甚大な経済的な被害を被ってしまいます。あらかじめ技術的に複製をできないようにしたうえで市場に流通させることにより、こうした被害を防ぐことができます。

　このように、デジタル技術を用いて複製等の行為を防止したり抑止したりする手段のことを、一般的に「**DRM**」（**Digital Rights Management** ＝デジタル著作権管理）と呼びます。そして、一定の DRM は、著作権法において「**技術的保護手段**」「**技術的利用制限手段**」として法的に保護されています。具体的には、以下に見るとおり、DRM がかかっているコンテンツを、DRM を破って複製することなどにつき、規制を及ぼしています。

コピーコントロールとアクセスコントロール

　DRM は、広い意味では、「コピーコントロール」技術と「アクセスコントロール」技術に大きく分けることができます。

　著作権は、著作物の複製や公衆送信など、支分権として著作権法で定められた特定の行為に対してのみ及ぶ権利であり、著作物を単に見たり聞いたり、あるいはプログラムを実行したりテレビゲームで遊んだりする行為に対して及ぶ権利ではありません（➡ p.36「デジタル・ネットワーク社会と著作権法」参照）。しかし、デジタル技術を用いることにより、著作物を見たり聞いたりすること自体を防止したり、制限したりすることが可能です。このような技術をアクセスコントロール技術といいます。典型的な例としては、ソフトウェアのアクセスに必要となるパスワード認証などが挙げられます。

　これに対し、著作権が及ぶ複製等の行為を、デジタル技術を用いて防止する技術のことをコピーコントロール技術といいます。アクセスコントロール技術を保護の対象とすると、結局のところ著作物を見たり聞いたりする行為に対して著作権が及ぶのと等しい結果になってしまうことから、日本の著作権法は、長らくコピーコントロール技術だけを「技術的保護手段」として保護の対象としていました。

　一方、不正競争防止法は、コピーコントロール技術だけでなく、アクセスコントロール技術についても、「技術的制限手段」として保護の対象としており、これを回避する機能を有する装置等の提供行為を差止めや刑事罰などの対象としていました。

　こうしたなか、2018 年の著作権法改正において、一定のアクセスコントロール技術が「技術的利用制限手段」として保護の対象とされました。

 技術的保護手段の種類

　技術的保護手段は表 8 のとおり、大きく、①非暗号型、②暗号型の 2 種類に分けることができます。技術的保護手段の回避規制は、1999 年の著作権法改正で導入されましたが、導入時は、非暗号型のみが対象とされていました。その後、暗号型が広く活用されるようになったことから、2012 年の著作権法

表8 │ 技術的保護手段の種類

種類	内容	代表的な技術
非暗号型	コンテンツにコピー制御信号を付して伝送し、記録機器がこの信号を検出、反応して複製の制御を行う（**フラグ型**）	CD や MD 等に用いられている **SCMS**（Serial Copy Management System）、DVD 等に用いられている **CGMS**（Copy Generation Management System）
	コンテンツにエラー信号を付し、この信号によって記録機器を誤作動させ、複製等を制御する（**エラー惹起型**）	VHS に用いられている **擬似シンクパルス方式**、**コピーコントロールCD**
暗号型	スクランブル等の方法でコンテンツを暗号化し、非正規機器による再生、複製等から保護する	DVD に用いられている **CSS**（Content Scramble System）、ブルーレイディスク等に用いられている **AACS**（Advanced Access Content System）、地上デジタル放送に用いられている **B-CAS 方式**

　改正により、暗号型の技術的保護手段も保護の対象とされました。これにより市場に多く流通している暗号型の技術的保護手段がかかった DVD を複製すること（いわゆる**リッピング**）が違法となりました。

技術的保護手段回避規制とは

　p.85 でも説明したとおり、著作物を個人的に楽しむ目的で複製すること（私的複製）は、制限規定により、著作権者の許諾が不要です。よって、自身で購入したり、レンタルしたりした映画の DVD を、自分のパソコン上で複製し、別の DVD やタブレット端末に複製するといったことは、著作権者の許諾なく自由にできることになります。しかし、この制限規定には例外があり、技術的保護手段を破って複製することは、たとえ私的に楽しむ目的であっても著作権侵害になります。したがって、先ほど述べた例でも、市販の DVD には、通常技術的保護手段がかかっていますので、著作権者の許諾なく複製してしまうと著作権侵害に該当します（ただし、刑事罰の対象とはされていません）。

　また、技術的保護手段を破るための機器やプログラムを製造販売したり配信したりすることや、依頼を受けて技術的保護手段を破ることを業として行ったりすることは、刑事罰の対象とされています。

技術的利用制限手段 (アクセスコントロール技術) 回避規制とは

　2018年の著作権法改正において、著作物の視聴やプログラムの実行を管理・制限する技術である**アクセスコントロール技術**のうち、**信号付加型**（機器が特定の反応をする信号を著作物とともに記録媒体に記録・送信する方式）と**暗号型**（著作物を暗号化して記録・送信する方式）のものが「**技術的利用制限手段**」として保護の対象となりました。ゲーム機において正規版のソフトのみを実行可能にする技術（海賊版のソフトを実行不可能とする技術）やデジタル放送における B-CAS 方式（正規ユーザのみがコンテンツを視聴できるようにする仕組み）の技術がこれにあたります。規制内容としては、技術的利用制限手段の回避行為自体が違法となり、さらには、技術的保護手段と同様に、技術的利用制限手段を破るための機器やプログラムの製造販売等が刑事罰の対象とされています。

　なお、**アクティベーション方式**（最初にコンテンツを提供したパッケージやダウンロードファイルには正規利用を可能とするための信号が付加されておらず、料金の支払い等を行った後に通知されるシリアルコードを入力すること等により正規利用を可能とするための信号が認証サーバから送信される方式）のアクセスコントロール技術が、近い将来、保護の対象として追加される見込みです。

権利管理情報とは

　DRM と関連して、「**権利管理情報**」と呼ばれる技術があります。これは、「**電子透かし技術**」とも呼ばれ、例えば写真画像や音楽 CD のデータに著作権者を特定する情報を埋め込むものです。こうした技術は、インターネット上の違法コンテンツを発見しやすくしたり、権利処理を円滑にしたりすることなどを目的として用いられています。著作権法は、DRM と同様に、権利管理情報に関しても規制を設けており、具体的には、権利管理情報を故意に削除したり、違う内容に書き換えたりすることは著作権侵害とみなされ、また、権利管理情報が削除等された著作物であることを知りながら頒布したり、公衆送信等したりする行為も著作権侵害とみなされます。　　　　　　（池村 聡）

ブロックチェーンと著作権

■ ブロックチェーンの仕組み

　「**ブロックチェーン**」と聞くと、真っ先に思い浮かべるのは「ビットコイン」に代表される仮想通貨ではないでしょうか。しかし、ブロックチェーンの利用には仮想通貨にとどまらない可能性があると考えられており、その一つにコンテンツやその著作権の管理があります。

　本題に入る前に。そもそも「ブロックチェーン」とは何でしょうか。客観的な定義はありませんが、おおむねコンセンサスが得られそうな範囲で説明してみます。

　ブロックチェーンはもともと、仮想通貨「ビットコイン」を支える仕組みとして実装されたことで世に出た技術です。ビットコインを保有する「アドレス」とその残高が記録された「ブロック」が、古いものから連なることで取引台帳を構成し、そこに新たな取引（ビットコインの移転）の束が新しいブロックとして加えられることで、台帳が更新されていきます。この連続的な台帳の構造が「ブロックチェーン」であり、そのデータは中央管理者のいない多くのコンピュータ（ノード）が形成する P2P ネットワーク上で共有されます。取引記録が真正なものであることは、チェーンを伸ばす（新たな取引情報を格納したブロックをつなぐ）とともに報酬としてビットコインを得るノードを特殊な計算競争によって選定する方法（Proof of Work）を通じ、経済的インセンティブにより担保しています。この競争を、鉱物を掘り当てることになぞらえて「マイニング」と呼びます。

　この一連の仕組みが「ブロックチェーン技術」です。ビットコインはまったく中央管理者が存在しない「**パブリック型**」ですが、限られた複数者が権限を有する「**コンソーシアム型**」や、単一の管理者がいる「**プライベート型**」（コンセプトとはあまり一致しない感じもしますが…）もあります。

　このような中央管理者不在のデータベースは、かつてファイル共有ソフト（➡ p.270「ファイル共有ソフト」参照）に用いられていたアイデアの延長線上にありつつも、ネットワーク全体で単一の記録を管理し更新するという点で異なっており、また、従来型の中央管理サーバを当然の前提とするウェブデータベースとは

（前ページより続く）

本質的に異なるものです。その技術的特質から、①悪意ある第三者によるデータ改ざんが困難である、②取引履歴が透明化され追跡可能である、③単一の障害点をもたない（ノードの一部が機能しなくともデータベースとして動作し続ける）、④維持管理コストを分散することができる、といった特徴があるといえます。

■ 著作権管理をブロックチェーンで

　ビットコインはブロックチェーンの代表的なユースケースであり、いまのところグローバルに成功した（少なくとも大きな影響力をもつに至った）唯一のケースであるといわれています。しかし、上記のような特徴を他のビジネスやサービスに応用できるのではないか、という動きが非常に多くの分野で起きています。

　その一つが、コンテンツや著作権の管理というわけです。あるコンテンツの作者を特定し対価を支払うことや、コンテンツとその原作との関係性の表現など、これまで著しい手続上の負担を要し、あるいは可視化することが容易でなかった点を、前記に挙げたブロックチェーンの特徴をもって解決するような仕組みがつくれないかが議論されています。

　著名なものとして、米国コダック社が仕掛けた「コダックコイン」プロジェクトがあります。同社は 2018 年 1 月、写真の著作権管理と利用料の分配を可能とするプラットフォーム「KODAKOne」と、同プラットフォーム上で支払手段に利用できる仮想通貨「KodakCoin」の販売（ICO ＝ Initial Coin Offering）計画を公表しました。同プラットフォームはウェブの監視機能をもち、クローリングにより登録データの無許諾利用を発見した場合、法的手続をとるなどしてライセンス料を収受し、登録済み権利者にはコダックコインによる支払いを行うとされています（同種のものにドイツ発の「CopyTrack」というサービスもあり、こちらも 2018 年に ICO を実施）。

　かつてフィルム製造で世界を席巻し、その後の経営破綻を経て再建を果たした大企業がブロックチェーンビジネスに参入するとあって、本件は大きな話題を呼びました。当時は折しも、2017 年来の仮想通貨相場の上昇がピークを迎えていたタイミングであり、コダック社の株価はこのリリース後たった 2 日で約 3 倍に高騰す

るなど、ある種「仮想通貨バブル」を象徴する出来事だったといえます。

　その後、コダック社の株価は年内には元の水準に戻ってしまいましたが、KodakCoin は同年中に ICO を実施、KODAKOne もベータテストを開始しています（2019 年 1 月には、著作権侵害に基づく権利行使によって 100 万ドル（約 1.1 億円）の収入を達成した旨を公表）。その間、わが国では法改正により「仮想通貨」の法律上の名称が「暗号資産」に変更され、国際的にも規制枠組みの構築が進むなど、ビットコインをはじめとする仮想通貨をとりまく環境は、大きく変化しています。

■ 日本国内の動き

　日本国内の動きとしては、経済産業省が設置した「ブロックチェーン技術を活用したコンテンツビジネス検討会」が、音楽分野におけるアマチュアクリエイターの二次創作に着目し、著作権管理への応用を議論しています（➡二次創作について、p.159 ～ 181「『二次創作』と著作権」以下参照）。同検討会の報告書（2019 年 3 月）は、そのようなコンテンツの取引環境は、皆が公平に制作・利用する立場にあるため、参加者全員の善意による流通促進が自律的にはかられる構造になっているとし、ブロックチェーン技術はこうした構造に親和的であるとしました。そして、逐次の翻案行為（**n 次創作**）に関し、コンテンツを制作しまたはその価値の向上に貢献した者への寄与度に応じた対価の支払いを可能とする仕組みについて検討していますが、具体的な実証はなく、思考実験にとどまるものでした。

　前記のとおり、ブロックチェーン技術のユースケースとして社会的に広く認知されているものは、いまだビットコインをはじめとする仮想通貨にとどまります。同技術のこれまでにない特徴を活用し、著作権管理などの他分野に応用していけるかどうか。議論はようやくその端緒に就いたばかりです。

（増田雅史）

著作権の侵害とは❶

📖 著作権の侵害とは

　著作権の侵害は、著作権者の許諾を得ないまま、他人の著作物に似た作品をつくったり、他人の著作物を利用（➡ p.60 〜 65「著作権①〜③」で説明した複製などの行為）したりする場合に生じます。

　他人の著作物を知ったうえで作品をつくることを「**依拠**」といいます。もっとも、他人の著作物に依拠したとしても、できあがったものがまったく異なる作品であれば、侵害になりません。したがって、依拠しただけではなく、**類似性**が必要とされます。

　依拠と類似性については後述しますが、ここで注意しなければならないことは、依拠の対象が他人の「著作物」ということです。そもそも著作物でなければ、いくら依拠しようとも著作権侵害にはなりません。「著作物とは何か②」（➡ p.52）で説明しましたが、例えば、単なるアイデアは著作物としては保護されないため、他人のアイデアに依拠しただけでは著作権侵害にはなりません。また、保護期間（➡ p.94「著作権の保護期間①」参照）がすでに過ぎている著作物であれば、誰でも自由に利用できるので、例えば、江戸時代の浮世絵をイラストや動画に利用しても、著作権の侵害にはなりません。

📖 依拠

　「依拠」とは、前述したとおり、他人の作品を知ったうえで自分の作品をつくることをいいます。

　同じく知的財産権である特許権の場合、特許権侵害となるために、依拠は必要とされていません。したがって、特許登録されている発明と同じ発明を偶然思いついて、その発明を利用した製品を販売した場合であっても、特許

権侵害になります。それに対し、著作権の場合には依拠が必要とされていますので、同じ著作物を創作した場合であっても、それが偶然であるならば、著作権侵害にはなりません。

　権利侵害を主張する側の著作物が有名な作品である場合などは、依拠があったことの証明は比較的容易でしょうが、そうでない場合には、依拠の証明はときに難しいでしょう。もっとも、誰が見てもまねしたとしか思えない程度に、独創性のある作品が瓜二つの場合などには、他の条件も考え合わせたうえで、依拠があったと推定されることがあります。

類似性

　他人の著作物と同一のもの（いわゆる**デッドコピー**）を無断で利用すれば、当然著作権侵害となりますが、一致はしていないが類似する、というものであっても、やはり著作権の侵害になります。

　例えば、一冊の本の全体にわたって、「です・ます調」であったのを、「である調」に変えただけとか、ごく一部分のみを削除しただけといった場合には、類似性が認められることはほぼ明白です。

　しかし、実際の多くの紛争では、どこまで似ていれば類似していると判断され、どれだけ違っていれば類似していないと判断されるかの境界線はそれほどはっきりせず、裁判所による判断は、まさにケース・バイ・ケースといえます。例えば、歴史的事実それ自体は著作物として保護されませんが（➡p.52「著作物とは何か②」以下参照）、ある歴史的事実を題材にしてドラマを制作した場合などには、ドラマの脚本自体は、脚本家の個性を表しているものとして著作物と認められるでしょう。ここで、他の人が同じ歴史的事実を題材にして別のドラマを制作した場合、両作品が史実に忠実であればあるほど、おのずと作品の内容は似てくることになります。しかし、歴史的事実それ自体は著作物として保護されないのですから、ある史実を表現するためには類似してしまうことが不可避であるような部分は除いたうえで、その他の部分がどれだけ似ているか、という観点から類似性を判断します。

　この例からもわかるとおり、類似性の判断は、なかなか難しい問題です。

（増田雅史）

著作権の侵害とは❷

📖 著作者人格権、著作隣接権などの侵害

著作権侵害の場合と同様です。著作者の意に反して著作物を改変したり（同一性保持権侵害）、作品の公表にあたって、著作者の意に反して氏名を表示しなかったり（氏名表示権侵害）すると、著作者人格権の侵害になります。

著作隣接権については、例えば無断で音楽CD中の音楽をインターネットで配信するように、実演家（この例の場合には、演奏しているミュージシャンや歌唱している歌手など）やレコード会社の許可を得ないで実演や録音物を利用すると著作隣接権侵害になりますし、勝手に実演家の名誉を傷つけるような内容に改変などすると実演家人格権の侵害になります。

📖 著作権侵害への対抗手段

❶民事上の効果

著作権侵害があった場合の民事上の効果として、著作権者は侵害者に対し、差止請求権や損害賠償請求権などをもちます。

■ 差止請求権

差止請求権とは、著作権侵害行為を止めるように求めることができる権利です。あわせて、著作権を侵害しているコピー品の廃棄などを求めることができる場合があります。

差止請求は、侵害者に、著作権を侵害したことに関する故意または過失がなくても（まったく落ち度がなくても）認められます。その意味で、差止請求権は強力な権利といえます。

■ 損害賠償請求権

損害賠償請求権とは、著作権侵害によって権利者が被った損害を賠償する

よう求めることができる権利です。損害賠償請求をするにあたっては、差止請求の場合と異なり、侵害者に故意または過失があることが必要です。

損害としては、例えば、①侵害商品を販売したことで、著作権者の販売する正規商品の売り上げが下がった場合、本来であれば著作権者が得られたであろう売り上げによる利益、②それとは反対に侵害者が侵害商品を販売することによって得た利益のほか、③侵害者が権利者からライセンスを受けていたとしたら支払っていたであろうライセンス料、などが考えられます。

これに対し、著作者人格権の侵害に伴う損害の回復手段は、著作者の慰謝料（精神的苦痛の代償）です。著作権侵害による経済的な損害とは異なるため、別途請求できることになります。

もっとも、日本の裁判実務においては、それほど大きな経済的損害や慰謝料が認められることは少なく、権利者の期待する水準とは開きがあるのが実情です（ただし、金額の問題というよりは名誉の問題として、いわばメンツをかけて争われる事件が多いのも事実です）。

なお、類似性（➡ p.114「著作権の侵害とは①」参照）の主張立証などは専門知識を要するため、裁判で著作権侵害からの救済を求める場合には、弁護士に依頼することが実際には多いでしょう。その場合、著作権者が訴訟で勝訴すれば、裁判所が認めた損害額の約1割程度の金額が、弁護士費用相当額として、損害額に上乗せされるのが一般的です。

❷刑事罰

著作権、著作隣接権侵害の場合には、10年以下の懲役または1000万円以下（法人は3億円以下）の罰金に、著作者人格権、実演家人格権侵害の場合には、5年以下の懲役または500万円以下の罰金に、それぞれ処せられる可能性があります。

原則として著作権者や著作者などが警察や検察に告訴した場合にのみ起訴・処罰が可能となりますが（起訴・処罰にこのような条件がついているものを、**親告罪**といいます）、2016年著作権法改正により、2018年末から、権利者の利益が不当に害されることとなる海賊版販売行為等は、告訴がなくとも起訴・処罰が可能となりました（**非親告罪**。➡詳細について、p.280「ダウンロード違法化、違法ダウンロードの刑事罰化、非親告罪化」参照）。

（増田雅史）

著作権の国際的保護❶

🌐 条約による保護

　日本の音楽グループによる海外公演が行われたり、逆に海外のアーティストが来日して公演を行ったりすることがあります。また、実際に人が行き来しなくても、日本の漫画が海外で楽しまれたり、あるいは海外から輸入された音楽 CD が販売されたりすることもあります。洋楽を、日本人が日本国内向けにカバーすることもあるでしょう。

　このように、著作物は国境を越えて利用されることがよくありますが、著作権法の内容は万国共通ではなく、国によって異なります。そして、具体的にどのような場面で、何が問題になっているかによって、どの国の法律が適用されるかは変わる可能性があります。そのため、何らかの国際的な取決めが必要になってきます。

　著作物の国際的な保護は、条約をとおして行われています。この項では、著作権に関する主要な条約であるベルヌ条約について説明し、他のいくつかの条約については次の項で説明します。

🌐 ベルヌ条約

　著作権に関する条約で最も重要なのが、**ベルヌ条約**です。同条約には、2017 年 7 月現在、日本も含めて 174 か国が加盟しています。主要国の中で米国などが当初ベルヌ条約に加盟していなかったのですが、1989 年に米国も加盟するに至りました。

　ベルヌ条約加盟国の国民や法人の著作物は、ベルヌ条約をとおして一律に保護されます。著作者がベルヌ条約加盟国の国民でなくても、ベルヌ条約加盟国内で著作物が最初に発行されれば、同様に保護対象になります。

　ベルヌ条約によって保護される著作物は、ベルヌ条約に加盟している各国の国内法によって保護されることになっています。そして、ベルヌ条約加盟国は、加盟に伴ってベルヌ条約が要求する内容の法律を整備しています（整備する義務があります）ので、どこの国であってもある程度は同じようなルールが適用されることになります。

■ ベルヌ条約の原則

　ベルヌ条約は、以下のような原則を取り入れています。

①**内国民待遇**……加盟国が外国人の著作物を保護する場合に、自国民に与えている保護と同等以上の保護を与えるという原則です。

②**無方式主義**……著作権の発生には、登録やマークの付記などのいかなる方式も必要としないという原則（➡ p.68「著作権はどのような条件で守られるか」参照）です。

③**遡及効**……ベルヌ条約は、ある国がベルヌ条約に加盟して、その国においてベルヌ条約が効力をもつようになった後に創作された著作物だけでなく、それ以前に創作された著作物の加盟後の利用関係などにも適用されます。このことを「**遡及効の原則**」といいます。もっとも、それぞれの加盟国におけるベルヌ条約の発効時に、その国において保護期間がすでに満了している著作物は除かれます。

■ ベルヌ条約の改正の難しさ

　ベルヌ条約はこれまでに何度か改正されていますが、加盟国の全会一致でないと改正できない特殊な条約であるため、加盟国の増加に伴って、現在はその改正をすることが事実上不可能になっています。

　しかし、とくに今世紀に差し掛かるあたりからは、インターネットの普及その他の社会現象の変化に伴って、ベルヌ条約の規律が前提としていた社会的・産業的背景は、ずいぶんと変わりました。そのため各国において、法改正の必要が生じたのですが、改正が困難なベルヌ条約のままでは、現代化に対応しきれない面がありました。

　このような状況に対処するため、次の項で説明するWIPO著作権条約などが別途締結されています。

 国交のない国との関係

　これまで見てきたとおり、著作権の国際的な保護は、ベルヌ条約を中心とする国家間の約束によって成り立っています。日本国民や日本企業の権利が他国で守られるかどうかは、ひとえに当該国が条約に基づく対応を適切に実施するかどうかにかかっており、その逆もまた然り、というわけです。そしてその裏側には、両国間に国交がある（国家として相互に承認している）という当然の前提があります。

　他方、北朝鮮もベルヌ条約に加盟していますが、日本と北朝鮮との間には国交がありません。このような場合、日本は条約に基づき、北朝鮮の著作物についても保護する義務を負うでしょうか。

　この問題は、北朝鮮の政府機関が、その制作した映画を日本のテレビ局が無許諾で放映したとして日本国内で訴訟を起こしたことによって、裁判所で争われました。最高裁は 2011 年、多数国間条約に日本が国家承認していない国が加入している場合でも、それによってその国との間に条約上の権利義務関係が直ちに生ずるわけではないとし、その映画の日本における保護を否定しています。

（増田雅史）

著作権の国際的保護❷

TRIPS 協定

　ベルヌ条約にはほとんどの国が加盟していますが、カンボジアなど、わずかな例外もあります。それでは、そのような国においては、日本の著作物は保護されないのでしょうか。この問題は、WTO（世界貿易機関）という別の舞台で解決されています。

　WTO の設立協定には、「知的所有権の貿易関連の側面に関する協定」という附属書があります。これは通称「**TRIPS 協定**」と呼ばれているもので、その中では、ベルヌ条約の主要な条項を遵守すべきことが定められています。これによって、WTO 加盟国においては、いずれにせよベルヌ条約と同一水準の知的財産権保護をしなければならないことになっています。

　アジア各国は、通商政策の必要性から続々と WTO に加盟しており、カンボジア（2004 年加盟）もその例外ではありません。そして、カンボジアはすでに TRIPS 協定を履行していますので、ベルヌ条約への未加盟国という問題は、ほぼ存在しないといえます（厳密にいえば、ナウルがいずれの仕組みにも加盟していません）。

WIPO 著作権条約

　WIPO（World Intellectual Property Organization）とは、世界知的所有権機関のことです。全世界にわたって知的所有権の保護を促進することを目的として設立された組織であり、本部をスイスのジュネーブにおく国連の専門機関です。

　前の項で説明したとおり、ベルヌ条約は全会一致でないと改正ができないため、ベルヌ条約加盟国が増大した現在では、その改正は事実上不可能に

なっています。そのため、社会のデジタル化・ネットワーク化の進展などに対応してベルヌ条約を補強するための附属の条約として、**WIPO 著作権条約**（**WCT**）がつくられ、2002 年に発効しました。2019 年 12 月現在、日本を含め 102 か国が加盟しています。

この条約で新たに取り入れられた規定に、以下のものがあります。

①コンピュータプログラムの保護

②編集物・データベースの保護

③譲渡権の保護

④コンピュータプログラム、映画の著作物、レコードに関する貸与権の保護

⑤有線・無線の方法でインターネットなどを用いてインタラクティブに送信する権利や、送信可能化権の保護

⑥コピープロテクションなどの技術的保護手段の解除などの禁止

このほか、近年採択された著作権に関する条約に、「**盲人、視覚障害者その他の印刷物の判読に障害のある者が発行された著作物を利用する機会を促進するためのマラケシュ条約**」があります（2013 年採択、2016 年発効）。わが国も、2018 年に所要の著作権法改正を行ったうえで同条約に加盟し、国内では2019 年から発効しています。

🌐 WIPO 実演・レコード条約、北京条約

「**WIPO 実演・レコード条約**」（**WPPT**）は、1996 年に採択されました。この条約は、実演家人格権や、実演家・レコード製作者の複製権・譲渡権・貸与権・利用可能化権の設定を主な内容にしています。日本は 2002 年に正式に加盟しています。

WPPT では、主にレコードに固定された音の実演の保護がはかられており、視聴覚的実演（映画俳優の演技など）における実演家の権利は対象に含まれていませんでしたが、このような権利の保護について定めるものとして、2012 年に「**視聴覚的実演に関する北京条約**」（**AV 条約**ともいわれます）が採択されており、わが国も 2014 年に加盟しています（2019 年 11 月時点で未発効）。

（増田雅史）

インターネットビジネスの著作権
【実践編】

電子書籍、電子出版

身近になった電子書籍

　従来、紙の印刷物という形で書店などで販売されていた書籍や雑誌といった出版物が、デジタル・ネットワーク化の進展に伴い、電子データの形でも流通するようになっています。最近では有料配信されている書籍や雑誌を購入し、専用端末やタブレット端末などで楽しむ人が増えており、電子書籍はわれわれの生活にも身近なものとなっています。

　紙の出版物は、ここ何年もの間、販売金額、販売部数ともに減少が続くなど、長引く「出版不況」にあえいでおり、電子書籍ビジネスは、その穴を埋めるべく、さらなる成長が期待されています。

電子書籍と権利処理─電子出版権の創設

　電子書籍は、紙の出版物を、そのままの内容で電子データ化したものが多数を占めます。なかには「**ボーンデジタル**」と呼ばれる、紙の出版物が存在せず、電子書籍という形でのみ流通する作品もありますが、いずれにせよ、作品の創作過程自体に基本的な違いはありません。しかしながら、紙の出版物と電子書籍とでは、流通の形態が異なることから、権利処理の対象となる著作権の種類が異なります。

　具体的には、紙の出版物の場合は、複製権と譲渡権の処理が必要になるのに対し、電子書籍の場合は、**複製権**と**公衆送信権**の処理が必要となります（➡ p.60 〜 65「著作権①〜③」参照）。紙の出版に関しては、出版社に**出版権設定**をするという形で権利処理を行うのが一般です。出版権は、長らく電子書籍に関しては設定することができず、著者が出版社に対し、作品を配信（公衆送信）することにつき独占的に許諾をするという形で権利処理が行われていま

図7│紙の出版物と電子書籍の流通経路、関係プレーヤー

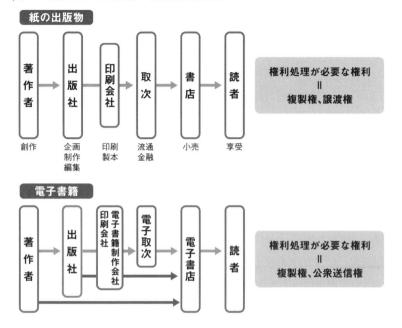

紙の出版物

著作者	→	出版社	→	印刷会社	→	取次	→	書店	→	読者
創作		企画 制作 編集		印刷 製本		流通 金融		小売		享受

権利処理が必要な権利
＝
複製権、譲渡権

電子書籍

| 著作者 | → | 出版社 | → | 印刷会社 電子書籍制作会社 | → | 電子取次 | → | 電子書店 | → | 読者 |

権利処理が必要な権利
＝
複製権、公衆送信権

した。しかしながら、インターネット上にあふれる海賊版（➡ p.250「『海賊版』の流通と対策の動向」参照）に対して出版社が差止請求を行えるようにすべく、2014年の法改正で、新たに電子書籍に関しても出版権設定を行えるようになりました（いわゆる**電子出版権**）。これを受け、日本書籍出版協会が公表している出版契約のひな型も改訂されています。

　紙の出版物と電子書籍の流通経路、関係プレーヤーを比較したのが図7です。どちらもさまざまな形態がありますので一概には比較できませんが、電子書籍の場合は、「取次」と呼ばれる中間業者の利用率が大きく下がるといわれていることから、その分、著作者から直接電子書店に流れたり、あるいは出版社から取次業者を経由せずに電子書店に流れたりといったケースが多いといえるでしょう。電子書店などの編集機能が今後強化されると、こうしたケースはより増えていくものと考えられます。　　　　　　　　（池村聡）

音楽配信ビジネス

さまざまなサービス形態

　かつてはLPレコードやカセットテープによる流通が中心であった音楽コンテンツですが、その後の技術の進歩により、CD（コンパクトディスク）による流通が主流となりました。そして、情報通信技術の進歩により、そのトレンドにも変化が見られます。現在も、日本ではCDによる流通（**パッケージ型流通**）が大きな割合を占めていることには変わりありませんし、LPレコードの生産数が伸びているといった興味深い動きもありますが、ここ数年は、iTunes Storeやレコチョクのように、インターネットを通じて楽曲データを配信する、いわゆる**音楽配信**という流通形態（**ネットワーク型流通**）のものが占める割合が増えています（この点、米国などでは、大分前からネットワーク型流通がパッケージ型流通よりも大きな割合を占めています）。

　音楽配信にはさまざまな形態のものがありますが、大きく、ダウンロード型とストリーミング型に分類することが可能です。**ダウンロード型**とは、サーバから配信された楽曲のデータを、パソコンやタブレット端末、スマートフォンなどの端末に保存して楽しむ形態をいい、ユーザはいったん端末に楽曲データを保存したあとは、インターネット環境になくても、楽曲を聴くことができます。iTunes Storeや着うたフルなどは、ダウンロード型の音楽配信です。一方、**ストリーミング型**とは、配信された楽曲のデータを、受信しながら同時に再生する形態をいい、楽曲データは、ユーザの端末に保存されません。ストリーミング型では、都度ユーザ端末が配信サーバにアクセスし、楽曲を再生することになるため、楽曲を楽しむためにはインターネット環境が必要となります。次項で説明するインターネットラジオもストリーミング型の一形態です。

　ダウンロード型では、1曲（またはアルバム1枚）ごとに価格が決められ、ユーザはダウンロードする楽曲数やアルバム数に応じて料金を支払う形態が一般的です。これに対し、ストリーミング型では、一定の料金を支払えば（あるいは無料で）好きなだけ楽曲を聴くことができる**定額制音楽配信サービス（聴き放題サービス）**が主流になりつつあります。なお、1曲（またはアルバム1枚）ごとに販売するサービスのことを**アラカルト方式**、定額制音楽配信サービスのことを**サブスクリプション方式**と呼ぶこともあります。とくに欧米諸国では、サブスクリプションサービスが活況を帯びており、例えば、スウェーデン発のSpotify（スポティファイ）が有名で、日本でも、ようやく2016年にサービスが開始されました。近時は、Spotifyに加えて、海外勢ではApple MusicやGoogle Play Music、Amazon Music Unlimited、国内勢ではAWA、LINE MUSICといったサブスクリプションサービスがしのぎを削っており、利用者も増加しています。なお、日本におけるサブスクリプションサービスの本格導入が遅れた原因は著作権法にあるのではないかという声も少なくありません。

　しかしながら、Spotifyにせよ何にせよ、こうした音楽配信サービスを適法に行うには、「**権利処理**」（➡ p.101「『権利処理』とは何か」参照）を行う必要があるのであり、権利者に無断で行えるわけではありません。これは、日本に限らずどこの国でも同様です。したがって、日本の著作権法自体が音楽配信サービスの普及が進まないことの原因とは考えにくいところです。

　問題の本質は、日本においては、サービス業者が思うような形での権利処理がなかなか進まなかったという点にあるものと考えられます。

　それでは、音楽配信サービスを適法に行う場合、どのような権利処理を行う必要があるのでしょうか。

🖥️ 音楽配信と権利処理

　まず、SpotifyやiTunes Storeのように、既存の音源（CDに収録されている楽曲データ）をインターネットで配信する場合、著作権と著作隣接権について権利処理が必要となります。この点は、ダウンロード型もストリーミング型も、またアラカルト方式もサブスクリプション方式も同様です。より具

体的にいうと、著作権に関しては、詞と曲の複製権や公衆送信権、著作隣接権に関しては、レコード製作者と実演家の複製権、録音権や送信可能化権について、それぞれ権利者からの許諾が必要です（➡ p.60 ～ 63「著作権①・②」、p.76「著作隣接権とは何か」参照）。このうち、著作権に関しては、ほとんどの場合、JASRAC（日本音楽著作権協会）などの**著作権等管理事業者**が管理をしていますので、著作権等管理事業者から許諾を得て、使用料を支払うことになります。また、レコード製作者の著作隣接権については、通常レコード会社などのいわゆる**原盤権者**が保有しており、実演家の著作隣接権についても、その原盤に収録されている実演の権利は原盤権者であるレコード会社が譲渡を受けていることが多いため、多くの場合はレコード会社から許諾を得ることになります。この場合、許諾の対価はレコード会社に対して支払われ、レコード会社から実演家に対しては、いわゆるアーティスト印税が支払われることになります。

　これに対し、例えば、カラオケ用音源の配信の場合、既存の音源ではなく配信業者が配信用に作成したオリジナルの音源を配信することになります。ここで、配信（利用）するのは楽曲のメロディ（旋律）部分だけであり、詞の部分は利用しておらず、さらには既存の CD 音源や実演（歌唱や楽器演奏）も利用していませんので、権利処理としては、楽曲の著作権だけを考えればよいことになり、その分単純であるといえます。

　このように、同じ音楽配信ビジネスでも、各サービスによって権利処理の内容やかかる手間が大きく異なります。

🖥️© ライブ・ビューイング等

　近時は、通信速度や通信容量の飛躍的な向上を背景に、リアルタイムでインターネット配信をする音楽ライブが増えており、人気を集めています。**ライブ・ビューイング**という形で映画館に配信されるライブのほか、個々人がスマホやタブレット端末で鑑賞できるライブもたくさん開催されています。実際にライブ会場に行かずとも（チケットが手に入らない等の理由で会場に行けずとも）、映画館のスクリーン、あるいはスマホ、タブレット端末などの画面を通じてライブ会場の熱狂を共有できるという意味で、非常に魅力的

なサービスといえるでしょう。

　音楽ライブを行う場合、JASRAC など著作権等管理事業者との間で**演奏権**の処理が必要となりますが、リアルタイム配信をする場合、これに加え、**公衆送信権**等の処理が必要になってきます。

　なお、音楽配信サービスと権利処理に関する詳細については、本書と同シリーズの『音楽ビジネスの著作権（第 2 版)』に詳しく説明されています。

（池村 聡）

インターネットラジオをめぐって

「インターネットラジオ」とは

　前項で見た音楽配信ビジネスの一つのジャンルとして、「**インターネットラジオ**」があります。インターネットラジオの明確な定義はありませんが、アラカルト方式やサブスクリプション方式のようにユーザが聴きたい曲を選択してダウンロードやストリーミング再生をするのではなく、あらかじめ決められた番組プログラムに従って楽曲などが連続的に再生される点に特徴があるといえます。

　インターネットラジオは、大きく、①IP サイマルラジオ、②ネットラジオ、③カスタマイズドラジオ（パーソナライズドラジオ）、に分類することが可能です。まず、**IP サイマルラジオ**とは、NHK や民放局の AM・FM ラジオ放送やコミュニティ FM 放送といった地上波ラジオ放送を、放送と同時にインターネットでも配信することをいい、代表的なサービスとしては、NHKによる「らじる★らじる」や民放各局による「radiko（ラジコ）」があります。次に、**ネットラジオ**とは、インターネット用に制作された独自の番組を配信するサービスをいい、アニメやゲーム系のプログラムで構成される「音泉」などが有名です。最後に、**カスタマイズドラジオ**とは、ユーザの好みを自動で分析し、各ユーザに応じてカスタマイズされたプログラムを配信してくれるサービスであり、米国では、PANDORA ラジオや iHeart ラジオといったサービスが有名ですが、日本ではいまだ普及には至っていません。

　このように、一口にインターネットラジオといってもさまざまな形態のものがありますが、本項では、このうちとくに IP サイマルラジオについて解説します。

「インターネットラジオ」の著作権法上の位置づけ

単なる「ラジオ」（地上波ラジオ放送）は、著作権法上、公衆送信のうち「放送」に分類されますが、「インターネットラジオ」は、放送ではなく、「**自動公衆送信**」に分類されるものと理解されています（➡「放送」「自動公衆送信」については、p.62「著作権②」参照）。

このように、同じ番組であっても、地上波ラジオ放送とインターネットラジオ（IP サイマルラジオ）とでは、著作権法上の取扱いが異なり、この違いは、権利処理の違いとなって現れてきます。

音楽に関していえば、地上波ラジオ放送の場合、詞や曲の著作権については、放送局と JASRAC（日本音楽著作権協会）とで**ブランケット契約**と呼ばれる包括許諾契約が締結されており、これにより、放送局は JASRAC 管理楽曲を自由に放送することができます。また、著作権法上、音楽 CD に収録された楽曲を「放送」する場合、放送局はあらかじめレコード製作者や実演家から許諾を得なくとも、これらの者に事後的な**二次使用料**を支払えばよいとされており、しかも二次使用料は、指定団体である日本レコード協会および日本芸能実演家団体協議会に支払うことになっているため、レコード製作者や実演家の著作隣接権にかかる権利処理は容易であるといえます。

一方、インターネットラジオの場合、上記のとおり、自動公衆送信に分類されるため、著作権だけでなく、著作隣接権に関しても、権利者から事前に許諾を得る必要があります。この点、著作権については、放送と同様に JASRAC との包括許諾契約による権利処理が可能であるほか、IP サイマルラジオに関しては、日本レコード協会と実演家著作隣接権センター（CPRA）を通じた包括的な権利処理も可能となっていますので、権利処理の困難さは緩和されています。もっとも、こうした団体に権利の管理を委託していない権利者（いわゆる**アウトサイダー**）との関係では、なお個別に権利処理を行う必要があるという問題が残されています。

「放送対象地域」への配信限定—radiko の場合

IP サイマルラジオの代表格である **radiko** の大きな目的の一つは、難聴取

対策にあります。つまり、都市部を中心に、ビルの乱立等により難聴取エリアが増加していることを受け、地上波ラジオ放送が良好に受信できない場所でも、インターネット環境があればラジオ番組を聴けるようにすることを主要な目的としています。また、こうしたサービスにより番組のリスナーが増加し、地上波ラジオ放送のメディア価値が上がることも radiko の重要な目的の一つであるといえるでしょう。

　このように、radiko は、あくまで地上波ラジオ放送の補完的な役割を担うものと考えられ、原則は無料で提供されています。

　こうしたことや、さらには、広告主や関係権利者との契約の関係もあり、radiko では、各局ごとの対象地域でのみ聴取が可能となっていましたが、2014 年 4 月から権利者の許諾を得て、有料での**域外聴取サービス（ラジコプレミアム）**が開始されました。プレミアム会員になると、エリアフリーで番組の聴取が可能です。

　一方、こうした仕様にかかわらず、radiko の無料での域外聴取を可能とする無許諾のアプリが存在します。この点、仮に radiko において配信に際し域外聴取ができないよう **DRM**（➡ p.107「DRM（デジタル著作権管理）とは何か」参照）がかけられており、当該アプリがこうした DRM を回避すると評価されるようなプログラムであれば、当該アプリの提供は、**アクセスコントロール回避規制**に抵触し、著作権法違反や不正競争防止法違反に該当する可能性があります。また、DRM が域外聴取だけでなく録音（複製）も制限するものであり、当該アプリが DRM を回避することにより録音をも可能とするプログラムであると評価されれば、**コピーコントロール回避規制**に抵触し、著作権法違反に該当する可能性もあります。

（池村 聡）

1 コンテンツ配信
動画配信ビジネス

© サービス形態

　音楽配信ビジネス（➡ p.126「音楽配信ビジネス」参照）と同様に、動画コンテンツの世界においても、古くはレーザーディスクやビデオカセット、最近ではブルーレイディスクや DVD といった、パッケージ型の流通が依然として大きな割合を占めている一方で、インターネットを通じて配信するネットワーク型の流通、すなわち**動画配信**が存在感を強めており、スマートフォンやタブレット端末で動画を視聴するスタイルは、もはや日常的なものとなっているといってよいでしょう。**ダウンロード型**と**ストリーミング型**に分類できる点は音楽配信と同様ですが、動画配信の場合、ストリーミング型の配信に関して、例えば視聴開始から 48 時間以内といった形で視聴可能期間が限定されている、**レンタル方式**と呼ばれる形態も見られます。レンタル方式は、ダウンロード型や視聴期間が無制限のストリーミング型よりも料金が安く設定されているのが特徴です。最近では、hulu など、毎月 1000 円以下の定額制で見放題の動画配信サービスも多く見られ、Amazon プライムサービスや Netflix、DAZN といった外資系のサービスが人気を集めています。

　配信の対象となる動画コンテンツは、劇場用映画や放送番組が中心ですが、ここ最近のトレンドとして、動画配信用のオリジナルコンテンツが増えている点が指摘できます。また、AbemaTV のように、決まった番組プログラムに従い、動画コンテンツをストリーミング配信する、**インターネットテレビ**と呼ばれる形態も登場してきています。

　なお、劇場用映画に関しては、まず劇場公開を行い、その後、ブルーレイなどのパッケージとしての販売を経てから、テレビ放送やインターネット配信を行うといった流れが一般的です。映画のライセンス契約においても、一

定期間（例えば劇場公開後6か月など）は権利の行使が制限される条項（いわゆる**ホールドバック条項**）が設けられることも多くありますが、最近では、劇場公開と同時にインターネット配信を行ったり、パッケージ販売とインターネット配信を同時に行ったりするといったことも珍しくなくなってきており、こうした従来の流れが大きく変わってきたといえるでしょう。

🖥 動画配信と権利処理

　動画配信を適法に行うには、当然のことながら権利処理（➡ p.101「『権利処理』とは何か」参照）を行う必要がありますが、**映画の著作物**である動画コンテンツの場合、関係する権利や権利者が非常に多いため、大変複雑なものとなっています。

　最も重要なものは、①映像作品自体の**著作権**ですが、劇場用映画（邦画）の場合は、映画配給会社や放送局、出版社、広告代理店などで構成される**製作委員会**と呼ばれる共同事業体が共有という形で著作権を保有している場合が多く、テレビ番組の場合は、放送局や制作プロダクションが著作権を保有している場合が多いといえます。そして、作品の著作権者自身が配信ビジネスを行う場合（例えば放送局が放送番組を自らインターネット配信する場合や配信事業者がオリジナルコンテンツを配信する場合）は、作品自体の著作権の処理は不要ですが、第三者が行う場合は、まずは作品自体の著作権者から配信の許諾を得る必要があります。

　このほか、作品自体の著作権とは別に、映画の元となった②**原作**（小説や漫画）や**脚本**、あるいは映画に使われた③**音楽**や**映像素材**などの著作権についても、権利処理の必要があります。さらに、④ CD などに収録された音源を使用した作品の場合、**レコード製作者の著作隣接権**についても権利処理の必要があります。このほか、⑤俳優や声優などといった**実演家の著作隣接権**や、先ほどの CD などに収録された実演（歌や演奏）の著作隣接権についても権利処理を考える必要がありますし、放送番組を他の事業者が配信する場合には、⑥**放送事業者の著作隣接権**について考える必要もあります（➡以上、映画の権利関係について詳しくは本シリーズ『映画・ゲームビジネスの著作権（第2版）』参照）。

　この点、例えば音楽著作権のように、JASRAC などの著作権等管理事業者により権利が管理されている場合、著作権等管理事業者との交渉により、複数の著作物につき、包括的に権利処理を行うことが可能ですが、そうではない場合、個別の権利処理にならざるを得ません。

　さらには、肖像権（➡ p.43「インターネットビジネスとその他の権利①」参照）など、著作権以外の権利にも留意する必要があるほか、例えば名所・旧跡でロケをした場合に、テレビ放送のみという条件で撮影許可をとっており、インターネット配信にあたって再度許可を得なければならないことになっているといった、契約上の問題もあるといわれています。

深刻な違法流通

　放送番組のインターネット配信は、劇場用映画よりも遅れているといわれています。その大きな原因としては、次項で見るとおり、権利処理の問題が指摘できますが、このほか、違法流通の問題も深刻です。

　放送局や動画投稿サービス事業者のさまざまな取組みにもかかわらず、残念ながら依然として動画投稿サービスにおいては、放送局に無断で放送番組が投稿される例が跡を絶ちません。放送局はこれに対し削除要請を行い、動画投稿サービス事業者も積極的に削除に応じていますが、現状、さながら「いたちごっこ」の様相を呈しています。また、こうした無断投稿に関しては、そのリンクを集めた**リーチサイト**（➡ p.278「リーチサイト、悪質なサイバーロッカーをめぐって」参照）も数多く存在し、放送局はその対応にも苦慮しています。さらには、動画投稿サービスに加え、**ファイル共有ソフト**を利用したサービスにおいても、放送番組の無断複製物が数多く流通している実態にあります（➡ p.270「ファイル共有ソフト」参照）。

　こうした事態が、正規の配信ビジネスに悪影響を与えているとの指摘は根強いところです。　　　　　　　　　　　　　　　　　　　　　　　　（池村 聡）

放送番組のインターネット配信における課題

劇場用映画の権利処理と何が違うか

　動画配信に必要な権利処理に関する一般論は前項で見たとおりですが、実務上、劇場用映画と放送番組とは、同じ映画の著作物でも、権利処理の困難さが大きく異なります。

　劇場用映画においては、一般的に、作品を創作するにあたって、インターネット配信も含め、その後のさまざまな二次利用を見据えた権利処理があらかじめ行われていることが多く、この場合、映像作品の著作権者から配信の許諾を得ることにより、権利処理の大部分は完了したといえます。なお、製作委員会方式（➡ p.133「動画配信ビジネス」参照）で製作された映画の場合、インターネット配信について窓口権をもつ委員会構成員が許諾の窓口となります。

　このほか、劇場用映画と放送番組との最も大きな違いは、俳優等の**実演家の著作隣接権**（**送信可能化権**）の権利処理の部分で現れます。p.77 で見たとおり、実演家がいったん、自分の実演を映画の著作物に録音・録画することを許諾した場合、以後、権利の行使はできないとされており（**ワンチャンス主義**）、劇場用映画に関しては、このルールにより、動画配信について実演家の権利処理は必要ありません。

　他方、放送番組に関してもワンチャンス主義は適用されるものの、（とくに放送局が制作した）放送番組に関しては、放送のためであれば、実演家の許諾を得ずに実演を録音・録画できるという別のルールが著作権法に定められており、このルールが活用されている場合が多いため、**ワンチャンス主義は適用されない**と考えられています。したがって、放送番組をインターネット配信するためには、原則どおり、実演家からの許諾を別途得なければなら

ず、一つの動画コンテンツには数多くの実演家が関与していることから、実務上、これらの権利処理が大きな壁として立ちはだかるというわけです。こうした事情もあって、日本では放送番組のインターネット配信がなかなか進まないといわれてきました。一方、例えば米国では、日本とは異なり放送番組のインターネット配信が進んでいるといわれていますが、契約社会であるため、あらかじめ番組出演者との間で然るべき契約を締結しているものと考えられます。

　日本で放送番組のインターネット配信がなかなか進まない事態を受けて、かつて、一部の有識者などが、権利処理の問題を解決するために、実演家等の権利を制限すべきだという趣旨の提言を行ったことがありますが（いわゆる「ネット法」の提言）、権利者団体の猛反発などもあり、実現には至りませんでした。思うに、権利処理がなかなか進まないのは、動画配信ビジネスの収益性の悪さやネット上に横行する違法配信の問題、さらには不明権利者の問題などによるところも大きいと考えられ、こうした問題のトータルな解決策の提示が求められているのかもしれません。

📀 関係者による各種取組み—aRma（アルマ）

　このように、放送番組のインターネット配信については、権利処理という大きな壁が立ちはだかっているわけですが、多くの関係者の努力の甲斐あって、最近では、TVer など、放送番組が放送直後にインターネット配信される例が多く見られるようになりました。これは、当初からインターネット配信をすることを前提に出演契約が締結されるようになったものと評価できます。

　一方、過去番組のインターネット配信の場合は、権利者を特定し、交渉をするという権利処理コストの問題が立ちはだかります。権利処理のコストは、配信事業自体の収益性に大きく影響する問題であり、とくに、調査の結果、所在や連絡先が不明な権利者が一人でもいると、その番組のインターネット配信ができない（あるいは、不明権利者の出演部分を見えなくする、いわゆる「フタかぶせ」という処理をしなければならず、完全な状態での配信ができない）ことになり、事態は深刻です。

こうした課題を解決するために、実演家の権利者団体である日本音楽事業者協会（音事協）、日本芸能実演家団体協議会（芸団協）、日本音楽制作者連盟（音制連）を中心として、2009年に**映像コンテンツ権利処理機構**（通称**aRma**＝アルマ）が設立され、翌年7月より業務を開始しています。これにより、映像実演の二次利用の権利処理窓口はaRmaに一元化され、権利処理コストの問題は大きく改善されたといえるでしょう。また、aRmaは、放送番組の二次利用を希望する利用者のために当該番組の出演者の連絡先を調査し、判明した連絡先を利用者に通知するという業務を行っています。いわゆる**アウトサイダーの問題**（プロダクションに所属していない実演家など、aRmaを通じた権利処理ができない実演家が存在するという問題）など、なおも課題は残されていますが、現在、さらなる流通促進をめざして、関係者の努力が日々行われているところです。

　なお、2019年の通常国会で、NHKが国内の全テレビ番組をインターネットにより常時同時配信することを可能とする放送法改正法案が成立しました（執筆時において施行日は未定）。この改正によっても、NHKが放送番組のインターネット配信に際し必要な権利処理を行わなければならない点は従前と変わりありませんが、インターネット配信を前提とした出演契約等がこれまで以上に加速することが期待されます。　　　　　　　　　　　　　（池村 聡）

2 SNS その他の投稿サービス

SNS

　読者の方々の中には、Facebook、Twitter や Instagram などの **SNS**（ソーシャルネットワーキングサービス）を利用している方も多いと思います（Twitter はマイクロブログサービスであるとして、SNS に含まない考え方もあります）。

　これらのサービスでは、ユーザの投稿が蓄積され、多数の人の目に触れることになります。また、その情報がユーザ間で積極的に共有され拡散していくことが、サービスの構造として予定されているという点で、ホームページや一般的なブログサービスとは異なる性質を有しているといえます。

投稿コンテンツと著作権の関係

　ユーザによって投稿される著作物の形態は多種多様であり、文字によって構成されるものだけに限られません。サービスの仕様にもよりますが、写真をはじめとする画像ファイルや、動画ファイルを投稿できることも一般的になりました。

　簡単な一言だけの投稿であったり、固定カメラで撮影した写真であったりする場合には、そもそも著作物性が認められない場合も考えられます。もっとも、著作物かどうかの厳密な線引きは難しいので、サービス事業者としては、投稿されたものは著作物にあたりうる、という前提で考える必要があるでしょう。

　こうした**投稿コンテンツ**は、投稿をした人自身が創作したものに限られません。例えば、有名なアーティストの詞の一節を投稿することもあれば、街で見かけた絵やポスターをそのまま写真に撮って投稿することもありそうです。このような行為は、著作権法上は、文字を入力したり、写真を撮ってパソコン上に保存したりする時点で「**複製**」にあたりますし、これらを投稿すれば多数の人がそれを見られる状態になりますので、「**公衆送信**」にあたり

ます（➡ p.62「著作権②」参照）。

　また、著作権以外にも気をつけるべき権利があります。例えば、飲み会の
ときにAさんが酔っ払ったBさんを撮影し、Bさんの断りなくSNSに載せ
た場合、AさんはBさんの**肖像権**を侵害している可能性があります（➡肖像
権について、p.43「インターネットビジネスとその他の権利①」参照）。その際、B
さんが酔った勢いで話した恥ずかしい実話をそのまま載せれば、Bさんに対
する**名誉毀損**やプライバシー権の侵害にもなりかねません（➡名誉毀損につい
て p.46「同②」参照）。

　このように、投稿されるコンテンツは、第三者の著作権などの権利を侵害
するものである可能性があります。他方、投稿コンテンツが共有され拡散し
ていくことは、サービスの性質上予定されているとはいえ、何の説明もなけ
れば、「そんなつもりじゃなかった」「使われたくない」と考えるユーザも出
てきそうです（サービスの提供者側がこのような問題点にあらかじめ対処す
る手段として、各サービスの利用規約が重要な役割を果たしていますので、
このあとの項で取り上げます）。

「炎上」とその対策

　とくに投稿内容が公開される性質のサービスでは、サービスの提供者側だ
けではなく、利用者側でも考えるべきことがあります。いわゆる「炎上」です。
　「炎上」とは、ある投稿に対して非難のコメントなどが殺到する事態を指
した俗語です。ブログが流行しはじめた時期から「炎上」の事例はたびたび
発生していましたが、実際に「炎上」が起きるのは、当初は著名企業や著名
人のブログに限られていました。

　しかし、とくにTwitterが流行してからは、同サービス内では投稿内容を
拡散することも、全投稿を網羅的に検索することも可能であるため、著名人
といえないユーザの投稿がたびたび「炎上」するようになりました。近年で
は、飲食店やコンビニのアルバイト従業員が、食材や商品で悪ふざけをする
様子を撮影した動画が投稿された後、その投稿が批判的な文脈で拡散され「炎
上」し、本人が投稿内容等から特定されアルバイトを解雇されたり、雇用主
が謝罪に追い込まれたりする事例が多数発生しています（とくにTwitterの

場合、炎上の対象となる投稿者や被写体を「バカッター」と揶揄することがあります）。

　野次馬的に、あるいはアクセスを集める目的で意図的に炎上を煽るような第三者の存在もある一方、元をたどれば、「全世界に投稿内容が公開されている」という意識の薄い投稿者側の情報リテラシーの問題ともいえます。しかも、企業や学校にとっては、その従業員や学生による投稿が「炎上」すれば、前述のとおり直ちに評判が損なわれかねませんし、投稿自体がその企業や学校と無関係のものであっても、投稿者の身元が特定されることで、企業や学校自身の評判を損ねる事態にもなりえます。

　そこで、企業や学校では、従業員や学生に対し、SNSなどのサービスを利用するに際しての留意事項や制限についてのガイドラインを「**ソーシャル・メディア・ポリシー**」などの形で示すようになってきています。しかし、いくら教育を尽くしたとしても炎上の発生を完全に防ぐことは難しく、いざ炎上したときの事実確認、迅速な処分や謝罪等の危機管理対応（いわゆる「火消し」）が重要性を増しているといえます。企業の公式アカウント等の運用においては、担当する従業員に一定の裁量を与えることが一般的ですが、不用意な画像の使いまわし等が著作権の侵害だと指摘され炎上する例も見られます。「企業の顔」として見られがちな立場として、担当者には通常のリテラシーよりもさらに高い注意力が求められるでしょう。

　なお、上記はネット上の投稿が「炎上」する例でしたが、近年は、特定の人物や企業がネット上で大量の批判を集めることも「炎上」と呼ぶようになりました。次のコラム（⇒ p.142 column 03「著作権炎上とネット世論」）でも触れるように、不正確な情報や誤解による「炎上」もたびたび見られる一方、単純化されたイメージで大きく膨れる「ネット世論」を無視することも難しくなってきているように思います。「2ちゃんねる」創始者の西村博之氏は2000年、テレビ番組のインタビューに対し「うそはうそであると見抜ける人でないと（掲示板を使うのは）難しい」と発言し話題となりましたが、SNS全盛のいま、「掲示板」を「ネット」に置き換えれば、まったく同じことがいえそうです。情報の発信者のみならず、受け手側のリテラシーも一層重要な時代となりました。

（増田雅史）

著作権炎上とネット世論

■ネット炎上の頻発

「パクリ疑惑」などネットでの著作権炎上は少なくありません。もともと万人が情報の発信者の時代、「万人の法」となった著作権はネットでは人気トピックですが、別けてもパクリ・盗作疑惑はしばしば大規模な炎上にも発展します。後に「ちはやふる」で復活する漫画家、末次由紀氏の「トレース疑惑」によるコミックス全巻絶版化（2005年）から、芥川賞の候補にもなった小説「美しい顔」や映画「カメラを止めるな！」（ともに2018年）をめぐる論争まで、ネットで「パクリ疑惑」などと検索すると枚挙に暇がないほど登場します。

そこで、少なからず見られるのは「法的にはおよそ問題がない程度の類似で大規模に炎上している姿」です。最たる例といえるのは「五輪エンブレム」をめぐる騒動でしょう（図8）。

図8 | 左：佐野研二郎氏デザインによる五輪エンブレム、
　　　右：オリヴィエ・ドビ氏デザインによるリエージュ劇場ロゴ

図の左が、2015年7月に発表された佐野研二郎氏デザインによる旧五輪エンブレム、そして右が、そのわずか1週間後にデザイナーのオリヴィエ・ドビ氏が盗作されたとクレームした、自身デザインによるベルギー・リエージュ劇場のロゴです。

当の佐野氏は劇場のロゴを見たことはないと否定し、それが事実であれば「**依拠性**」の欠如ゆえに著作権侵害はそもそも成立しません。が、本件ではその点を度外

視しても専門家の間では「著作権侵害は成立しないのでは」という意見が大半だったように思います。そもそもドビ氏側の「著作物性」に疑問を呈する声もありましたが、おそらく最大の理由は**「類似性」**でしょう。両マークが類似を感じさせるのは「ありふれた表現」や「アイディア」のレベルであり、少なくとも日本の過去の裁判例に照らす限り侵害は成立しないように思われたためです（➡ p.114「著作権の侵害とは①」参照）。

　にもかかわらず、東京オリンピック・パラリンピック組織委員会は8月末には、「佐野氏による辞退」を理由として、公式エンブレムの撤回を発表しました。原因は言うまでもなく、炎上の炎に焼き尽くされたからです。ご覧いただくのは当時の典型的なネット上の「検証画像」であり、佐野氏の過去の「パクリ」が次々と暴かれる

図9 │ エンブレム疑惑当時の典型的な疑惑検証画像
　　　（http://tanteiwatch.com/23459 より）

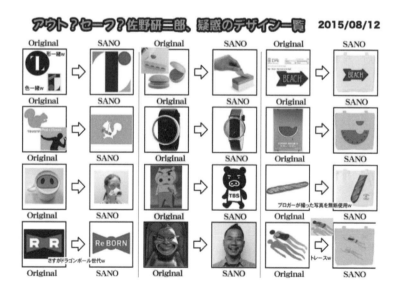

（前ページより続く）

ネットとマスメディアの「祭り」の状況がよくわかります（図9）。

　これまた、一部を除いて大半は法的には問題にならない程度の類似ばかりですが、そんなことはもはや問題ではなくなっていました。そのなかで、そもそも佐野氏の創作姿勢や生き方、果てはエンブレムの選考方法や組織委員会の体質にまで次々論点が拡散し、国家の威信を賭けたイベントのエンブレムさえ裁判の結果など待つこともなく撤回を余儀なくされたのです。それは、著作権における「ネット世論」という新たなリスク要因を強く印象づける事件でした。

　これが、最初から佐野氏の姿勢の問題として炎上したのなら、少なくとも議論としてはわかります。ですが、パクリ炎上ではしばしば、そうした道義や姿勢の問題が著作権侵害の疑惑とじつに曖昧な形でセットになります。言わば、倫理や好悪と法の議論が混然となった状態です。

　逆の例もあります。二次創作です（➡ p.172 column 04「パロディの著作権問題」参照）。純法解釈としては違法の疑いが強いパロディは無数にあります。しかし、コミケの同人誌などを筆頭に、それが創作者からも社会からも大目に見られ、そればかりか（個別許諾ではないものの）総体としては応援さえ受けているケースは少なくありません。ときには炎上もありますが、その多くは、「原作へのリスペクトを欠いている」と見られた場面です。つまり、「リスペクトがあれば多少の侵害は良いじゃないか」と受け取れるメンタリティは確かに存在します。

■なぜ法解釈とネット世論はかい離するのか

　こうした倫理と法の相互干渉を筆頭に、ネット世論がしばしば著作権法の伝統的な解釈とずれを生むのはなぜなのでしょうか。

　第一には、「当然だろう」ともいえます。著作権侵害とはある表現が違法との評価を受け、それゆえに表現が権力によって禁止され得る状態をいいます。差止め・損害賠償のほか、故意であれば刑事罰すらあり得る重い禁止です。そのハードルが高いのは当然であり、著作権侵害はそう容易には認定されません。では、違法でさえなければすべてが「倫理的にも問題ない行為」であり批判も受けないかといえば、

そんなはずはありません。違法のハードルの下には広大な「自由な論評」の領域が広がります。つまり、違法ではないが批評・批判を受ける領域があるのは当然であり、問題は両者の議論の整理にある、ともいえます。

第二に、ネット言論の特質も当然影響してきます。しばしば指摘されることですが、ネット言論では双極化した、また攻撃的・煽情的な言説が目立ちがちです。「**エコーチェンバー効果**」（SNS などで似た意見の持ち主が相互にフォローし、「いいね」などをし合うことでますます自信を深める現象）などの影響で自分の意見こそが正論だと思い込みがちな点もあるでしょうし、万人が情報発信者なら当然「劇場化」するので意見は過激化しやすいのでしょう。

第三に、「そもそも本当に炎上なのか」という問題もあります。田中辰雄氏・山口真一氏らの研究（『ネット炎上の研究』勁草書房・2016 年ほか）では、炎上とされる多くの事案では積極的参加者はじつはごく少数であり、そこで一見多数に見える意見は「一部の者の反復発言」にしかすぎない場合が多いことがデータによって示されました。とはいえ、じつは少数者だとわかっても問題は必ずしも解決しません。一見炎上に見えれば、悪影響・萎縮効果はもう十分だからです。

われわれは、純然たる法律解釈と並行して、「著作権炎上とネット世論」という新たなリスク要因への対処を探さなければなりません。無論、非がない場合でも何でも謝って撤回するのが正解であるはずはありません。では、法律論だけでつねに対処できるのでしょうか。

無論正しい知識の発信は鍵であり、そこに本書の役割もあるのですが、おそらく問題の根はさらに深いところにあります。ネット世論と著作権をめぐる議論は、さらに深められる必要があるでしょう。

（福井健策）

引用、転載、リンク❶
──SNS などでの拡散行為は、どこまで許されるか

　SNS においては、投稿コンテンツが積極的に拡散していくことが予定されていることは、前項で触れたとおりです。情報の拡散方法には、引用や転載という形をとるほか、情報のある場所にリンクを貼るという方法もあります。対象となる情報が著作物とはいえない単なるデータなどの場合には著作権の問題にはなりませんが、著作権のある情報を拡散する場合、それぞれの拡散行為はどのように位置づけられるでしょうか。

適法な「引用」とは

　SNS において引用や転載をする場合、引用・転載元の表現をそこで記載することになりますが、それは著作権法上の「**複製**」や「**公衆送信**」にあたります。もっとも、著作権法は、一定の「引用」行為が著作権侵害にならないと定めています（**→** p.85「制限規定とは何か②」参照）。

　適法な「**引用**」となるためには、いくつかの条件が必要となります。順番に見ていきましょう。

①公表された著作物であること

　未公表の著作物を引用する行為は、適法になりません。個人的に受け取ったメールや写真には未公表のものが多いと思われ、それを SNS 上で投稿する場合、この要件を満たさないことになります。

②公正な慣行に合致すること

　一般的には、これはさらに細かく分解することができて、引用の必要性があること、出所を明示していること、著作者の意に反する改変を行っていないこと、当該著作物が属する業界・学術分野における引用慣行に従っていること、などの点が検討されるといわれています。「公正な慣行」という文言からもわかるとおり、かなり抽象的に判断されることもあります。

　ちなみに、「○○より筆者改変」という形での引用が見られることは多々ありますが、このように一部を変えたり要約したりする引用は、適法になるでしょうか。要約しての引用を適法と判断した東京地裁の裁判例がありますが、結局は、そのような引用形態が「公正な慣行に合致する」かどうかで判断されることになるでしょう。

③目的上正当な範囲で行われること

　伝統的には、引用する側と引用される側とが明瞭に区別されていること（**明瞭区別性**）、引用する側が「主」で引用される側が「従」といえる関係にあること（**主従関係**）が、それぞれ必要であると考えられています。これより進んで、引用部分が必要な範囲にとどまるかを厳密に検討する立場もありますが、引用を伴う表現への委縮効果を考慮すると、あまり厳格な要件に考えるべきではないでしょう。

　なお、②と③で挙げた要素を、②・③の中でどのように整理するかは論者によって異なります(そのため、本書における整理は一例にすぎません)。もっとも、考慮すべき要素自体はさほど変わりませんので、もっぱら整理の問題といえます。

引用、転載行為の評価

　引用や転載は、前記のとおり「複製」や「公衆送信」に該当しますので、著作権者の許諾がなく、かつ適法な「引用」にあたらなければ、著作権侵害となるおそれがあります。

　ブログやSNSで行われる「引用」や「転載」の中には、例えば、ニュースの全文を引用してきて一言コメントを付するだけ、といったものもあります。しかし、これでは引用をされたニュースが明らかに「主」ですので、引用する側とされる側に主従関係があるとはいえません。適法な引用となる可能性は小さいでしょう。

　類似のケースとしては、いわゆる「まとめサイト」等のキュレーションメディアが考えられます。別項でさらに検討してみましょう（➡ p.152「まとめサイト、キュレーションメディア」参照)。　　　　　　　　　　　　　　　（増田雅史）

引用、転載、リンク❷

──「リツイート」やリンク行為は、著作権法上どのように評価されるか

💻 「リツイート」はどうか

ブログや SNS における引用・転載行為については前の項で触れましたが、Twitter の「リツイート」についてはどうでしょうか。

Twitter は、1 回の投稿（ツイート）文字数を 140 字以内に限定していますので、表現はある程度短くなりがちです。そのため、通常のブログ記事に比べると、そもそも著作物にあたらない投稿が一定数含まれることとなります。もっとも、140 字もあれば創作的な表現をすることは十分に可能ですから、ここでは、著作物に該当する投稿内容を念頭におきます。

Twitter が用意するリツイート機能は、自分の一連の投稿群（タイムライン）の中に他人の投稿をそのまま表示するものであり、その際に自らのコメントを付すこともできます。後者の場合、まずは自らのコメントが表示され、それに引き続いてリツイート元のツイートが表示されます。

いずれの場合も、他人の投稿であることが明確にわかるように、まさに他人の投稿がそのまま表示されるのであって、元の投稿から離れてその投稿内容が一人歩きするわけではありません。そうすると、これは当該元の投稿をサービス上でどう表示させるか、というシステム上の問題であって、他人の投稿を複製ないし送信した、という評価はされないようにも思います。

これに対し、ある写真家の写真を無断で掲載した他人のツイートをリツイートした行為が著作権等の侵害に該当するか争われた事件で、知財高裁は厳しい立場を示しました。まず、公衆送信権については、リツイート者は公衆送信の主体とも幇助者ともいえないと判断しました。これは前述の考え方と同様といえます。しかし、リツイート者のタイムライン上で、写真の表示位置や大きさが Twitter の仕様により変わった結果、元の写真の一部（撮影

者の氏名を表示した部分を含む）がタイムライン上で表示されないこと等については、同一性保持権と氏名表示権の侵害を認めました。

　もっとも、リツイート者のライムライン中で元のツイート中の画像がどう表示されるかは、Twitter の仕組みにより決まるものであって、リツイート者にはコントロールできない事情です。そのため、この裁判所の判断に対しては批判的な意見も見られます。

利用規約の重要性

　SNS をはじめとして、一般ユーザが利用するウェブサービスにおいては、**利用規約**が定められていることが一般的です。そして、ブログサービスや掲示板サービスなどの投稿型サービスでは、通常、投稿される内容についてさまざまな規定をおいています。

　まず重要なのは、特定の行為を禁止する規定です。例えば、投稿内容が第三者の著作権などの権利を侵害するものである場合、サービス事業者は、権利を侵害された第三者から削除の請求その他のクレームなどを受ける可能性があります。そのため、あらかじめそのような行為を禁止して抑止をはかるとともに、いざそのような投稿がされた場合には、利用規約違反であるとしてスムースに削除できるようにしているわけです（➡「炎上」対策については、p.139「SNS」も参照）。

　さらに重要なのは、ユーザ自身の創作物である投稿内容の利用に関する規定です。とくに SNS では、前記のとおり、ユーザ間で投稿内容が共有され、拡散することが、サービスの仕組みとして予定されています。ここで、リテラシーの高いユーザは、自身の投稿がサービス内でどのように利活用される可能性があるかを理解したうえで投稿を行うことができますが、そこまでの理解をもたないままサービスを利用するユーザの存在も考慮しなければなりません。そのためサービス事業者としては、利用規約において、投稿内容がどのような態様で利用されうるかを示し、ユーザから同意を得ることにより、将来のユーザとの間の紛争に備えることがあります。とくに著作権や個人情報・プライバシーにかかわる点については、将来の可能性も含めてかなり広い範囲であらかじめ同意を得ておくことで、将来的なリスクをできるだけ小

さくするよう努めることが一般的といえます。ただし、ユーザから著作権自体を譲渡させるのは「行き過ぎ」と評価され批判の対象となることが多く、ほとんどの場合、ユーザから無償の許諾を得る方法によります。

　例として「Twitter サービス利用規約　EU または欧州経済領域（EEA）以外の国（米国を含みます。）に居住の場合」(2020 年 1 月 1 日発効)を見ると、「ユーザーの権利およびコンテンツに対する権利の許諾」の題が付された部分に、以下の定めがおかれています。

　　ユーザーは、本サービス上にまたは本サービスを介してコンテンツを送信、投稿または表示することによって、当社が、既知のものか今後開発されるものかを問わず、あらゆる媒体または配信方法を使ってかかるコンテンツを使用、コピー、複製、処理、改変、修正、公表、送信、表示および配信するための、世界的かつ非独占的ライセンス（サブライセンスを許諾する権利と共に）を当社に対し無償で許諾することになります。（明確化のために、これらの権利は、たとえば、キュレーション、変形、翻訳を含むものとします。）このライセンスによって、ユーザーは、当社や他の利用者に対し、ご自身のツイートを世界中で閲覧可能とすることを承認することになります。

　投稿情報を、サービス自体とは無関係に利活用することも考えられるかもしれません。匿名掲示板サービスである「2 ちゃんねる」の投稿情報をまとめた作品である『電車男』は、投稿内容がサービス外で商用利用された有名な例ですが、どのような権利処理がなされているかははっきりしていません。SNS のサービス事業者としては、投稿情報が将来どのように活用される可能性があるかを考慮して、できるだけ制約が生じないよう、利用規約をつくる必要があるといえます。

　ところで、最近の利用規約はきわめて長大で、多くのユーザは読んですらいないのが現実かと思いますが、そのようなユーザによる同意や許諾は、果たして法的に有効といえるでしょうか。民法の大原則によれば、契約が成立するためには両当事者の意思の合致が必要ですし、一方的な意思表示であっても、その内容を認識している必要があるはずです。しかし、そのような原

理主義的な処理だけでは画一的なサービス提供は覚束ないのであって、実際には、このような約款類による契約や同意の有効性は一定程度認められてきました。民法のうち債権法部分の大改正（2020年4月施行予定）では、そのような「定型約款」による契約の成立が、一定の要件のもとで認められることが明確化されています。

なお、SNSにおいてサービス事業者が獲得する情報は、投稿情報だけには限られません（➡個人情報に関しては、p.298「個人情報の保護」参照）。サービスの仕組み次第では、ユーザに関するかなり詳細な情報を網羅的に取得していることもあります。このような大量のデータ、いわゆる「ビッグデータ」に関するビジネスについては、別項を設けて解説します（➡ p.217「ビッグデータビジネスの権利問題」参照）。

リンクを貼る行為の評価

ここまで、引用・転載行為を見てきましたが、単にURLを記載するなどしてリンクを貼って、元のコンテンツの場所を知らしめる行為はどうでしょうか。

リンクを貼る行為自体から、そのリンク先の著作物の複製や送信が直ちに起きるわけではありません。そのため、リンク行為それ自体は、少なくとも著作権を直接侵害する行為とは評価されないでしょう（ただし、リンクに伴ってリンク先の著作物の一部や全部が自動的に表示されるような仕組みについては、前述のリツイートに関する裁判例のように著作者人格権の侵害が問題とはなりえます）。

著作権侵害コンテンツの所在を知らしめるために、第三者の目に触れる場所にリンクを貼る行為などは、別の評価を受ける可能性があります。目立つ場所にリンクが貼られた場合、それを見た不特定多数がリンク先を閲覧するなどして、リンク先にある著作物が、著作者の許諾なくダウンロードされるおそれが生じるためです。著作権侵害コンテンツへの誘導を本来的な目的としている「リーチサイト」については、法改正による対応の可能性を含む議論が進んでいますので、別項で詳細に取り扱います（➡ p.278「リーチサイト、悪質なサイバーロッカーをめぐって」参照）。

（増田雅史）

まとめサイト、キュレーションメディア

　「まとめサイト」と聞いて、何を思い浮かべるでしょうか。大雑把にいえば、「5ちゃんねる」（旧2ちゃんねる）などの特定のBBS（掲示板）・スレッドへの投稿内容を取捨選択して整理するもののほか、「NAVERまとめ」など、複数のウェブページ上の情報を特定のテーマのもとで抜き出して説明とともに列記するものがあります。とくに後者は「キュレーションメディア」として区別されることがあります。それぞれについて考えてみましょう。

まとめサイト

　まずは、キュレーションメディアではない（狭義の）**まとめサイト**について考えてみましょう。典型的なまとめサイトでは、BBS等への投稿内容から、特定のスレッドの一連の投稿をピックアップしたうえで、不要な投稿を個別に削除し、インパクトのあるものをサイズ拡大、着色等により修飾したものを、自らのウェブサイト上にブログのような形式で掲載するのが一般的なスタイルかと思います。

　転載される元の投稿は短文の場合も多いですが、当然、著作物に該当するものも多く含まれます。そのため、それをそのまま転載すれば「複製」に該当することとなります。大半のまとめサイトは、投稿内容の一部を抜き出して文字を修飾する程度ですので、適法な「引用」に該当する可能性も低いように思われます。引用の際、引用した側（まとめサイト側）の表現に著作物性が求められるかどうかには争いがありますが（裁判例の立場も固まっていません）、まとめサイトの場合、いずれにせよ引用元である個々の投稿が「主」であると言わざるを得ず（➡主従関係要件について、p.146「引用、転載、リンク①」参照）、引用を根拠として著作物を利用できるとは言いがたいでしょう。

　まとめられる主な対象は、前述のとおり「5ちゃんねる」などのBBS等

ですが、その利用は、「5ちゃんねる」などの運営者からの許諾に基づいて行われています。例えば、5ch.netのドメインを保有し、その運営者とされるLoki Technology社は、「5ちゃんねるまとめブログ運営者の皆さまへ」というウェブページに登録フォームを設置し、同社がとくに連絡をしない限りは許諾を与えるという方針を示しています。「5ちゃんねる」への投稿者が同社に著作権を譲渡ないし利用許諾しているといえるかはきわめて曖昧ですが（投稿の際にそのような表記は見当たらない）、現状、個々の投稿者によるまとめサイトへの権利行使はとくに見られず、緩やかな「黙認」に基づく利用のサイクルはうまく回っているように見えます。

　なお、あらゆるまとめサイトが利用を許諾されるわけではなく、例えば「5ちゃんねる」はかつて（2ちゃんねる時代）、最大手とみられる「ハムスター速報」（いわゆる「ハム速」）等の5サイトに対し、著作物の利用を禁止する旨を公表したことがありました。これを受け、例えば「ハム速」では、他のBBS等の情報をまとめる、あるいは自ら記事を公表しそこに付いたコメントをまとめることで記事を更新していく、といった対応がとられています。とくに後者の場合、各記事のコメント欄に表示されることが前提となっているコメントを利用する、いわば「閉じた」方式であるため、著作権法上の問題は少ないと思われます。

💻 キュレーションメディア

　次に、**キュレーションメディア**についてです。「キュレーション」とは、ある情報を情報源から収集・整理・公開する行為を指す言葉で、もとは美術館などで展示物の選定等をする「キュレーター」という職業が知られていたところ、転じて、ウェブ上の情報を選定し公開する行為を指す言葉としても使われるようになりました。

　キュレーションメディアとしては、ユーザが自由に記事を作成できる「NAVERまとめ」が著名ですが、このサービスのように、集める情報が1か所ではなくて複数のソースによるとしても、前述のまとめサイトと同様の論点があります。つまり、個々のパーツをそのまま転載するのであれば著作物の「複製」に該当しうるため、適法な引用に該当するか否かにより著作権

侵害の成否が分かれることとなります。同サービスでは、その投稿の容易さ等から大量の記事の作成が行われた結果として著作権侵害が多発し、2018年には、新聞社等7社との間で、無断転載されたコンテンツ34万件の削除と再発防止策を内容とする合意に至ったことが公表されています。

　キュレーションメディアをめぐっては、「WELQ」（ウェルク）が議論を呼びました。これはDeNA社が運営していた10のキュレーションサイトの一つであり、医療・健康情報等をテーマとしたものでしたが、2016年、掲載されている記事中に、著作権侵害や薬機法（医薬品、医療機器等の品質、有効性及び安全性の確保等に関する法律。旧薬事法）違反が疑われるものが大量に見つかったことで「炎上」しました。そして、それぞれのサイトの少なくとも一部の記事が、記事を量産する方針のもとで、いわゆるコピペを推奨するかのようなマニュアルに基づきアルバイト等によって粗製乱造されていたことが明らかになり、サービスの提供自体が中止されるに至りました。同社がこの問題について設置した第三者委員会の報告書は、コピペのチェック体制に不備があったこと（全記事の全文をチェック対象としていなかったこと、コピペか否かの判断に客観的な基準がなかったこと、サイトによっては確認がほとんど行われていなかったこと）を明らかにしています。

　この問題により、第三者の著作物を許諾なく利用することを前提とするキュレーションメディアに内在するリスクが顕在化しました。運営者自身が主導的に記事を作成する場合、ユーザにより記事が投稿される場合、いずれについても著作権侵害等のリスクが定型的に存在することとなります。記事の作成・投稿のルールづくりや、権利侵害が発見された場合の対処方針の策定など、運営者側の慎重な対応が求められるといえるでしょう。一応の解決策と考えられるのは、利用したいウェブ上のコンテンツをコピーすることなく、その設置場所へのリンクを利用して表示させる「**直リンク方式**」ですが（動画コンテンツを自分のホームページに「**埋め込み式**」で表示した行為が、複製権や公衆送信権の侵害にあたらないとした地裁判決があります）、画像ファイルなどの独立したファイルを全部表示させる場合はともかく、文字列の一部を切り出してこの方法で表示させることは通常困難ですし、表示のさせ方によっては同一性保持権や氏名表示権の侵害も問題となりますので（➡ p.148

〜149 で触れたリツイートに関する裁判例を参照）、万能ではありません。

　なお、Google 等の**検索サービス**も、特定のキーワードに沿ってウェブ上に散らばる情報を順位付けして表示するという点で、キュレーションメディアとしての性質を備えているともいえます。しかし、検索サービスについては著作権法上の権利制限規定が整備されています（➡ p.88「制限規定とは何か③」参照）。
（増田雅史）

情報投稿サービス
——レシピ、口コミを例として

　前項まで見てきた SNS やまとめサイトでは、投稿・掲載される情報の存在形式は文字情報か写真である場合が多いでしょうが、情報の内容はじつに多種多様といえます。ほかにも、例えば動画投稿サービスにおいては、投稿情報の存在形式は基本的には映像となりますが、やはり情報の種類は多種多様です。

　本項ではこれに対し、レシピ投稿サービスや口コミ投稿サービスなど、投稿される情報の種類や用途がある程度決まっているサービスについて考えてみます。

🖥 レシピ投稿サービス

　一般的によく利用されている、情報の種類や用途が限定されているサービスとしては、「クックパッド」などの**レシピ投稿サービス**（レシピサイト）が考えられます。これは、ユーザが料理のレシピ（作り方）を投稿することによって成り立っているサービスです。

　レシピ投稿サービスに関して議論の対象となるのは、レシピそれ自体の**著作物性**です。レシピと一緒にアップロードされる写真については、構図などに工夫があれば著作物性が認められる余地がありますが、レシピに関しては、料理を作るという目的のもとで表現されるものですから、表現の幅には一定の制約があります。

　レシピを構成する文字の情報について、もう少し詳しく見ていきましょう。レシピは、順を追って料理の工程を説明することをその内容としていますが、その工程をわかりやすく伝えるために、文章には若干の工夫がされていると思います。少なくとも、誰が書いても同じような表現になるような単純な内容でなければ、その文章自体は著作物といえますので、そのままコピーし、

自分のレシピであるとして投稿してしまうと著作権侵害となります。これに対し、レシピの内容である材料や分量、およびその調理方法といった、具体的な表現から離れた手順等それ自体は、著作権法上保護すべき「創作的な表現」にはあたらないように思います（➡ p.52「著作物とは何か②」参照）。そのため、単純化して整理すれば、レシピ中の手順等それ自体はコピーをしても著作権侵害とならないが、レシピを丸写しして投稿したりすると著作権侵害となる可能性がある、といえるでしょう。

　ただし、レシピ集など、一定のテーマ性や意図をもってまとめられているものについては、その素材である情報の選択や配列が、**編集著作物**として保護されることも考えられます（➡ p.56「著作物とは何か③」参照）。この場合、他のレシピ集と似た料理の選択や順序で、具体的な文章表現だけを差し替えていても、著作権侵害となりえます。

　なお、レシピ投稿サービスで投稿されるレシピの中には、「**キャラ弁**」と呼ばれるカテゴリが存在します。これは、弁当箱の中の料理の一部または全部が、アニメや漫画の人気キャラクターとなるように工夫されたお弁当のことですが、とくにキャラ弁の写真が、原作であるアニメや漫画の著作権を侵害しているといわれることがあります。料理でキャラクターを描くという性質上、元のキャラクターの絵をそのまま再現することは困難ですので、多くは複製というよりは**翻案**にあたるかどうかが問題となると考えられますが（➡翻案について、p.64「著作権③」参照）、原作に似せれば似せるほど、元の著作物の表現上の本質的特徴が再現されている、すなわち翻案に該当すると判断される可能性が高まるでしょう。そのため、現にレシピサイトに掲載されているキャラ弁の写真の一部は、理屈上は著作権を侵害している可能性があります。もっとも、同人誌についていわれているように（➡ p.169「『許諾』にまつわるエトセトラ②」の「黙認？ 放置？」参照）、権利者による黙認がある、といえる場合もあるでしょう。

口コミ投稿サービス

　レシピ投稿サービスは料理を作る側で必要な情報の投稿サービスですが、外食についてはどうでしょうか。「食べログ」や「価格.com」といったレス

トランや商品の**口コミ投稿サービス**（レビューサイト）も、情報の種類や用途が限定されているサービスの典型といえます。

　口コミ投稿サービスへの投稿には、文字や写真が用いられるのが通常でしょう。この投稿行為は、ブログに記事を投稿する行為によく似ており、同じ注意点が当てはまります。

　このほか、口コミの投稿を募るサービスでの固有の問題としては、事業者側が作為的なレビューを掲載することによる、レストランや商品に対する評価の偽装があります。消費者保護のための法令である**景品表示法**は、商品などの品質・内容が著しく優良であると偽る表示（**優良誤認表示**）や、取引条件が著しく有利であると偽る表示（**有利誤認表示**）を禁止していますが、例えばレストランの経営者が、事実と異なる有利なレビューを書き込んで客を呼び込もうとした場合、その書き込み行為は、同法に違反する可能性があります。これは、自ら書き込まず、他人に頼んで書き込ませたような場合も同様です。

　このように、消費者に宣伝と気づかれない手段で広告を行う手法を**ステルスマーケティング**（いわゆる**ステマ**）と呼びます。このような手法については、各サービスの利用規約等で禁止事項とされている場合が多い（例えば「食べログ」では、利用規約の一部である「口コミガイドライン」にて、店舗関係者による投稿や、対価を目的とした投稿を禁止）ものの、ステマをとくに取り上げた法規制は存在せず、上記のように景品表示法上の規制があるのみです。これに対し、米国では、連邦取引委員会（FTC）の影響下で、ステマ自体への自主規制が行われています。

　ところで、口コミ投稿サービスに限らず、会社の従業員が自社の商品やサービスを自主的に宣伝することはよくあるかと思いますが、身元を隠して行った宣伝が、じつはその会社の従業員によるものだとばれた結果、「炎上」状態となることがあります。従業員によるメディア利用については、メディアを悪用する行為だけではなく、このように「よかれと思って」したはずの行為が炎上を招くリスクをも考慮する必要があります（➡炎上やその対策について、p.139「SNS」参照）。

（増田雅史）

3 二次創作

「二次創作」と著作権

ⓒ コンテンツ投稿サービス

　ニコニコ動画や YouTube、Instagram、TikTok といった、いわゆる**コンテンツ投稿サービス**において、動画、音楽、イラスト、ゲームなどなど、さまざまなジャンルのコンテンツが生み出されています。その中には、初音ミク系のボカロ楽曲や動画など、大きな人気を獲得し、商業的な利用に発展するコンテンツも多く出ており、こうしたきっかけでプロになるクリエイターも登場しています。コンテンツ投稿サービスは、これまでプロのクリエイターのみが事実上行うことが可能であった作品の創作、発信という行為を、アマチュアクリエイターにも広く開放するものであり、新たなカルチャーの発信地といえるでしょう。

　コンテンツ投稿サービスで生み出されるコンテンツの創作形態は、例えば小説家が小説を書く、画家が絵を描くといった、一人ないし少数の著作者が一から著作物を創作するという従来型の創作形態と比べると、以下のとおりさまざまな特徴があります。そして、現在の著作権法は、こうしたコンテンツ著作物を念頭においているものとはいえず、未解決の問題や課題も少なくありません。

ⓒ 「二次創作」とは

　コンテンツ投稿サービスは、特定のジャンルの作品や特定の創作方法などを前提にするものではありませんが、コンテンツ投稿サービスにおいて投稿される作品に見られる特徴の一つとして、何らかの形で既存の第三者の作品を利用したものが多いという点が指摘できます。もちろん、ユーザが完全に一から創作した、いわば従来型の作品が投稿される場合も多数存在しますが、

そうした場合であっても、その作品を利用し、改変等を加えて別のユーザが新たな作品を創作し、さらに別のユーザがその新たな作品を利用して別の新たな作品を創作する……といった形で創作の連鎖、派生作品の創作が次々に行われていくことが多いという点も、大きな特徴といえるでしょう。この点、ニコニコ動画では、こうした連鎖関係を表示する「コンテンツツリー」という機能があります。このように、既存の著作物を何らかの形で利用し、別の作品をつくり上げることを指して「**二次創作**」、二次創作により生み出されるコンテンツを「**二次創作物**」と呼ぶことがあります（なお、この「二次創作」「二次創作物」という言葉は、いずれも著作権法上の用語ではありません。著作権法上、類似する用語に「二次的著作物」がありますが、両者は意味が異なります）。

　「二次創作」における既存作品の利用態様はさまざまであり、特定のパターンがあるわけではありません。例えば、サンプリングやコラージュのような形で既存作品を利用する場合もありますし、既存作品のキャラクターや場面設定などを利用して自分なりの創作を付け加える手法も多く見られます。また、Wikipedia のように、多くのユーザがコンテンツを投稿し合い、日々改良が重ねられていくものもあります。

　二次創作物のうち、既存の映像や音楽、静止画などをユーザが合成したり、再編集したりすることにより作成したパロディ的な動画コンテンツの中には、爆発的な再生回数を記録するなど、多くのユーザの支持を集めるものも少なくありません。

🖥 二次創作物の創作や利用は著作権侵害か？

　それでは、こうした二次創作物は、著作権法上、どのように評価されるのでしょうか。

　上記のとおり、二次創作物は、第三者が著作権を有する既存の著作物を何らかの形で利用するものであり、複製権や翻案権が問題となる場合が多く、できあがった二次創作物を投稿し、インターネットで配信するのであれば、公衆送信権も問題になります。さらに、このような場合、既存作品を何らかの形で改変することが多いと思われますので、著作者人格権である同一性保

持権の問題も生じます（➡ p.66「著作者人格権」参照）。これに対し、単に既存作品のコンセプトやアイデアを利用するだけで、具体的な表現レベルにおいて、既存作品とは相当異なる作品に仕上がっているような場合には、こうした著作権法上の問題は生じませんが、いずれにせよ、明確な判断基準はありません。

　このように、二次創作物の多くは、著作権法上の原則に従う限り、創作自体やその後の利用（インターネット配信等）につき、既存作品の権利者の許諾や同意が必要であることになりますが、現実には、あらかじめ許諾等を得たうえで二次創作を行う例は稀ではないかと思われます。

　この点に関し、二次創作物に対する既存作品の権利者のスタンスは千差万別です。例えば、本書初版執筆時に広く二次創作の素材として使われていたものに、映画『ヒトラー～最後の 12 日間～』の一場面があります。ヒトラーがいよいよ窮地に追い込まれて怒りをあらわにするという、わずか 4 分ほどの非常に印象的なシーンは、多くのクリエイターによってパロディ映像化され、オリジナルの字幕などが付された数々の傑作作品（いわゆる「総統閣下シリーズ」）が創作・投稿されていました（➡ p.173 図 12 参照）。こうした一連の二次創作物に対し、権利者（映画の著作権者）は、当初積極的に削除請求を行っていましたが、その後、削除請求をするのではなく、広告を掲載することにより収益を得る方針に切り替えたといわれています。これは、権利者が二次創作物の創作や利用に一種の許諾を与えたものと評価できるでしょう（➡ p.169「『許諾』にまつわるエトセトラ②」参照）。

　一方、二次創作物に対し、著作権侵害であるとして、削除請求などを積極的に行う権利者も、当然のことながら存在します。例えば、あるタレントが出演する宗教法人の映像を利用して作成されたパロディ的な二次創作物がインターネット配信されたことに対し、この宗教法人が著作権侵害を理由にプロバイダに対し発信者情報の開示（➡ p.258「プロバイダ責任制限法のしくみ」参照）を求め、裁判所がこれを認めたという事件がありました。

　一口に二次創作物といっても、それにはさまざまな態様、内容のものがあり、権利者として見過ごすことができないと感じれば、やむなく削除請求などという形で権利を行使している例もあるでしょう。なお、その理由は定か

ではありませんが、上記「総統閣下シリーズ」は、本書執筆時にはコンテンツ投稿サービス上から削除されており、権利者が、再度積極的に削除請求を行う方針に変更した可能性があります。二次創作文化が、権利者による黙認や放置といった、ある種不安定な基盤の上で成り立っているということを再認識させる事象といえるでしょう。 （池村 聡）

3 二次創作

二次創作物の著作権は一体誰のもの？

二次創作物の権利者は誰か

　二次創作行為が著作権侵害にあたるかという問題とともに厄介なのは、二次創作物の権利者は誰なのかという問題です。ここで、一人のクリエイターが一から創作した作品であれば、従来型の創作形態と同様に考えればよく、特段厄介な問題は生じません。しかし、二次創作物には、あるユーザが既存のさまざまな作品を利用して派生作品をつくり、その作品に別のユーザが手を加えて別の作品をつくり……という形で多くのユーザによって派生作品が次々とつくられていく形態の作品や、Wikipedia のように不特定多数のユーザがコンテンツを投稿し合い互いに改変し合うといった形態の作品など、多くのユーザが創作に関与することにより誕生した作品も少なくありません。こうした二次創作物の場合、権利者を特定することがきわめて困難です。

　この点、著作権法においては、複数の者が著作物の創作に関与する形態として、「**二次的著作物**」や「**共同著作物**」といった概念があり、一定のルールが決められています（➡ p.74「著作者と著作権者③」参照）。しかし、前者は、例えば小説家が執筆した小説をテレビ局がドラマ化する場合などを、後者は、例えば二人の作曲家が楽曲を合作する場合や、対談や座談会などを、それぞれ典型的なものとして想定しており、基本的には少人数間での創作を念頭においたものといえます。

　これに対し、二次創作物の場合、作品の創作への関与者は、伝統的な二次的著作物や共同著作物の概念よりも、はるかに大人数になる場合があります。そして、関与の形態や度合いなどもじつにさまざまであり、その中には、もともと著作権法が想定していたものとは大きく異なるものも少なくなく、既存の概念がそのまま当てはまるのかといった問題も生じます。例えば、ニコ

ニコ動画のコメント機能により、動画上に創作的な文章を絶妙なタイミングで投稿したユーザはこうした「コメント付き動画」に対して共同著作者の地位に立つのでしょうか。こうした問題に加えて、二次創作物の場合、匿名で参加するユーザが多いという事情も、権利者の特定を困難にする大きな要因といえるでしょう。

二次創作物を二次利用する実務上の対処

　このように、ある二次創作物について、誰が権利者になるのかということは、きわめて複雑で難しい問題であり、権利者を正確に把握、特定することが事実上不可能な作品も少なくありません。

　この問題は、あるコミュニティ（コンテンツ投稿サイト）内のみで二次創作物が閲覧され、あるいはその二次創作物をもとに派生作品が創作されるといった、閉じたコミュニティ間で完結している限りにおいては、コミュニティ内で醸成された一定のルールを遵守していれば、必ずしも表面化することはありません（もっとも、こうしたルールは、しばしば法律の定めとは異なるので注意が必要です。例えば、著作権法では元の作品のアイデアだけを利用した場合、許諾等は必要ありませんが、こうした場合であっても、元になった作品を明示しなければならないといったローカルルールが存在することがあります）。

　しかし、ある二次創作物をテレビ CM に利用するといった場合のように、コミュニティの「外」で二次利用をする場合には、誰から利用の許諾を得ればよいのかという形で問題が表面化することになり、許諾を得るべき権利者がすべて特定できなければ、二次創作物の流通にとって大きな障壁となります。

　そこで、実務上は、コンテンツ投稿サービスの利用規約において、ユーザが投稿する二次創作物に関し、運営事業者に対して商業的な利用も含めて再許諾権付きで許諾する旨を規定する場合も多いと思われます（➡ p.148「引用、転載、リンク②」参照）。こうすることにより、その後二次創作物を利用したいと考える第三者は、運営事業者から許諾を得れば適法に二次利用ができるようになります。もっとも、例えばある素材を翻案等したパロディ的な二次

創作物に関し、元になった素材がコミュニティ外のものである場合の、その素材の著作権者のように、利用規約の適用がない者との関係では、通常は別途許諾を得る必要があることに留意が必要です。　　　　　　　　　（池村 聡）

3 二次創作

「許諾」にまつわるエトセトラ❶

　前項で説明したとおり、いわゆる二次創作物の多くは、既存の作品を複製や翻案の形で利用するものであり、権利者の許諾が必要であると考えられますが、事前に権利者から許諾を得たうえで作品を創作する例は実際には少数派でしょう。このような場合、許諾を得ていない以上、「『二次創作』と著作権」（➡ p.159 参照）で紹介したパロディ作品の事例のように、権利侵害のクレームを受けるリスクがあるといわざるを得ません。

　一方で、実務上は、著作権法に違反するような事態を回避するために、さまざまな工夫が行われています。

🖥️ パブリックライセンスとは

　権利者の中には、一定のルールさえ守ってくれれば、自分の作品を自由に利用してもらってもよいという考えをもつ人もたくさんいます。そういった人たちが活用しているのが、**パブリックライセンス**という仕組みです。パブリックライセンスは、オリジナル作品の権利者が、広く一般公衆に向けて利用を許諾する意思表示を行うというものであり、YouTube や Flickr、Wikipedia などで採用されている**クリエイティブコモンズライセンス（CC ライセンス）**が著名です。CC ライセンスには、いくつかの種類がありますが、基本的には、①表示（作品名や著作者名を表示すること）、②非営利（非営利目的の利用であること）、③改変禁止（元の作品を改変しないこと）、④継承（改変した場合は同じライセンス条件を付して公開すること）という 4 種類のマーク（➡ 図 10 参照）を組み合わせて表示されます。実際の組み合わせとしては、以下のとおり、6 種類のライセンス形態があります（➡ 図 11 参照）。権利者は、この中からニーズにあった CC ライセンスを付して作品を公開し、利用者は、その条件を遵守して利用すれば、著作権侵害の問題は生じないこ

図10 | クリエイティブコモンズライセンスの4種類のマーク

（表示）　　　　　（非営利）　　　　（改変禁止）　　　（継承）

図11 | クリエイティブコモンズライセンスの6種類のライセンス形態

とになります。

　なお、日本政府は、府省ホームページに掲載されるコンテンツの二次利用を積極的に認めることを目的として、2014年に政府標準利用規約を作成しましたが、2016年から適用されている第2.0版では、CCライセンスとの互換性がある旨が明記されています。

　このほか、初音ミクなどの利用に関するピアプロ・キャラクター・ライセンスなども、パブリックライセンスの一種であるといえるでしょう。また、ニコニコ動画等で活用が可能なニコニ・コモンズでは、営利目的での利用の可否、利用許可範囲（ニコニ・コモンズ対応サイトでの利用に限るか、インターネット全体での利用を許可するか）といった観点から作品の投稿者が利用条件を設定することとなっており、これもパブリックライセンスの一種であるといえます。

事後的な許諾—「コンテンツ ID プログラム」

　これまで見てきたとおり、二次創作物に対する権利者のスタンスはさまざ

までですが、その中には、権利者による事後的な許諾を可能とする取組みも存在し、YouTube における「**コンテンツ ID プログラム**」が有名です。これは、YouTube 上に許諾なく投稿されたコンテンツについて、著作権者が①収益化、②ブロック、③追跡のいずれかのポリシーを選択できるというものであり、①を選んだ場合は、事後的に許諾を与えたことになる代わりに、動画に広告が付され、そこからの収益を得ることができる仕組みになっています。一方、②を選んだ場合は、作品は削除され、③を選んだ場合は、作品はそのまま配信されるものの、動画再生に関する統計情報を取得できることになっています。同種の取組みとしては、NAVER まとめが 2017 年に導入した著作権管理システム Lisah（リサ）があります。 （池村 聡）

3 二次創作

「許諾」にまつわるエトセトラ❷

楽曲利用に関する包括許諾等

　二次創作物の中には、投稿者が自慢の喉を披露する様子を録音または撮影した「歌ってみた」と呼ばれる作品や、楽器演奏の腕前を披露する様子を撮影した「弾いてみた」と呼ばれる作品があります。こうした作品は、オリジナル作品ではなく、ヒット曲などの既存楽曲が利用されることが一般的ですが、既存楽曲を歌う様子を撮影した動画をインターネットで配信する場合、音楽（曲、詞）の著作権（複製権、公衆送信権）が及びますので、著作権者の許諾を得なければ原則として著作権侵害に該当します。

　この点、YouTube やニコニコ動画などの運営事業者と JASRAC などの著作権等管理事業者が、楽曲利用に関する**包括許諾契約**を締結しており、これにより、「歌ってみた」、「弾いてみた」といった作品は、著作権等管理事業者が管理する楽曲に関しては、著作権侵害には該当しないことになっています（もっとも、曲や詞の改変を伴う場合など、態様によっては著作者人格権の問題が生ずる場合があります）。また、JASRAC は、多くのブログ運営事業者との間で、詞の利用に関する包括許諾契約を締結しており、こうした契約が締結されているブログサービスにおいては、ブログ内で歌詞を掲載することが可能になっています。

　もっとも、これらの契約は、あくまで「著作権」に関するものであり、「著作隣接権」は対象ではありません。したがって、例えば二次創作物の BGMとして CD に収録されている音を使用する場合、楽曲の著作権だけでなく、レコード製作者や実演家の**著作隣接権**も及びますので、著作隣接権についても権利処理が必要になるので注意が必要です。この点、例えばニコニコ動画は、ユニバーサルミュージック、エイベックスなど複数のレコード会社との

間で**原盤利用契約**を締結しており、契約の対象となっている原盤（音源）に収録されている音を、一定の条件の下で投稿動画に使用することが可能となっています。この契約は、JASRAC などの著作権等管理事業者との契約とは異なり、包括的なものではなく、特定の原盤を対象とする、いわゆるホワイトリスト方式ですが、ユーザは楽曲名、アーティスト名などで対象原盤を検索することができるようになっています。

　なお、上記はいずれも音楽の分野の取組みですが、それ以外の分野でも、例えば NAVER まとめにおいて Getty Images や食べログなどの画像を投稿記事に使用することが可能になっている例が見られます。

　こうした取組みは、本来投稿者が行うべき権利処理を、コンテンツ投稿サービスの運営者が投稿者に代わって事前に行ったものと評価することができ、これにより、二次創作の自由度が格段に広がったといえるでしょう。もっとも、当然のことながら、契約の対象は、当該投稿サービス内での利用に限られます。例えば YouTube に投稿された作品は、YouTube から配信される限りにおいては著作権侵害には該当しなくても、包括許諾契約を締結していない別のサービスに投稿された場合は著作権侵害に該当します。

黙認？ 放置？

　上記のような積極的な取組みがとくに音楽の分野を中心に日々進められている一方で、現状最も多いのは、著作権者や著作隣接権者が**黙認**ないし**放置**しているケースです。こうしたケースの濃淡はさまざまですが、その中には、同人誌の分野のように、一つの文化として社会に認知されているものもあります。ほとんどの漫画家や出版社は、自身の作品が同人誌において改変利用されていることを知っていながら、とくに権利行使をすることなく黙認しているといえるでしょう。同人誌の分野はこうした黙認に支えられているといえますが、課題としては、黙認であるがゆえに、その範囲がきわめて曖昧^{あいまい}である点にあります。例えば、どこまでの改変は黙認してもらえるのか（性的な表現に改変してもよいのかなど）、同人即売会以外での販売はどこまで黙認されるのかといった問題です。暗黙のルールともいうべき微妙な、そして絶妙なバランスの下で形成されてきた同人文化だけに、ルールを明確にする

ことの是非についてさまざまな意見がありうるところだと思われますが、こうした文化がより発展していくための関係者間の取組みが期待されます。

　なお、近時、ドラマ『逃げるは恥だが役に立つ』の主題歌となった星野源『恋』のCD音源をBGMに、ドラマのエンディングと同様のダンスを踊る「踊ってみた」と呼ばれる動画の投稿が流行り、これに対して、『恋』の著作隣接権者である大手レコード会社が、当初一定のルールの下で投稿を許容していたものの、一定期間経過後は投稿を認めず、すでに投稿されていたものも含め、削除請求をする方針を採用したことが話題になりました。「『二次創作』と著作権」で紹介した「総統閣下シリーズ」（➡ p.161）と同様に、二次創作文化がある種不安定な基盤の上で成り立っているということを再認識させる事象といえましょう。　　　　　　　　　　　　　　　　　　（池村 聡）

パロディの著作権問題

　パロディをはじめ、既存の作品を下敷きにした「**二次創作**」は著作権法的にはどう位置づけられるのでしょうか。その多くは、既存の作品の表現をまねて、そこに新たな創作性を付け加えることで別個の作品を生み出しており、現行法では「翻案」あるいは部分的な「複製」と評価されることが多いでしょう。また、同時にオリジナル作品の「改変」を伴うと見られるものも少なくありません（➡ p.159「『二次創作』と著作権」参照）。

　無論、なかには、あまりに絵柄とストーリーが孤高の域に達しすぎてもはや「翻案」の域を超えてしまったパロディ同人誌のように、無許諾でもおそらく権利侵害にはあたらないものもあります。しかし、少なからぬ二次創作作品は、オリジナル作品の権利者による許諾がない場合、仮に裁判となって争われれば、著作権侵害・著作者人格権侵害と判断されかねないのが現状でしょう。

　欧米ではこうしたパロディなどにどう対処しているかといえば、フランスやスペインのように制限規定（「**パロディ規定**」）を定めることで、一定の条件を満たしたパロディは適法であると扱う国もあります。また、米国のように、「**フェアユース**」（➡ p.80「制限規定とは何か①」参照）という一般的なルールに従って、市場でオリジナル作品と競合しないような一定範囲のパロディ作品は無許諾でも許容される、と裁判所が判断している国もあります。

　しかし、日本法には現在、パロディ規定も米国型のフェアユース規定もありません。そのため、現状の二次創作作品は、オリジナル側の許諾を得るか、あるいはネット上の MAD 動画やコミックマーケット（コミケ）の同人誌を代表格に、明示的な許諾を得ずにつくられ販売されつつ、権利者側の「黙認」か「放置」を受けているものが大半です（➡ p.169「『許諾』にまつわるエトセトラ②」参照）。いわば、この柔軟さともろさを併せ持つ「あうんの呼吸」によって、世界でも有数のパロディ文化が花開いている稀有な国が日本、ということもできそうです。

　この点、日本では、文化庁の審議会の「パロディワーキングチーム」が、諸外国の制度やわが国の実情を比較検討しています。2013 年の報告書では「少なくとも現時点では、立法による課題の解決よりも、既存の権利制限規定の拡張解釈・類推適用や、一定の合理的な範囲で黙示の許諾を広く認めるなど、現行法による解釈・

図12 | 二次創作（MAD）の「総統閣下シリーズ」
（➡ p.161 参照。「ヒトラー〜最後の12日間〜」より）

（出典）田中昌治氏作成 MAD、ニコニコ動画

（出典）狼番歩人氏作成 MAD、ニコニコ動画

運用により、より弾力的で柔軟な対応を図る方策を促進することが求められている」
と結論づけています。つまり、2013年時点では、パロディのための特別な規定の導
入よりは「現状の温存療法」に傾いていた、といえそうです。

　こうした状況のなかで、TPP交渉における米国の要求内容として「非親告罪化」
や、海賊版対策に端を発した「ダウンロード違法化の拡大」が法改正の俎上にのぼ
ると（➡ p.280「ダウンロード違法化、違法ダウンロードの刑事罰化、非親告罪化」参照）、
コミケやネット上での二次創作が萎縮する可能性が指摘され、その面も含めて社会
からの激烈な反発を招きました。その結果か、いずれのケースも、政府が二次創作
の多くを対象外とする立法方針を示すなど、本書執筆時点では二次創作への直接的
な影響はおおむね回避されています。

（福井健策）

著作権法から考える「ボーカロイド」、「VTuber」

■ ボーカロイドに許諾は必要か？

初音ミクに代表される「ボーカロイド（ボカロ）」と呼ばれるキャラクターが依然として人気を集めています。また、最近では、キズナアイに代表される「バーチャルユーチューバー（VTuber）」と呼ばれる、実在の人間（ユーチューバー）のように動画配信・投稿を行うキャラクターも登場し、（背後には声優など実在の人間が関与しているわけですが）音楽ライブを行ったりCMに出演したり、あるいはリアルタイムでゲーム実況等の生配信をするなど、その活動領域を精力的に広げており、大きな支持を集めています。

ボーカロイドとは、もともとは、メロディや詞などを入力することにより、あたかも人が歌っているような歌声を合成することができる技術や、それを利用した音楽制作ソフトウェアを指す言葉（ヤマハの登録商標）ですが、現在では、初音ミクのようなボーカロイド発のキャラクター全般を含む概念として使用されています。

ボーカロイドは、声優など、人間の実際の声をサンプリングすることにより作成された音源が組み込まれており、その意味において、例えばピアノなどの実在の楽器の音をサンプリングすることにより作成された音源が組み込まれたシンセサイザーやソフトウェア・シンセサイザーと基本的には同じ性質をもっています。しかし、ボーカロイドの場合、人間の声をサンプリングしているという点に特徴があり、その点が、著作権法上、興味深い論点となって現れてきます。

例えば、Aさんが作詞・作曲をしたオリジナルの楽曲を、声優Bさんの声がサンプリングされたC社のボーカロイドソフトを用いて打ち込むことにより録音データを作成し、このデータをニコニコ動画に投稿するという単純な例を考えてみます。Aさんは、録音データの作成やニコニコ動画への投稿に際し、BさんやC社などから許諾を得る必要はあるのでしょうか？

Aさん自身が楽曲の作詞・作曲をしており、楽曲の著作権者はAさんになりますので、著作権の問題は考える必要はなく、ここで問題となるのは、レコード製作者や実演家の**著作隣接権**（➡ p.76「著作隣接権とは何か」参照）です。

■レコード製作者・実演家の著作隣接権を考える

　まず、**レコード製作者の著作隣接権**について考えてみましょう。Ｃ社は、Ｂさんの声をサンプリング（録音）して音源を作成し、ボーカロイドソフトに組み込んでいますので、この音源についてレコード製作者の著作隣接権をもつといえそうです（なお、著作権法上の「レコード」にあたるためには、「音」が物に固定されていればよく、その音が著作物であるかどうかは無関係です）。そして、このように考えた場合、Ａさんが録音データを作成したり、それをニコニコ動画に投稿したりする行為には、Ｃ社の著作隣接権（複製権、送信可能化権）が及び、あらかじめＣ社の許諾が必要であるという結論になりそうです。しかしながら、この考え方によると、ボーカロイドではない一般のシンセサイザーを演奏して楽曲を録音する場合にもシンセサイザーの開発会社や製造会社の権利がおしなべて及ぶということになってしまい、やや躊躇を覚えるところです。シンセサイザーは音楽の演奏に用いられることを目的とした音源である以上、演奏の録音や録音物が各種利用される範囲においては、原則としてレコード製作者の暗黙の了承があると解釈すべきでしょう。ボーカロイドについても同様の解釈が妥当すると考えられますが、ボーカロイドでは、ソフトウェアの使用許諾契約書において、「お客様が生成した合成音声を商用／非商用を問わず使用することができます」と明記されています。

　次に、**実演家の著作隣接権**について考えてみます。ボーカロイドソフトに組み込まれている音源は、もともとＢさんの声をサンプリングして作成されたものですが、単純に五十音をＢさんに発声させるのではなく、幅広い楽曲に対応できるよう、さまざまなパターンの原稿をいろいろなトーンで読ませたり、さまざまなジャンルの歌を歌わせたりして、それをサンプリングしているものと考えられます。このような場合、Ｂさんにより「実演」（→ p.77 参照）が行われ、それが音源に録音されていることになりますので、その意味で、Ｂさんの実演が何らかの形で含まれているといえるでしょう。それでは、このように、Ｂさんの実演が収録された音源が組み込まれたボーカロイドソフトを利用して録音データを作成したり、ニコニコ動画に投稿したりする行為に対して、はたしてＢさんの著作隣接権（録音権、送信可能

（前ページより続く）

化権）は及ぶのでしょうか。さまざまな考え方があると思われますが、筆者は、実演家の著作隣接権は原則として及ばないのではないかと考えています。なぜなら、実際の録音データの作成においては、Bさんの朗読なり歌唱はそのまま利用されるのではなく、一音一音細切れにされて利用されることから、完成後の録音データにおいては、Bさんの実演はもはやまったく再現されていないと考えられるからです。このような結論をとらないと、ボーカロイドソフトを利用して作成された録音データのすべてに対し、実演家の著作隣接権が及ぶことになりかねず、結論として躊躇を覚えるところです。

　ボーカロイドに関する著作権法上の問題は上記に限られるものではなく、ほかにもさまざまな興味深い問題が考えられます。また、VTuber についていえば、存在としてはバーチャルでありながら、「バーチャルタレント」とも呼ばれるように、実在のタレントのように活動をしているという、従来のキャラクターにない特殊性があります。そして、著作権法をはじめとする各種法令は、ボーカロイドのような技術やバーチャルタレントのような存在を前提につくられたものではありませんので、杓子定規に法律を適用した場合、社会的にバランスの悪い結論が導かれてしまう場合もあるかと思われます。そのような場合においても、関係法令のそもそもの趣旨をよく踏まえ、社会的に妥当と考えられる結論を導くべく、解釈上の工夫に思いをめぐらすことが重要です。　　　　　　　（池村 聡）

3 二次創作

写り込み、入り込み
──著作物の瑣末な利用

「写り込み」とは

　例えば、友人宅で飲み会が開催され、あなたもそれに参加し、楽しいひと時を過ごしたとしましょう。そして、あなたはその様子を写真や動画としてスマートフォンで撮影し、Facebook や Instagram に投稿するとしましょう。ごく日常的な話ですが、著作権という視点で考えた場合、何か問題はないでしょうか。

　あなたが撮影した写真や動画の著作権は、撮影者であるあなたがもちますので、これらをインターネット上にアップロードすることは自由であって著作権侵害の問題は生じないはずです。でも、友人宅に絵画などのアート作品が飾られており、写真や動画にそれが写ってしまった場合はどうでしょうか。友人の一人が着ていた T シャツにプリントされているアニメキャラクターが写ってしまった場合は？　あるいは BGM で流れていた音楽が一緒に録音されてしまった場合は？

　このように、普段あまり意識することはありませんが、よくよく見回してみると、われわれの身の回りは、たくさんの著作物で溢れています。写真、イラスト、映像、音楽、エトセトラエトセトラ……。したがって、写真や動画を撮影する場合に、こうした著作物も一緒に作品中に取り込んでしまうことは、よくあることといえるでしょう。

　こうしたことは、私人の日常生活だけでなく、プロの世界でもよくある話です。例えば、テレビのドキュメンタリー番組のための映像を街中で撮影しているときに、看板やポスターが映像に写り込んだり、パチンコ屋さんから漏れてくる BGM が録り込まれたりといった具合です。

　上記の各事例におけるアート作品やキャラクター、BGM、看板などが写

真や映像に取り込まれるという現象は、形式的に見れば、著作物の利用（複製）にあたります。このように、本来の撮影・録音対象に付随して別の著作物の利用が生じてしまうことを「**写り込み**」「**入り込み**」などと呼びます。

📖 「写り込み」と著作権

それでは、写真や動画の撮影や録音に伴い、こうした写り込みが生じてしまう場合、写り込んだ著作物の著作権との関係はどのように考えればよいでしょうか。ここでは、わかりやすく、写真を撮影したところ、飾ってあった絵が背景に写ってしまったという典型的なケースを例に考えてみましょう。

上記のとおり、この場合、絵は写真に撮影されており、「複製」が行われている以上、絵の著作権者の複製権が及び、あらかじめ著作権者から撮影の許諾を得なければ著作権侵害に該当するという考え方もあるでしょう。この考え方によった場合でも、私的に楽しむ目的での撮影であれば、「私的複製」の制限規定により許諾は不要といえますが（➡ p.85「制限規定とは何か②」参照）、この規定は複製だけが対象ですから、撮影した写真をインターネット上に投稿するという場合には適用されませんし、雑誌に掲載するための写真撮影であるといった場合も、（「私的」でないため）この規定は適用されません。

このような場合でも著作権侵害に該当してしまうとすると、写真撮影をする際に、写り込みが生じないよう大変気をつかわなければなりませんし、撮影場所やシチュエーションによっては、写真撮影が事実上不可能になってしまうこともあるでしょう。さらには、こうした写り込みは、いわば瑣末な利用態様であって、これにより著作権者が被る経済的な不利益は存在しないか、仮に存在しても些細なものといえそうです。そして何より、スマートフォンなどで気軽に写真を撮影し、SNSなどに投稿することが可能で、現実に多くの人がこうしたことを行っている現代社会にあって、多くの人が日常的に著作権を侵害しているという、一般的な感覚からは随分とずれた結論になってしまいます。

こうしたことから、写り込みが著作権侵害になってしまうような法律はおかしいという指摘が、日本でもフェアユース（➡ p.80「制限規定とは何か①」参照）を導入すべきだとの主張の一環としてなされるに至りました。

その結果、2012年の著作権法の改正で、写り込みに関する制限規定が新たに設けられ、写り込みが著作権侵害に該当しないことが法律上も明確になりました（➡p.81 表4・30条の2）。この規定は、写真や動画に絵画や写真が写り込むといった場合だけでなく、動画や録音物に音楽が録り込まれるといった場合にも適用されます。

なお、この制限規定は、いろいろな要件が定められた複雑なものであり、条文だけを読むと、写り込み全般を権利制限の対象とするものでは必ずしもありません。これは、多種多様な写り込みを抽象的な形で条文にすることは困難であることから、典型的な場合（言い換えれば、著作権侵害とすべきでないという結論に争いがない場合）を念頭に条文化したことによるものです。したがって、形式的にはこの制限規定の要件を満たさないからといって、直ちにそれが著作権侵害に該当するとは考えるべきでなく、権利者がそれによりどのような経済的不利益を被るのかといったことも勘案しつつ、妥当な結論を導くための解釈上の工夫（柔軟な解釈）が望まれるといえるでしょう。

なお、こうした問題意識のもと、本稿執筆中に要件を緩和する法改正について議論されています。 （池村 聡）

3 二次創作

インターネット上における
表現の自由と青少年保護

インターネット上の表現物と青少年については、青少年を性的な表現の対象とされることからどのように保護するか、青少年を有害な情報からどのように保護すべきか、という2つの観点から議論がされています。

児童ポルノ禁止法

表現に関する規制法令としては、1999年に成立した、「児童買春、児童ポルノに係る行為等の処罰及び児童の保護等に関する法律」（**児童ポルノ禁止法**）が著名です。

同法は、18歳未満の者を「児童」（実在する人物であることが前提）と定義したうえで、児童買春、児童ポルノに係る行為等を処罰することなどを目的とする各種規制を定めるもので、「**児童ポルノ**」を販売したり、インターネット上で提供したりする行為について、刑事罰が定められています。ITインフラの発達に伴って、インターネット上で写真や動画が簡単に流通するようになったことから、法の制定当時よりも、問題となる場面は増加しています。

この「児童ポルノ」の定義には、「衣服の全部又は一部を着けない児童の姿態であって性欲を興奮させ又は刺激するもの」といったものも含まれていますが、その意義が曖昧であるなどの批判があります。また、法案の段階では「絵」も児童ポルノの媒体に含まれていましたが、これに対して漫画家などから強い反発があり、最終的には「絵」の明示は見送られています。

「非実在青少年」問題

東京都は2010年、児童ポルノ禁止法と類似の発想で「東京都青少年の健全な育成に関する条例」の改正を試みました。当初案は、「**非実在青少年**」という定義を新設し、漫画作品などにおける架空の児童を用いたポルノ的表

180

現（児童ポルノ禁止法の規制対象外）も有害図書指定できるというものでした。

　表現の自由にかかわる規制が議論される際には、その担い手を自負する言論・出版界を中心とした論争が行われるのが通例です。しかしこのときは、とりわけ同人作家らが、実在しない表現対象を描いて販売する行為が広く規制対象となるという危惧をもち、利用者側もこれに同調した結果、大きな議論（主に反発）が生じるに至りました。

　その後結局、同条例案は「非実在青少年」関連の規制を除いたものに修正され、成立しています。

青少年インターネット環境整備法

　上記とは別の視点の法規制としては、2003 年に成立した、「青少年が安全に安心してインターネットを利用できる環境の整備等に関する法律」（**青少年インターネット環境整備法**）が挙げられます。

　同法はまず、「インターネットを利用して公衆の閲覧に供されている情報であって青少年の健全な成長を著しく阻害するもの」を「**青少年有害情報**」と定義します。そして、携帯電話のキャリア、インターネットのプロバイダ、情報端末のメーカーに対して、青少年が青少年有害情報にアクセスするのを防ぐための**フィルタリング**サービスの提供などに関する行為規範を定めました（義務付けまではしていません）。その後、スマホの普及により青少年のインターネットアクセスがより身近に、かつ保護者から利用状況が見えづらくなったこと等を背景として、2018 年の改正により、保護者が青少年のために携帯電話回線を契約する際の申告義務、回線提供者によるフィルタリング機能の説明・有効化義務、OS 提供者によるフィルタリングソフトのプリインストール義務（これは努力義務）等が追加されています。

　これは要するに、表現自体を直接規制せず、当該表現に対するアクセスを、一定の目的のもとに制限しようとするものです。フィルタリング（ブロッキング）という手法の是非をめぐっては、とくに海賊版対策の文脈で議論が深まっています（➡ p.283「ブロッキングその他の海賊版対策をめぐる議論と動向」参照）。

（増田雅史）

オンラインゲームの権利関係❶

　コンシューマー向けのゲームビジネスは、ファミコンに代表される据え置き型ゲーム機が爆発的に普及した後、インターネット環境の進化に従い、パソコン向け**オンラインゲーム**、いわゆるガラケー向け**ソーシャルゲーム**、そしてスマートフォン向け**ゲームアプリ**などに裾野を広げてきました。

　従来の据え置き型ゲーム機向けのゲームとネットを活用したゲームとの決定的な違いは、アップデートやバージョンアップを通じてゲームの内容が逐次更新されていくこと、ゲームデータの一部が手元の端末上に存在しない場合があること、ゲームがいつまでも遊べるとは限らないことです。

　ここでは、スマートフォン向けゲームアプリを主に念頭において、その権利関係を見ていきます。

ゲームに含まれるコンテンツ

　ゲームアプリは、単なる画像とは違って動的なものですが、ユーザの選択によって出力される音や画像・映像がさまざまに変化する点で、一般的な映像作品とも異なるものです。もっとも、ユーザの選択によって出力されるものが著作物にあたるかどうかはともかく、ゲームアプリ自体は、すでに創作された著作物として提供されています。

　このゲームアプリには、どのようなコンテンツが含まれているといえるでしょうか。そして、その著作物性はどうでしょうか。

ゲームから分離しがたいコンテンツ

　まず、ゲームアプリという作品全体が、ひとかたまりの著作物ということができます。この「ゲーム」という一体的な作品から分離できない（＝独立の著作物ではない）と思われるコンテンツには、以下のものが挙げられます。

- まず目につくのは、ゲーム画面それ自体や、そのアニメーションといった「見た目」の部分です。ただ、単純な**画面構成**までは保護されないかもしれません（➡ただし意匠法による保護について、p.46「インターネットビジネスとその他の権利②」参照）。このほか、ある程度以上長めの文章なども、著作物性を肯定されやすいでしょうが、文章についてはゲームから分離した独立の著作物として扱う余地もありそうです。

- 個々の画面構成ではなく、その**画面の遷移**（移り変わる順序）についてはどうでしょうか。ここまでくると、ゲームの仕組みそれ自体にも近づいてくることになります。ゲームシステムについてどのように考えるべきかは、次の項で見ることとします。

- これらに対し、ユーザが「見た目」として意識することが少ないものとしては、**脚本・シナリオ**が考えられます（ストーリー性のあるゲームの場合）。具体的な脚本・シナリオは、著作物として保護されることがありますが、それに至らないテーマ的なもの、ゲーム進行のアイデアそれ自体は、著作物にあたらない場合が多いと思います。

  なお、映画の著作物の場合は、脚本は映画自体から分離しうる著作物として一般的に理解されていますが、ゲームの場合、脚本全体はゲームのシステムに依存した特殊な形態のものと思われますので、分離しがたいコンテンツとして整理しています。ただし、いわゆるサウンドノベル型ゲームなど、小説の技法を利用した脚本が利用されるものの場合には、別々の著作物として観念できるかもしれません。

- そもそもユーザの目に直接見えないものとしては、**プログラム**があります。プログラムのソースコードは、ゲーム画面に直接表示されるものではありませんが、やはり著作物といえます。

- 変わり種としては、キャラクターの動作などに**モーションキャプチャ技術**が利用されている場合です。この「動き」を演じた人物には、実演家の著作隣接権が発生することが考えられます。

🖥 ゲームから分離しうるコンテンツ

ゲームアプリという作品から分離して利用できそうな（＝独立の著作物と

いえそうな）コンテンツの例としては、以下のものが挙げられます。

- 最も典型的なのは、音楽です。ゲーム内で流れる音楽は、通常は著作物にあたるでしょう。そして、それだけを聴くという形で、音楽自体をゲームから分離して楽しむこともできます。これに対して、個々のサウンドエフェクトの類は、短すぎて、あるいは単純すぎて、著作権によっては保護されない場合が多いと思います。

  なお、音楽については、著作隣接権であるレコード製作者の権利も同時に問題になりますし、歌唱や演奏が行われているような音楽の場合には、同じく著作隣接権である実演家の権利も考慮する必要があります。
- 次に典型的といえるのは、キャラクターなどのイラストでしょう。これも、イラスト自体を鑑賞するという形で、それ自体をゲームから分離して楽しむことができます。もっとも、小さなドット絵や単純な図形、またはそれらのありふれた組み合わせだけでは、著作物にあたらないでしょう。

ところで、ゲーム**タイトル**自体はどうでしょうか。これは、著作権よりは商標権などで保護されるべき性質のものと考えられます（ただし、タイトルも著作物の一部ではありますので、それを勝手に変更する行為は、著作者人格権のうち同一性保持権を侵害するとされています。➡ p.67 の「同一性保持権」を参照）。

（増田雅史）

4 オンラインゲーム

オンラインゲームの権利関係❷

前項に引き続いて、スマートフォン向けゲームアプリを例に、その権利関係を見ていきましょう。

 ゲームビジネスの関係者

ゲームアプリの開発や運用には、多数の関係者がかかわります。

①**パブリッシャー**：自社タイトルとしてゲームを開発し、ユーザに提供しています。ユーザがサービスの提供者として通常認識するのは、このパブリッシャーです。

②**受託開発会社**：パブリッシャーからの委託を受けて、アプリの開発を行う会社です。①と②の担い手は必ずしも分断されているわけではなく、いわゆる「自社タイトル」の提供をしつつも、受託開発も手掛ける、といった企業も多く見られます。

③**プラットフォーマー**：パブリッシャーに対してはアプリの提供手段を、ユーザに対してはアプリの入手手段を提供している会社です。Google の「Google Play」、Apple の「App Store」がプラットフォームであり、各社はスマートフォンの OS 提供を通じ、その OS 上で動作するアプリの提供ルートを独占することで収益を上げています。具体的には課金取引から手数料を得ており、その点では課金プラットフォームともいえます（➡プラットフォームにまつわる問題については、p.287 〜 291「プラットフォームと規約・著作権①・②」参照）。

④**原作の権利者**：漫画やアニメなどを元にした、いわゆる「原作もの」のゲームについて、原作それ自体の著作権を有し、または管理している者です。

⑤**その他の外注先**：とくにゲームから分離して利用できそうなコンテンツである音楽・イラストについては、その道のプロ（個人として活動する人も

多い）に外注することも、よく行われます。

　ゲームの開発・運営にあたっては、これらの関係者の中で、契約に基づいて権利関係が整理されることになります。ただ、プラットフォーム事業者は通常、ゲームに関する著作権についての契約に直接関与することはありません。

📓 権利関係の整理

　権利関係を整理するためには、**すでに存在する著作権**と、**これから発生する著作権**とを区別する必要があります（なお、著作隣接権については、前の項で触れたとおりです）。

　すでに存在するものとしては、原作である漫画やアニメなどの著作権（④が保有）や、流用する既存のプログラムの著作権（①・②が保有）などが考えられます。これらは、他社に譲渡されることは通常なく、必要に応じてライセンスを得て利用されることとなります。

　これに対し、新たに創作されるものも当然に発生します。多くの場合は新たなオリジナルの創作物ですが、原作を元としたイラストなど、二次的著作物に該当するものも生じるでしょう。これらについては、著作権法上は、実際の創作作業を行った者が著作者となります。パブリッシャーは、開発業務を受託開発会社に外注することがありますが、その場合、自社タイトルとしてゲームをリリースするにあたり、委託先との間で契約を結び、権利の譲渡などの手当てをする必要があります。

　パブリッシャーや受託開発会社から、イラストレーターなどの個人に対して、一部の制作業務を外注することもあります。このような個人との間での契約では、報酬が低廉であるなどの不利な契約条件が話題となることもあります。この例に限らず、下請業者との間の契約では、代金を支払う側である注文者の力が相対的に強いという構造があることが通常ですので、いわゆる「下請けいじめ」を防ぐ目的のもと、独占禁止法に基づく「優越的地位の濫用」の禁止をさらに類型化・具体化するものとして、下請代金支払遅延等防止法（下請法）が定められています。

　ところで、オンラインゲームの場合、制作後のサービス運営についても考

える必要があります。運営をパブリッシャー単独で行うのであれば話は単純ですが、受託開発会社に運営も委託する場合、運営についても細かな条件を定めなければいけません（いつまで運営を続けるか、収益の分配はどうするか……）。この場合、オンラインゲームでは、アップデートやバージョンアップをとおしてゲームの内容が逐次更新されていくのが一般的ですので、新たに更新される部分の著作権の取り扱いについても、契約に盛り込む必要があります。

　ゲームビジネスの関係者とその権利関係のさらなる詳細については、本書と同じシリーズの『映画・ゲームビジネスの著作権(第 2 版)』をご覧ください。

(増田雅史)

4 オンラインゲーム
ゲームと著作権侵害
—— 「釣りゲーム事件」を題材に

　「オンラインゲームの権利関係①」（➡ p.182）で見たとおり、ゲームにはさまざまな著作物が含まれています。それでは、見た目やシステムが似ているゲームは、どこからが著作権侵害となるのでしょうか。

　ここでは、過去争われた具体的な事件として、「釣りゲーム事件」を取り上げます。

「釣りゲーム事件」の事案

　この事件は、DeNA の携帯電話用ゲーム「釣りゲータウン 2」が、グリーの同種ゲーム「釣り★スタ」の著作権を侵害したとして、グリーが DeNA を訴え、ゲームの配信差止などを求めたものです。控訴審段階では、その請求額が 9 億円超と、著作権関係の事件ではかなり規模の大きな訴訟となったため、注目されました。

　グリーが著作権侵害を主張したのは、訴訟で「魚の引き寄せ画面」と呼ばれた画面と、主要な画面の選択および配列（画面遷移）です。このうち、前者を取り上げてみます。

図13 | **各ゲームの「魚の引き寄せ画面」**

グリー「釣り★スタ」

DeNA「釣りゲータウン 2」

　第一審の東京地裁は著作権侵害を認めましたが、認容された損害賠償額の関係もあり、双方が控訴しました。これに対し、第二審の知財高裁は著作権侵害を認めず、請求を棄却しました（その後、グリーの上告が棄却され、確定）。

　この知財高裁の判断は、ゲームの著作物性についての示唆に富んだものです。順に見ていきましょう。

🖥 知財高裁の判断

　この画面について、東京地裁は著作権侵害を肯定しましたが、知財高裁は逆の判断をしました。

　裁判所はまず、各画面の共通の要素を列挙しました。例えば、水中のみが真横から水平方向に描かれている点、画面のほぼ中央に三重の同心円がある点などです。これに対し、水中のみを描くことや、水中の画像に魚影や釣り糸を描くことなどは、ありふれた表現であるとしました。

　裁判所は次に、三重の同心円を採用することは、従前の釣りゲームにはないとしつつ、弓道、射撃およびダーツなどに使われていた同心円を釣りゲームに応用したものというべきものであって、これ自体はアイデアであると述べました。そのうえで、「釣りゲータウン2」の画面は、大きさが変化すること、円の中央部分の画像が5種類に変化すること、放射状に仕切られた11個のパネルの配色部分の数および場所が変化することなどの点で、「釣り★スタ」に相違するとしました。

　そして裁判所は、ほかにも複数の相違点を認定し、「共通部分と相違部分の内容や創作性の有無又は程度に鑑みると、……その全体から受ける印象を異にし、原告作品の表現上の本質的な特徴を直接感得できるということはできない」と述べ、著作権侵害を否定しました。

　なお、裁判所は、著作権者が、まとまりのある著作物のうち特定の部分のみを対比対象として主張した場合に、その相手方が、捨象された（つまり似ていない）部分を含めて対比した主張をすることは許される、と述べています。

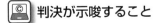 **判決が示唆すること**

　判決で重要なポイントは、ゲームを特徴づけている「三重の同心円」を、表現ではなくアイデアと見た点です。著作権侵害を検討するとき、似ている要素が創作的な表現なのか、はたまたアイデアにすぎないのかは、その著作物の性質に照らして判断する必要があります（➡ p.52「著作物とは何か②」参照）。この事件の場合は、他のゲームにすでに存在した手法を応用したという点をとらえ、それ自体はアイデアであると判断しています。

　近年のスマホゲームは、ディスプレイの拡大傾向やマシンパワーの向上等により、いわゆるガラケーで遊ばれていたゲームと比べ多種多様なゲームが登場しており、以前ほどゲーム間の類似性が強く指摘されることはなくなりましたが、いまでも、盗用を指摘されるゲームがないわけではありません。もっとも、画面に表示されるものが一見して似ているとしても、それが著作権侵害にあたるかどうか、それともアイデアの類似にすぎないかは、慎重に判断する必要があります（➡ p.114「著作権の侵害とは①」参照）。　　　　（増田雅史）

4 オンラインゲーム

ゲーム実況配信

　ネットワークインフラの発達、スマホやウェブカメラなどのハードウェアの進化、動画配信プラットフォームの登場と普及により、個人が手軽に動画を配信できる環境が急速に整いました。そのなかでも一大ジャンルとなったのが、**ゲームの実況配信**です。

　実況配信の形態はさまざまですが、いずれにせよ、配信する動画の中でゲームの画面自体を使用することとなります。このことは、ゲームについて著作権を有する事業者との関係で、著作権法上どのような問題を生むでしょうか。

◉ 著作権の侵害とその「黙認」

　ゲーム実況にはさまざまな形態があります。ただゲームをプレイしている画面をキャプチャしてそのまま配信するようなきわめてシンプルなものから、投稿者や文章読み上げソフトによる音声つきのもの、ゲームに関するさまざまな情報や字幕解説を表示するもの、プレイ画面中にも脚色や加工を加えるもの、それらの組み合わせなど、動画編集環境の発達と普及により多種多様な動画が制作・投稿されています。

　これらのいずれにも共通しているのは、（動画の目的からして当然ですが）ゲーム画面それ自体を表示することです。しかし、これはほとんどの場合、ゲームという著作物（➡オンラインゲームの著作権については、p.182「オンラインゲームの権利関係①」参照）の少なくとも一部を複製し公衆送信しているといえ、無許諾であれば著作権侵害となるでしょう（ゲームの紹介・論評動画などで、適法な引用が成立しうるケースも考えられますが、ゲーム実況配信の典型とは言い難いため割愛します）。また、ゲーム画面を加工していれば翻案権や同一性保持権が問題となり、厳密にいえば氏名表示権も問題となります。

　他方、ゲームの実況配信には、ゲーム事業者から見ても、そのゲームの認

知度を向上させ、ファンの裾野を広げるといったプラスの側面もあります。動画の配信者やその視聴者は、そのゲームの熱心なファンであることも多く、そのようなファンがいわば集団としてゲームを楽しむ状況を許容することで、ファンの盛り上がりに水を差さないようにしようと考える事業者もいるでしょう。そのため多くの事業者は、ゲーム実況配信に対して比較的寛容な態度をとり、そこでのゲーム画面の利用を**黙認**しているといえます。これは、同人誌における二次創作の文化が、権利者による黙認のもとで大きく成長した状況と類似しているといえます（➡ p.169「『許諾』にまつわるエトセトラ②」参照）。

しかし、あくまで「黙認」にすぎず明示的な許諾がない以上、ゲーム事業者が配信サービス事業者に動画の削除や配信停止を求めるなどした場合にはそれが認められますし、投稿者自身が著作権侵害に問われるリスクも残ります。実際、ときには特定の作品に関連する動画や生放送の予定が一斉に配信サービス上から姿を消すなど（いわゆる「BAN祭り」）、著作権に基づく対応が行われたと思われる例も数多くあります。そうすると配信者やその行為は、法的にはきわめて不安定な状態にあることとなりますが、他方、投稿内容に発売直後のゲームのネタばれを含む場合など、事業者としては容認しがたいと思われる配信がなされる可能性もあり、黙認と権利行使の両方でフリーハンドを持ちたいという事業者の立場も理解できるところです。

そもそもこの問題は、著作権に触れる行為であることを踏まえると、厳格に法を適用した場合にはつねにゲーム事業者に軍配が上がることとなります。他方で、ゲーム実況配信がますます普及し、視聴者層も分厚くなるなか、事業者としてもグレーゾーンを放置するよりも具体的なポリシーを定めて公表し、事業者として許容可能な範囲では積極的な利用を促すことによって、実況配信のプラスの側面をより一層享受しようとする方向性が強まっています。

🖳 任天堂の「ガイドライン」による包括的許諾

その象徴的な動きといえるのが、任天堂による**包括的許諾**の仕組みです。
　任天堂といえば、ゲームウォッチシリーズやファミコンを皮切りとして世

界にコンピュータゲームを普及させ、現在に至るまでゲーム産業において重要な地位を占め続けている「巨人」です。そんな任天堂は 2014 年 11 月、ニコニコ動画の「クリエイター奨励プログラム」への対応として、同社指定タイトルのゲームを内容に含む投稿動画を審査し、合格したものには動画から得られる収益を分配することを発表し、指定タイトル以外であっても原則として利用を許諾することを明らかにしました。また、同社はそれ以前から、自社タイトルを利用した動画の YouTube への投稿を原則として認める方針をとっていましたが、2015 年 1 月、そのような動画に付された広告から得られる収益について、これまで YouTube のルールに従い任天堂のみが収受していた方針を転換し、投稿者が申請し審査をとおった作品については投稿者に多くの部分を分配することを柱とする「Nintendo Creators Program」を開始しました。これらはいずれも、収益分配を得たい場合には任天堂の審査を前提とする仕組みであり、個別許諾の域を出ないものではありましたが、ゲーム実況配信者に寄り添う方針として注目を集めました（同プログラムは 2018 年 12 月末日で終了）。

　そして 2018 年 11 月、同社は新たなルールである「ネットワークサービスにおける任天堂の著作物の利用に関するガイドライン」を発表し、再び注目を集めることとなります。これは端的にいうと、個人（法人は対象外）が、同社が権利を有するゲームをキャプチャした動画や静止画を利用した作品を投稿サイトに投稿しても、ルールに従うものである限りは著作権侵害を主張しないというもので、以前とは異なるきわめて広い範囲での包括的な許諾といえる仕組みです。

　ガイドラインにはさまざまな条件が示されていますが、そのうちとくに重要といえるのは、投稿を収益化したい場合には表 9 のいずれか（2019 年 12 月時点）の収益システムを利用する必要があるという点です。このうち最後の 2 つは 2019 年 4 月に追加されており、今後も追加・除外の可能性があります。

　また、このほかにも下記に挙げるような条件が付されています。ゲーム実況配信に対するこのような包括的許諾の例はまだ少ないですが、各社がガイドラインを策定する場合、重要な先例となることは間違いありません。
• 利用する作品が、正式な発表日またはサービス開始日を迎えていること。

表9 | **任天堂のガイドラインが指定している収益システム**

サービス名	収益システム名
Facebook	「Facebook Game Streamer」および「Facebook Level Up Program」
ニコニコ動画／生放送	「クリエイター奨励プログラム」および「ニコニコチャンネル」
OPENREC.tv	「OPENREC Creators Program」
Twitch	「Twitch アフィリエイトプログラム」および「Twitch パートナープログラム」
Twitter	「Amplify Publisher Program」
YouTube	「YouTube パートナープログラム」
TwitCasting	「ツイキャス・マネタイズ」内の「アイテム収益」「動画収益」
Mirrativ	「ギフト」

- 任天堂などから協賛・提携を受けているかのように示さないこと。
- 違法、不適切、公序良俗に反する投稿には法的措置を講じうること。

　なお、ガイドライン中にはこのほか、「お客様の創作性やコメントが含まれない投稿や任天堂のゲーム著作物のコピーに過ぎない投稿はご遠慮ください。」という興味深い記述もあります。同時に公表されたQ&Aを読む限り、創作性が付加されていないものはガイドラインの対象とならない（＝許諾対象外である）ものの、その線引き自体が難しい場合も考えられるため、あえて曖昧な記載ぶりとすることで、投稿者の自制とクリエイティビティの発揮への期待を示したということができそうです。

📃 "プロ実況者" 限定の包括許諾

　上記で紹介した事例は、不特定多数のコンテンツ投稿者との関係で包括的な許諾を行う点で、対象者をとくに限定しない、きわめて広範な仕組みといえます。これに対し、いわば"プロ"であるコンテンツ投稿者に限定する形で許諾を行い、ゲームコンテンツの利用範囲を抑えつつゲーム実況配信による果実を得ようとする動きもあります。

　とくにYouTubeを主な活動の場とする職業的投稿者を「**YouTuber**」と呼

ぶことがありますが、この YouTuber をいわば所属タレントとし、そのマネ
ジメント業務等を行う企業として知られる UUUM は、2017 年に任天堂、
2018 年にカプコンおよびレベルファイブと、相次いで包括的な許諾契約を
締結しています。

　各社は契約の具体的内容を明らかにしておらず、収益分配その他ロイヤ
リティの支払義務やコンテンツ制作上の制約の有無をはじめとする条件は
不明ですが、いずれも包括的許諾であることを謳っていることからすると、
UUUM に所属する YouTuber である限りは広範な利用を認める内容と思われ
ます。不特定多数かプロ向けか、またはその組み合わせか。ゲーム各社がこ
れからゲーム実況配信とどう付き合っていくのか、ますます注目されます。

（増田雅史）

eスポーツと法律

　近年、テレビゲーム等をスポーツ競技として扱う「eスポーツ」が注目を集める
ようになりました。その背景には、イベントの開催により多くのユーザを呼び込み
たいというマーケティングの側面もさることながら、上級者によるプレイ自体を観
覧・視聴して楽しむという、ゲームというコンテンツの楽しみ方の変化があるよう
に思います。これは国際的な潮流であり、2018年アジア競技大会で公開競技とし
て採用されたことが大きな話題となりました。

　eスポーツは、公衆に向けて著作物であるゲームの様子を上映・公衆送信する性
質上、著作権を有するゲーム事業者またはそこから許諾を得た団体によって行われ
ることが一般的であり、著作権にまつわる目新しい論点はないといえます。もっぱ
ら法律問題がクローズアップされるのは、eスポーツ発展の前提ともいえる、高額
賞金の提供の可否です。

　賞金については、賭博罪該当性（参加費を集めてそこから賞金を出すことが賭博
に該当するか？）などさまざまな点が問題となりえますが、近時注目されたのは、
景品表示法（景表法） 上の規制に関する動きです。

　同法は、取引に付随して、特定の行為の優劣等をもとに景品類を提供すること
について、その金額の制限（取引額の20倍までで最高額10万円、総額で売上予
定の2%）を定めています（いわゆる**懸賞**規制）。ここで、多くのゲームはそもそも
まったくの無償・無課金のみで提供されているわけではありません。そのため、大
会に出場して賞金を得るために、そのゲームを購入したり課金したりするといった
取引が誘引されれば、「取引に付随して」賞金が提供されていると評価されるおそ
れがあり、景表法上の制限により10万円を超える賞金を設定できないのではない
か、との懸念が生じました。実際、この点について照会を受けた所管官庁である消
費者庁は2016年、ゲームを購入等したユーザ以外が賞金を獲得する可能性が低い
ことを前提とした照会に対し、その賞金が「景品類」に該当し、上記金額制限が適
用されると回答しています。

　これを受け、わが国で高額賞金を前提とした大会を開催することは難しいという
のが一般的な受け止め方となり、一時行われていた高額な賞金の提供の取りやめが
相次いだ一方、この問題を「**プロ化**」という方法で解決しようとする動きが現れま

した。2018 年の、**日本 e スポーツ連合（JeSU）**設立です。

　JeSU は、自らが**プロゲーマー**を認定しライセンスを与えることを前提として、そのプロゲーマーは競技としてゲームに挑み、報酬としての賞金を得る（賞金に誘引されてゲームの購入等をするわけではない）のだから景品表示法には違反しない、と解釈したようで、現にその設立後、JeSU のライセンス保有を前提として高額な賞金を提供する大会が行われました。ゴルフのような、賞金を前提としたプロの大会があるスポーツ（アマチュアも大会によっては参加できるが賞金は与えられない）と同じように整理したわけです。

　もっとも、消費者庁が公表する景表法の「運用基準」は、「景品類の提供」に該当しないものの例として、「仕事の報酬等と認められる金品の提供」を明示しています。これに該当するものは、ライセンス制度を前提とする「プロゲーマー」に限られないのではないか、との指摘もありました。

　この疑問は、JeSU 自身のイニシアチブにより解消されました。すなわち、消費者庁は 2019 年 9 月、JeSU からの照会に対する回答として、賞金の提供先に資格制限を設けず（つまり「プロゲーマー」に限らず）、大会等の成績に応じて賞金を提供することについて、おおむね下記の前提のもとでは、その賞金は原則として「仕事の報酬等と認められる金品の提供」に該当し、景品類の提供にあたらないとの判断を示しています。

- 参加者は、所定の審査基準により大会等の運営団体から選抜される。そこで選抜される選手は、ゲームの実演等のパフォーマンスを多数の観客・視聴者に見せ、大会等の競技性・興行性の向上に資するような者である。
- 実際の仕事上も、ゲームの実演等のパフォーマンスを多数の観客・視聴者に見せ、大会等の競技性・興行性の向上に資することが求められる。

　この回答は、JeSU 自らが設けたライセンス制度の意義を失わせかねないものである一方、高額賞金大会の開催可能性を広げるものといえます。e スポーツ普及のためその身を投げうった（？）JeSU の勇気ある行動ともいえるでしょう。

（増田雅史）

オンラインゲームにまつわる諸問題❶

本項では、著作権からは少し離れますが、オンラインゲームについて近時とくに話題になったトピックをいくつか取り上げます。

© リアルマネートレード

オンラインゲームにおいては、ユーザ間でメッセージなどのやりとりができるだけではなく、ゲーム内通貨やアイテムなどをゲーム内で交換できる場合があります。そうしたゲーム内通貨やアイテムのほか、ゲームのアカウントそれ自体などを、現実の金銭により売買する行為を、**リアルマネートレード**（**RMT**）といいます。

これ自体は、必ずしも違法な行為ではありません（ただし、中国や韓国では法的に規制されています）。過去には、RMT を前提とするようなサービス（仮想空間上の土地を売買するための市場を、サービスの提供者自らが運営する事例）が話題となったこともあります。

もっとも、RMT では実際の金銭がやりとりされることから、アイテムなどを狙ったアカウントの乗っ取り（不正アクセス）といった犯罪の動機となること、ゲーム内で自動的にレベルアップなどを行うツールの横行によるサーバへの過負荷やゲームバランスの崩壊などの弊害が指摘されていました。そのため現在は、大多数のオンラインゲームにおいて、利用規約上、RMT は明示的に禁止されており、業界団体であるコンピュータエンターテインメント協会（CESA）や日本オンラインゲーム協会（JOGA）も、ガイドライン等で会員企業に対し禁止を求めています。

利用規約違反となる行為があれば、アカウントの停止などの措置がとられるのが通常です。もっとも、ゲーム内の交換行為はともかく、現実の金銭のやりとりはゲーム外（例えば RMT 専門の取引サイト、ネットオークション

やフリマアプリ）において行われることが一般的であるため、サービス事業者にとってRMTを発見することは必ずしも容易ではなく、十分な対策は難しい状況にあります。もっとも、こうした取引の舞台となるサービスの事業者の側で、利用規約等でそのような取引を禁止するなど、徐々に実効的な対策がとられつつあります。

コンプガチャ騒動

オンラインゲームにおいては、一定のゲーム内通貨を消費することにより、ランダムに決定されたゲーム内のアイテムなどを得ることができる「**ガチャ**」と呼ばれる仕組みが発達してきました（おもちゃ屋などにある、ランダムにおもちゃが買える「ガチャガチャ」に由来する名称です）。

ガチャの発達に従い、さまざまなタイプのガチャが登場しましたが、その中でかつて脚光を浴びたのが「**コンプリートガチャ**」（**コンプガチャ**）でした。これは、ガチャにより得ることができるアイテムなど（例えばA～Zの26種類）のうち、特定のアイテムなどの組み合わせ（例えばABCDE）を全部獲得する（="コンプ"する）ことにより、特典として別のアイテムなどを得ることができる、という仕組みです。特典を得るためには、ガチャを何度も回して、特定の組み合わせをすべてそろえなければいけません。

やがて、オンラインゲームの中心がSNS上で提供される「**ソーシャルゲーム**」であった2011年頃から、グリーやDeNA（モバゲー）といったSNSプラットフォームが提供するゲームの中で、このコンプガチャが実装されたソーシャルゲームが大ヒットし、コンプリート特典を得るために多額の金銭を費やすユーザが続出しました。果ては、RMT目的でネットオークションに出品された特典アイテムに10万円を超える値がつくなど、一つのゲームに費やされる金額が高騰する状況となったわけです。

そして2012年5月頃、コンプガチャが**景品表示法**に違反する疑いがあると新聞などで報じられ、SNS事業者が当時莫大な利益を上げていたこともあいまって、一気に世間の注目が集まることとなりました。具体的には、景品表示法上規制されている懸賞のうち、通達により禁止されている「カード合わせ」に該当するのではないか、という指摘です。

「**カード合わせ**」とは、「二以上の種類の文字、絵、符号等を表示した符票のうち、異なる種類の符票の特定の組合せを提示させる方法を用いた懸賞」のことをいいます。もとをたどれば、はるか昭和の時代、お菓子についてくるカードのうち、特定の組み合わせをそろえて応募すれば景品がもらえる、という仕組みが「子供の射幸心を刺激する」という理由で禁止されたという古くからの経緯があります。先ほども述べた、A 〜 Z（26 種類）のカードから、A 〜 E（5 種類）の組み合わせをそろえる例を考えると、最初の 1 枚は A 〜 E のどれでもよいので 26 分の 5 の確率でそろいますが、そこで残りの 4 種類が出る確率は 26 分の 4 に下がり、最終的には、最後の 1 枚が出る確率は 26 分の 1 にまで低下します。このような確率の変化が子どもにはわかりにくく、しかし途中まで集めてしまえばやめづらくなるという点が、「射幸心を刺激する」と考えられたわけです。

　結局、コンプガチャ効果により急速に規模を拡大していたソーシャルゲーム業界は、消費者庁が「カード合わせ」該当性を正面から認めるリリースを出したことで、業界を挙げての対応を迫られることとなりました。この動きは、まずは各社が典型的なコンプガチャの提供を中止するところから始まりましたが、類似の仕組みが登場するなどしばらく混乱が続いたのち、業界全体の正常化をはかるため、自主規制の枠組みがつくられることとなりました。まずは応急処置として、グリー・DeNA を中心とする SNS プラットフォーム等 6 社が共同ガイドラインを作成したのち、これに CESA・JOGA を合わせた 8 者によって、2012 年 11 月に「ソーシャルゲーム協会」（JASGA）が創設され、同協会と JOGA それぞれにおいて自主規制やガイドラインの整備が進められたことにより、問題は徐々に解消することとなりました。やがて役目を終えた JASGA は、2015 年 4 月に CESA に吸収合併され消滅し、現在のガチャを含む自主規制は、主に CESA・JOGA の 2 協会によって運用されている状況となっています。

（増田雅史）

4 オンラインゲーム

オンラインゲームにまつわる諸問題❷

前項に引き続き、オンラインゲームについて近時とくに話題になったトピックを見ていきます。

インターネット上における青少年保護

青少年がインターネットを利用する場面では、必ずしも保護者などの目が届かないこともあります。それは、オンラインゲームを利用する青少年に関しても同様です。

青少年保護に関しては、ネットの利用が一般化して以来、複数の法令が定められています。

まずは、2003年に成立した①「インターネット異性紹介事業を利用して児童を誘引する行為の規制等に関する法律」（**出会い系サイト規制法**）です。同法は、18歳未満の「児童」を児童買春その他の犯罪から保護することを目的として、いわゆる出会い系サイトに対する各種規制を定めるものです。

次に、2008年に成立した②「青少年が安全に安心してインターネットを利用できる環境の整備等に関する法律」（**青少年インターネット環境整備法**）です。同法は、「インターネットを利用して公衆の閲覧に供されている情報であって青少年の健全な成長を著しく阻害するもの」を「**青少年有害情報**」と定義したうえで、青少年が当該情報にアクセスするのを制限するため、回線提供者（携帯キャリア等）に対するフィルタリング機能の説明・有効化義務等を定めるものです（➡同法については、p.181も参照）。

とくに携帯電話向けコンテンツについては、事業者の数が限られていること、モバイルコンテンツ利用時に必ず携帯端末を経由するという特質から、携帯キャリアを中心とした自主規制スキームの構築が、国際的に進められました。わが国においても、「モバイルコンテンツ審査・運用監視機構」（EMA）

が、コミュニティ機能を有するウェブサイトの利用環境（①出会い系サイト規制法に対応するもの）や、モバイルコンテンツ全般の表現内容など（②青少年インターネット環境整備法に対応するもの）について一定の基準に従った認定を行い、事業者がそれに従ったフィルタリングを実装する、という仕組みが構築されていましたが、スマホの普及等によってウェブへの導線が大幅に増加したことや、スマホのOS提供事業者がグローバルで統一された独自の制限・仕組みを導入したことといった大きな環境の変化を背景として、EMAは2018年5月に解散しています。

未成年者の高額課金問題

　オンラインゲームの世界では、上記とは少し異なる観点で、青少年保護に関する問題が発生しました。いわゆる「未成年者の高額課金問題」です。

　オンラインゲームにおいては、ユーザの年齢確認は必ずしも求められていませんが、ソーシャルゲーム全盛期には携帯電話やスマホでプレイするゲームが増加し、クレジットカードを保有していないユーザでも携帯電話料金の支払いと同時に料金を支払えるようになり、課金取引へのハードルが大きく下がりました。そして、一部の未成年者が課金取引を繰り返し、後に高額の請求がきたことで気がついた保護者が消費者センターなどに相談する、という事例が増加することとなりました。

　未成年者は成人と比べて、ゲーム画面の操作によって実際の課金取引をしているという認識に乏しく、また、仮に認識していたとしても歯止めが利きにくく、その抑止の啓蒙活動にも一定の限界があるといえます。そのためゲーム事業者においては、未成年者が不相応な高額課金取引をする可能性があり、それをゼロにすることは難しい、という前提に立った対応が必要といえます。

　前項で取り上げた自主規制の動きとしては、高額課金問題が注目された後、グリーやDeNAといったプラットフォーム事業者が未成年者に対する課金上限設定を開始し、現在はCESAやJOGAにおいて、未成年者がユーザである場合に課金上限額を設定すること等を内容とするガイドラインが策定されています。

ⓒ 民法上の未成年者取消し

　未成年者は、民法の原則上、自らのした契約を取り消すことができます。ゲームへの参加や個々の課金取引も、ゲーム事業者との間の契約といえますので、原則として、その取消しが可能です。他方、未成年者が親などの別の成年者の名義で契約を締結した場合には、その成年者との間で契約が成立するかどうかという、「**なりすまし**」の問題となります。

　ゲーム事業者においては、それぞれの場合について返金の要請があった場合、どのように対応すべきかの方針を決める必要があります。

　まず、取消しが認められるためには、実際の契約主体が未成年者であることが必要です。しかし、ゲーム事業者からすれば、実際の契約者の顔が見えない状態で対応することになりますので、本当にそのユーザが未成年者であったのか、確認は容易ではありません。

　次に、未成年者による契約であるとしても、その未成年者が年齢を偽った場合など、一定の場合に、取消権が制限されることがあります。ゲーム事業者としては、取消権の行使を制限するための表示や意思確認の方策を検討すべきことになりますが、例えば、経済産業省が公表している「**電子商取引及び情報財取引等に関する準則**」は、「成年ですか」との問いに「はい」のボタンをクリックさせたり、利用規約内に「未成年者の場合は法定代理人の同意が必要です」と記載したりするのみでは不足であるとしています。オンラインで完結する取引では、取消権行使の確実な制限は容易ならざることと言わざるを得ません。

　そして、成年者への「なりすまし」をした場合には、その成年者が「なりすまし」を防げなかった状況、例えば携帯端末やクレジットカードの管理について、成年者に落ち度があったかどうかが問われることになります。ゲーム事業者としては、どのような場合に返金を拒絶すべきかの線引きが課題となります。

　いずれにせよ、未成年者の高額課金問題に対する社会の目もあり、どこまでの範囲で返金を認めるかどうかは、ゲーム事業者にとって悩ましい問題のようです。

（増田雅史）

e コマースと著作権

インターネットの普及により、通信販売の形態も大きく変化しました。かつては、カタログや新聞、チラシ、テレビ番組などで商品を紹介し、注文は郵便や電話、ファックスで行うという形態が中心でしたが、現在では、Amazon や楽天などのように、サイト上で商品を紹介し、商品注文もサイト上でできる形態が中心となっています。

こうした、いわゆる **e コマース**と呼ばれる形態で通信販売を行う場合にも、著作権がかかわってくることがあります。

商品紹介画像の掲載

ある商品をインターネットを通じて販売する場合に、売主としては商品の外観などのイメージを買主に伝えることが求められますが、そのための一番手っ取り早い方法は、商品の画像をサイトに掲載することです。

このとき、販売対象の商品が、絵画作品や写真作品である場合、これらは著作物に該当しますので、商品を写真撮影したり、商品画像をサイトに掲載したりする行為は、複製権や公衆送信権の対象となります。そのため、著作権者の許諾を得ずに商品画像を掲載した場合に著作権侵害に該当するのかという問題が生じます。しかしながら、絵画作品の所有者や所有者から正当に販売の委託を受けた業者のように、適法に絵画作品の販売をする地位にあるにもかかわらず、絵画の著作権者から許諾を得なければ商品紹介のための画像をサイト上に掲載できないとすると、インターネットを活用した取引の自由は大きく害されることになってしまいます。そこで、2009 年の著作権法の改正により**制限規定**が設けられ、絵画作品や写真作品の売主が商品の**サムネイル画像**をサイト上に掲載することは、著作権者の許諾を得なくてもできるようになりました（➡ p.84 表 4・47 条の 2）。

　もっとも、その画像がきわめて高解像度のものであったり、**DRM**（➡ p.107
「DRM（デジタル著作権管理）とは何か」参照）がかけられていないものだった
りした場合、画像が広く流出することにより、著作権者の経済的利益が害さ
れるおそれが生じます。こうしたことを考慮し、この制限規定では、著作権
者に無断でサイト上に掲載してよい画像の解像度の基準が、DRM をかける
場合は **9 万画素以下**、DRM をかけない場合は **3 万 2400 画素以下**と定めら
れていますので、画像の掲載は、この範囲内で行う必要があります。

　一方で、販売対象の商品が例えば調理器具や文房具といった実用品である
場合、これらは基本的に著作物ではありませんので、商品を写真撮影したり、
商品の写真をサイトに掲載したりすることは、著作権法上は自由に行うこと
ができます。もっとも、この場合でも、他人が撮影した商品の写真を無断で
サイト上に掲載することは、写真の著作権侵害に該当することがあり、実際
そのように判断した裁判例もありますので留意が必要です。なお、幼児用の
椅子につき著作物性を認めた裁判例が 2015 年に出されており（TRIP TRAP
事件）、この裁判例によれば、デザイン性の高い実用品を写真に撮影等する
ことも著作権法上問題になりそうですが、果たしてそのような結論でよいの
か疑問もあるところです。

🅒 書籍の表紙、CD や DVD のジャケットのサムネイル画像は？

　書籍をインターネットを通じて販売する場合、書籍の表紙のサムネイル画
像を掲載することが一般的です。また、CD や DVD を販売する場合も同様に、
ジャケットのサムネイル画像を掲載することが多いといえます。

　表紙やジャケットは、美術や写真の著作物に該当するものも多いと考えら
れますが、この場合に先ほど説明した制限規定は適用されるのでしょうか。
書籍や CD 等の場合は、絵画作品等とは異なり、取引の対象は表紙やジャケッ
ト自体ではなく、小説や音楽、映画であると考えられることから、絵画作品
等とは同視できず、制限規定は適用されないという見解も考えられます。こ
の見解によれば、表紙やジャケットのサムネイル画像の掲載には、著作権者
の許諾が必要になります。しかし、「ジャケ買い」といわれるように、表紙
やジャケットのデザインは作品の一部として商品購入の動機に大きく影響す

ることもあります。また、重複購入の防止という観点からも、サムネイル画像を掲載する必要性は高いといえます。したがって、上記制限規定は適用され、著作権者の許諾は不要であると解すべきではないかと思われます。

美術館等による展示作品のサイト掲載

　上記で説明をした権利制限規定（47条の2）は絵画等を販売や貸与（レンタル）する場合に適用される規定ですが、このほか、美術館等がインターネット上で展示作品を紹介する場合に作品のサムネイル画像を掲載することが2018年の著作権法改正により可能となりました(47条)。　　　　（池村 聡）

5 その他のサービス

所在検索サービス

検索エンジンサービスと著作権

　インターネット上で、求める情報に効率よくアクセスするためには、**検索エンジンサービス**は欠かすことのできない存在といえます。しかしながら、かつては検索エンジンサービスの提供は著作権侵害にあたるのかという議論がありました。

　すなわち、Google に代表される典型的な検索エンジンサービスにおいては、①ウェブサイト情報の収集・格納（いわゆる「クローリング」）、②検索用インデックスおよび検索結果表示用データの作成・蓄積、③ユーザからの検索に応じた検索結果の表示（スニペット表示、サムネイル表示）、という各行為が介在していますが、これらの行為は、ウェブサイトに含まれる画像や文章等の著作物の複製（①・②）や自動公衆送信（③）に該当すると考えられるところ、適用される権利制限規定がないため、著作権者の許諾がなければ検索エンジンサービスを提供できないのではないかという議論です。関連して、米国では、検索エンジンサービスにはフェアユース規定（➡ p.92 column 01「日本版フェアユース導入をめぐる議論」参照）が適用され、著作権侵害にはあたらないという裁判例があったことから、日本で国産検索エンジンサービスが育たないのはフェアユース規定がないからであるといった厳しい指摘もなされていました（なお、この指摘の妥当性については諸説あります）。

　こうした議論を受け、2009 年の著作権法改正で、検索エンジンサービスにおける著作物利用を対象とする**権利制限規定**が新設され、日本における検索エンジンサービスの提供が著作権法上問題ないことが明確化されました。

📋 各種所在検索サービス

　上記のとおり、2009年の著作権法改正により検索エンジンサービスに関する権利制限規定が新設されましたが、この規定は、改正当時存在していた「典型的な」検索エンジンサービスのみを念頭においていたこともあって、細かい要件が定められており、新たな態様の検索エンジンサービス等にはそのまま適用することが難しいという問題が指摘されるようになりました。

　また、検索エンジンと同様に米国で訴訟になり、フェアユース規定が適用されると判断された書籍検索サービス（➡ p.242「Google Books 訴訟の波紋」参照）をはじめとして、インターネット上の情報以外の各種情報の所在を検索できるサービス（**所在検索サービス**）についても権利制限の対象とすべきであるとの指摘もなされるようになりました。

　これらの指摘を受け、審議会において議論が行われた結果、電子計算機による情報処理により新たな知見や情報を提供することには社会的意義が認められ、著作物の利用の程度が軽微なものであれば権利制限の対象とすることが妥当であるとの結論となり、2018年の著作権法改正において、「**柔軟な権利制限規定**」の一つとして、インターネット検索サービスだけでなく、所在検索サービス（番組検索サービス、楽曲検索サービス、記事検索サービス、風景検索サービス等）全般を権利制限の対象とする新たな規定が導入されました（➡ p.84 表4・47条の5）。

　なお、文化庁著作権課が作成した説明資料（「デジタル化・ネットワーク化の進展に対応した柔軟な権利制限規定に関する基本的な考え方」）によれば、この規定により、例えば以下のようなサービスが権利制限の対象となるとされています。

- あるキーワードが含まれる書籍の情報を検索し、その結果を提供するサービスにおいて、検索結果とともに書籍の本文の一部分を提供する行為
- 利用者が録音した音声に含まれる楽曲を検索し、その結果を提供するサービスにおいて、結果提供とともに楽曲の一部を提供する行為
- 自らの関心のあるキーワードが放送されたテレビやラジオ番組を検索し、その結果を提供するサービスにおいて、結果提供とともに番組の一部分を

　提供する行為

- ユーザの装着した眼鏡型のデバイス等を用いて、話し相手や会話内容等の情報を入手し、これらの情報に関連する情報の所在を検索して、検索結果を眼鏡型デバイス上に表示するサービスにおいて、関連する情報の一部分を提供する行為
- 自動車内に搭載する各種センサーを用いて、周辺の店舗の口コミや都市イベント等の情報を入手し、これらの情報に関連する情報の所在を検索して、検索結果を車のフロントガラス等に表示するサービスにおいて、関連する情報の一部分を提供する行為

　この規定により、各種所在検索サービスは、著作権者の許諾なく自由に行うことができますが、あくまでオリジナルコンテンツへの「道しるべ」として機能するようなもののみが権利制限の対象であることには留意が必要です。言い換えると、オリジナルコンテンツにアクセスすることなくユーザが検索結果だけを見て満足してしまうような、検索サービスの名を借りた「コンテンツ提供サービス」に関しては、権利制限の対象とはなりません。また、検索結果としての著作物の表示は著作権者に不利益を与えることがないよう「軽微」な範囲にとどめる必要があります。「軽微」か否かの判断は、利用に占める割合や分量、表示の精度等の要素に照らしてケース・バイ・ケースで行うことになります。検索サービスを提供するに際しては、必要以上に高画質で大きな画像を表示したり、長時間映像や音楽を視聴させたりしないよう慎重に仕様を決定することが求められます。　　　　　　　　　（池村　聡）

クラウドサービスと著作権

近年、クラウド技術を利用したサービスが急速に普及したことにより、音楽・映像などのコンテンツもネットワーク経由で保管・利用されることが一般的になりました。クラウド上で扱われる著作物について、どのような問題があるでしょうか。

🖥 クラウドとは何か

そもそも、**クラウド**とは何でしょうか。ネットワーク上の共有のサーバやソフトを、どこからでも利用できるような技術を、クラウドコンピューティングと呼ぶことがあります。システムを図にするときにネットワークを雲(＝クラウド) の絵で描くことが多かったため、この名前がついたといわれています。ユーザから見て所在がわからないサーバたちは、あたかも雲のような曖昧（あいまい）な存在であるともいえます。

本項では、この技術を利用したサービスを「**クラウドサービス**」と呼ぶこととします。

🖥 どんなことが問題になるか

クラウドサービスの利用に際しては、ユーザからのアップロードとそれに伴うクラウド上でのコピーや、クラウドからのダウンロードとそれに伴うユーザ端末側でのコピーが、それぞれ生じます。しかし、著作権者が、あるクラウドサービスで生じるこのような送信や複製について著作権を行使したいと考えたとしても、個々のユーザを特定して逐一権利を行使することは、費用の面で現実的ではありません。

そこで、コンテンツの直接的な利用者ではないサービス事業者に対して、**差止請求権**（112条1項）を行使できるかが問題となります。これは、著作権

侵害の主体は誰か、という論点と深く関連します。

また、侵害主体の検討の結果として、クラウド上で行われる複製行為の主体がサービス事業者ではなくユーザであると評価された場合、その複製が**私的複製**（➡ p.85「制限規定とは何か②」参照）に該当し適法になるかどうかも問題となります。

文化審議会の著作権分科会に設けられた「著作物等の適切な保護と利用・流通に関する小委員会」（通称クラウド小委）は、この問題を含めクラウドサービスについて多角的な検討を行い、2015年、「クラウドサービス等と著作権に関する報告書」を公表しました。報告書の内容も踏まえつつ、それぞれの点を見ていきましょう。

🖥 ロッカー型クラウドサービスの４分類

クラウド小委における検討内容は多岐にわたりますが、その中心は「**ロッカー型クラウドサービス**」、すなわちクラウド上のサーバ（ロッカー）に保存されるコンテンツをユーザの端末上で利用できるサービスについての検討です。

報告書はこれを、アクセス権者が特定のユーザにとどまるか不特定多数に共有か、コンテンツを用意するのはサービス事業者かユーザ自身か、という２つの要素から４つのタイプに分類しました。例えば、コンテンツは事業者が用意するがユーザごとにアクセス権が付与されるもの（報告書でいう**タイプ１**）には電子書籍サービスがあり、ユーザがアップロードしたコンテンツが不特定多数に共有されるもの（**タイプ４**）にはファイル共有サービスがあります（➡後者については、p.278「リーチサイト、悪質なサイバーロッカーをめぐって」も参照）が、これらのサービスに著作権者の許諾が必要であることは明白です。

そこで、ユーザがコンテンツを用意し、自身のみがアクセスできるサービス（**タイプ２**）が主要な検討対象となりました。

🖥 侵害主体性の問題──MYUTA事件

そのようなサービスについて侵害主体性が争われた事件に「**MYUTA事件**」があります。「MYUTA」は、ユーザがCDなどから取得した音楽データを、

自身の携帯電話で利用することを可能とするサービスです。ユーザは、サービス事業者 X が提供する同サービス専用のソフトウェアを利用することで、音楽データを携帯電話で再生可能な形式（3G2 ファイル）に変換し、それを X の運営するサーバ上にアップロードし、ユーザが登録した特定の携帯電話にダウンロードすることができます。

このサービスについて東京地裁は 2007 年、複製が行われる場所や手段を X が「管理」していたことを重視し、サーバ上に 3G2 ファイル形式の音楽データを複製する行為の主体が、ユーザではなく X であると判断したため、その当時、日本では今後クラウドサービスが提供できなくなってしまうのでは、といった不安や反対の声が多く聞かれました。

しかしクラウド小委報告書は、MYUTA をタイプ 2 サービスの具体例として挙げつつも、「サーバは普及して当たり前の技術になっており、普通の道具としてみるべき」である、などの有識者による意見を紹介し、基本的にはユーザが行為主体であると結論づけました。Dropbox など、クラウド上の保存領域を手元のデータストレージの延長として利用するサービスが広く普及し、ローカルとクラウドの垣根が意識されなくなってきている昨今の状況を考えますと、一般論としては妥当な整理といえるでしょう。

🖥️© 私的複製にあたるか

さて、侵害主体性を検討した結果、ユーザがクラウドサービスで複製を行っている主体であると認められたとして、ユーザの行為は**私的複製**（➡ p.85「制限規定とは何か②」参照）にあたり、適法になるでしょうか。

私的複製にあたるためには、企業等でない個人が、「個人的に又は家庭内その他これに準ずる限られた範囲内において使用すること」を目的として複製されている必要がありますが、要件はじつはこれだけではありません。その複製が、「公衆の使用に供することを目的として設置されている自動複製機器」を用いて行われていない、といえる必要があります。

この要件はもともと、貸レコード屋の店頭に置かれた高速ダビング機器を使用して、借りたレコードをその場でコピーする行為が流行したことを受けておかれたものです。誰でも使えるコピー機器を、私的複製だからといって

広範に自由に使われてしまえば、コンテンツが売れなくなってしまう、というわけです。

　クラウド上のサーバも、不特定多数のユーザが使える場合、文言上は「公衆の使用に供することを目的として設置されている自動複製機器」に該当しそうにも思えます。しかし、この要件を立法した際、クラウドサービスなど想定されていなかったことは明らかです。この点についてクラウド小委報告書は、サーバ上で行われる複製は「家庭内にあるハードディスクの延長線上にあるものと考えれば、家庭内での複製とある程度等価と捉えることができるため、高速ダビング機器の場合とは事情が異なる」との有識者の意見を紹介し、基本的には私的使用目的での複製に該当すると結論づけています。

（増田雅史）

著作物を利用しているのは事業者かユーザか

　前項でも述べたとおり、コンテンツの直接的な利用者とは言いにくい事業者などに対して利用の責任を問えるか、差止請求権を行使できるかどうかを考えるにあたっては、行為の主体が誰か、という観点から具体的な検討を行う必要があります。本項ではこの論点について、クラウドサービスからさらに範囲を広げて検討します。

規範的侵害主体論

　著作権法上、著作権侵害に基づく差止請求の対象は、「著作権を侵害する者」です。著作物の直接の利用者がこれに該当することは明らかですが、その行為を教唆・幇助するにすぎない者は、差止請求の対象とならない、とするのが裁判例の傾向です。教唆・幇助者でも、共同不法行為者として損害賠償責任を問うことはできますが、それだけでは十分な抑止にはならないと考えられています。

　このような状況のなか、現行法上の「著作権を侵害する者」の要件を規範的に評価して、直接の行為者以外の者をこれに含めるためのアイデアが練られました。これを「**規範的侵害主体論**」といいます。

　なお、この点に関し、特許法などには「**間接侵害**」の規定（直接の侵害行為者でない者についても、一定の行為を侵害行為とみなす規定）がおかれています。そして、著作権法においても、特許法などと同様に、一定の「間接侵害」の類型を差止請求の対象として認めるべきではないかとの意見があります。そこで、文化審議会に置かれた「司法救済ワーキングチーム」においてこの点の検討がなされ、2012 年に出された報告書の中では、一部の類型について間接行為者を差止請求の対象とする立法措置が必要であるとの結論が示されました。しかし、同ワーキングチームの親委員会である法制問題小

委員会は、2013年、立法措置の要否について結論を示さず検討を終了しています。

「カラオケ法理」とは

規範的侵害主体論のリーディングケースとなったのが、1988年の「**クラブキャッツアイ事件**最高裁判決」です。これは、著作権等管理事業者Xが、カラオケスナックの経営者Yに対して、Xの管理する音楽の著作物を無許諾で客に歌わせていることが演奏権の侵害にあたるとして、差止めなどを請求した事件でした。

最高裁は、①客は、Yの従業員による歌唱の勧誘、Yの備え置いたカラオケテープの範囲内での選曲等を通じて、Yの管理のもとに歌唱していること、②Yは、客の歌唱をも店の営業政策の一環として取り入れ、これにより客の来集をはかって営業上の利益を増大させることを意図していたこと、をそれぞれ認定して、演奏の主体がYであると判断しました。

この判断は、あくまでこの事案の事実関係に対する判断です。しかし、①・②のような整理のしかたは応用可能性が広く、やがて、①直接行為者に対する管理・支配、②それによる営業上の利益の帰属、という2点を判断基準として、侵害主体を規範的に判断するというのが裁判所の考え方だ、という見方が一般化しました。この考え方は、きっかけとなった事件になぞらえて「**カラオケ法理**」と呼ばれています。

「カラオケ法理」の修正

先ほどの最高裁判決から20年以上が経った2011年、侵害主体性に関する重要な最高裁判決が登場しました。「**まねきTV事件**最高裁判決」と「**ロクラクⅡ事件**最高裁判決」です。

これらの事件はいずれも、テレビ番組を海外などの放送区域外で視聴するためのサービスを提供する事業者が、テレビ局から著作権侵害で訴えられたというものです。実際の視聴行為や録画行為は個々のユーザが行っていたことから、サービスを提供する事業者の侵害主体性が問題となりました。

最高裁はこれらの事件で、いずれも「カラオケ法理」をそのまま用いませ

んでした。具体的な判断の内容は紙面の都合上省略しますが、「ロクラクⅡ事件」では、一人の裁判官からこのような補足意見が付けられています。

　「『カラオケ法理』は……一般的な法解釈の手法の一つにすぎないのであり……管理、支配と利益の帰属という二要素を固定的なものと考えるべきではない。この二要素は、社会的、経済的な観点から行為の主体を検討する際に、多くの場合、重要な要素であるというにとどまる。」

　この意見によれば、侵害主体性の判断要素は、事案ごとに異なってくることになります。価値判断としてはこのとおりかと思いますが、どのような行為が著作権侵害となるか、カラオケ法理に頼っていればよかった時期と比べると、よりいっそう不明確となったとも評価できます。著作権侵害に間接的に関与するにすぎない行為を「間接侵害」として明文化しようという意見もありますが、先ほど触れたとおり、まだ具体的な立法化の検討には至っていない状況です。

ⓒ いわゆる「自炊」代行と録画代行

　近年、クラウドサービス以外で侵害主体性が話題となった事例としては、「自炊代行サービス」と「録画代行サービス」が挙げられるでしょう。**自炊代行サービス**とは、自分の持っている本を裁断・スキャンして電子データ化する行為（これを「自炊」と呼ぶわけです）の代行を名乗るサービスで、利用者から送られてきた本（あるいは利用者がAmazonなどから直送させた本）を裁断してスキャンし、電子データ化して納品するというものです。また、**録画代行サービス**とは、利用者から依頼を受けたテレビ番組を録画し、利用者にDVDなどで返送するというものです。

　業者の行為が、それぞれの利用者の手足としてなされたにすぎないとすれば、それは私的複製（➡ p.85「制限規定とは何か②」参照）の一環といえます。しかし知財高裁は2014年、自炊代行サービス業者が著作権侵害に問われた事件について、スキャン行為が複製に該当すること、これに利用者が関与していないことを指摘したうえで、業者による利用者の誘引、複製の管理・支配、対価の収受といった事実を指摘し（このあたりの判断はカラオケ法理とよく似ています）、業者が複製行為の主体であることを認めています。（増田雅史）

5 その他のサービス

ビッグデータビジネスの権利問題

「ビッグデータ」、「ビッグデータビジネス」とは

　近時、「ビッグデータ」という言葉をさまざまなところで見聞きします。また、「ビッグデータ」を活用した「ビッグデータビジネス」が盛んになってきています。

　「ビッグデータ」とは、社会生活上存在する多種多様な、そして数兆バイトなどの大量の情報の総称であり、商品購入に関する情報や交通機関の利用に関する情報、位置情報などがよく話題になりますが、こうしたデータだけでなく、例えばSNSやブログなどに投稿された各種コンテンツといったインターネット上のさまざまな情報もまた、ビッグデータに含まれます。そして、このようなビッグデータを収集、分析したり、分析の結果をビジネスに利活用したりすることを、広く「ビッグデータビジネス」と呼びます。

　さまざまなデータを収集したり、それを分析した結果をビジネスに活かしたりといったことは、いまに始まったことではなく、従来から業種を問わず広く行われてきました（いわゆる「マーケティングリサーチ」など）。しかし、情報通信技術の発展などにより、情報の流通量が爆発的に増加するとともに、その収集や蓄積も可能となり、さらには、こうした情報を分析・処理する技術も向上したことから、これまでとは比較にならない量の情報を、これまでとは比較にならないほど高度な方法で処理することが容易になり、「ビッグデータビジネス」の名のもとに、その発展が期待されています。

著作権の観点から見たビッグデータビジネス

　ビッグデータビジネスをめぐっては、法的な議論も盛んです。もっとも、議論の中心はプライバシーや個人情報に関するものであり、著作権に関する

議論はさほど行われていないのが現状です。

　しかしながら、ビッグデータビジネスは、決して著作権と無関係なものではありません。例えば、インターネット上に存在するさまざまなコンテンツを分析し、マーケティングその他各種用途で利活用するという場合を考えてみます。インターネット上に存在するコンテンツには、文章、写真、動画、音楽などなど、多様な種類のものがありますが、その中には、「著作物」（➡ p.52「著作物とは何か②」参照）と評価されるものも大量に含まれています。そして、データを分析し、利活用するに際しては、複製や翻案といった、著作権が及ぶ行為が行われることも多く、その場合には、著作権侵害のおそれも出てきます。一方で、例えば商品の購入履歴や交通機関の利用履歴といった、いわゆる行動履歴（**ライフログ**。➡ p.301「インターネット上のプライバシー問題①」参照）は、著作物には該当しませんので、こうした情報の利活用に際しては、著作権法の問題は出てきません。

ⓒ ビッグデータビジネスに関係する制限規定

　データが著作物に該当し、それを複製や翻案などの形態で利用する場合、権利者から許諾を得る必要があるのが原則です。ビッグデータビジネスにおいては、大量の情報を一括して処理するため、もっぱらビジネス的な観点に立った場合、権利者の許諾を得ずに自由に利用ができた方が望ましいことは言うまでもありませんが、一方で、仮にその利用が権利者の経済的な利益を不当に損なうようなものである場合、無断で利用を認めるべきではないと考えられます。

　この点、著作権法上には、ビッグデータビジネスにも適用が可能と考えられる制限規定がいくつか存在し、こうした規定が適用される場合、権利者の許諾を得ることなくビッグデータビジネスに著作物を利用することができます。

　まず、データの分析という観点からは、2009年の著作権法改正で設けられ、2018年の著作権法改正で要件が緩和された情報解析のための制限規定が挙げられます（➡ p.81 表4・30条の4第1号）。この規定は、もともとは、例えば言語コーパスを作成するために大量の言語の著作物を分析処理するといった場合を想定して設けられた制限規定ですが、ビッグデータビジネスにおけ

るデータの分析処理にも適用されるものと考えられます。この制限規定の要件を満たす場合、インターネット上の著作物を、情報解析の目的で収集（複製）したり分析したりすることは、権利者の許諾を得ずに行うことができます。

　また、SNS などのサービスにおいては、ユーザが投稿した大量のコンテンツをサービス上で配信するに際し、サーバ上でさまざまな形で機械的に処理しており、これもビッグデータの利用態様の一つととらえることができます。このような機械的な処理に関しては、サービスの安定的な提供という観点から、分散処理といった形で大量の複製が行われていますが、こうした複製に関しては、2012 年の著作権法改正で設けられ、同様に 2018 年の著作権法改正で要件が緩和された制限規定（➡ p.84 表4・47条の4第1項3号）が適用されます。

分析処理の結果としての各種データの利用と著作権

　ビッグデータビジネスにおいては、上記のとおり、各種データを分析し、その結果を利活用することが行われますが、分析結果としてのデータを利用する場合、分析の元となった大量の著作物との関係はどう考えればよいでしょうか。この点、分析結果としてのデータがいわゆる統計的な情報として加工されている場合であれば、元の著作物の創作的な部分は再現されていないのが通常であると考えられますので、著作権法上の問題は生じません。一方で、例えば、分析結果として利用する際に、元の著作物の利用も伴うような場合（元の著作物を表示するようなケースなど）は、元の著作物の著作権について考慮する必要があり、これまでは、事前に許諾を得ているケース（例えば、利用規約でそうした利用についてもあらかじめ同意を得ているような場合）を除き、引用（➡ p.82 表4・32条）の範囲内で行うといったことに留意する必要がありました。この点に関しては、2018 年の著作権法改正により、著作権者に不利益を与えない「軽微」な範囲であれば、情報解析の結果としての表示も著作権者の許諾なく行えるようになりました(47条の5第1項2号)。「軽微」か否かの判断は、各種所在検索サービスにおける検索結果表示（➡ p.207「所在検索サービス」参照）と同様に、利用に占める割合や分量、表示の精度等の要素に照らしてケース・バイ・ケースで行うことになります。　（池村 聡）

5 その他のサービス

AI・ロボットと著作権❶

© 増大するAI・ロボットコンテンツ

　人工知能（**AI**）・ロボットと著作権をめぐる議論が徐々に高まってきました。確かに、AIが人間並みに小説を書いたり作曲やデザインを行ったりするサービスやプロジェクトの報に接することは、増えています。数が多くそのすべてを紹介することはできませんが、コンテンツ関連を中心に、本稿執筆時点で目立った報道だけでも表のようなものがあります。

表10 | AI・ロボットによるサービスやプロジェクトの一例

	一次創作系	加工・二次創作系	対話・サポート系
文章	星新一プロジェクト、ホラー小説ボット「Shelly」、日経決算サマリー、AP野球短報記事	自動翻訳、自動字幕化、自動要約、リライト・ツール	女子高生ボット「りんな」、「大喜利β」
音楽・音声	エミー、Jukedeck、ユーミン・プロジェクト、Daddy's Car	オルフェウス、ujam	リヒテル・ピアノ、Siri、AIスピーカー、接客AI
画像・動画	レンブラント・プロジェクト、グーグル絵画、萌えキャラ生成	DeepDream、自動着色、自動動画編集、Tailor Brands	デジタル・シャーマンプロジェクト

　この中には自動BGM創作や自動翻訳・記事配信のように、すでに十分商用化され大規模に展開されているものも少なくありません。また、大阪大学の石黒浩教授開発のアンドロイドが映画に主演し、東京国際映画祭で最優秀女優賞にノミネートされるなど、ロボットによる実演といえる現象も確実に増えています（➡ p.174 column 05「著作権法から考える『ボーカロイド』、『VTuber』」参照）。

図14 | AIをめぐる知的財産権の論点

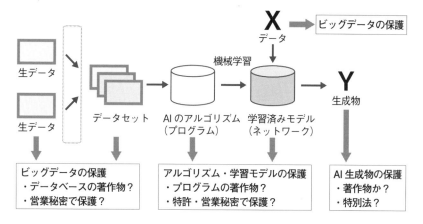

AIと知的財産権

　こうしたAIコンテンツ百花繚乱の背景には、ビッグデータの集積とディープラーニングなど学習技術の飛躍的向上が横たわっています。その結果、AI・ロボットをめぐる知的財産権の議論も増えました。図14は、2015年〜2018年にかけて行われた内閣府知財本部での概念図と議論をもとに、AIをめぐる知的財産権の論点をごくラフにまとめたものとなります。

　議論は、大きく3つの要素に分かれます。

　第一に、学習対象となる生データないしデータセットで、こうしたデータがどこまで著作権・個人情報・秘密情報法制・契約ツールなどで法的に保護され、またどこまでその自由な利用が担保されるかが問われます（➡ p.217「ビッグデータビジネスの権利問題」、p.225「オープンガバメント、学術論文等へのオープンアクセス」参照）。

　第二に、これらを学ぶAI（アルゴリズム）や学習した結果としての「学習済みモデル」（ボット）が挙げられ、その特許・著作権・契約ツールなどでの保護の限界が問われます。

　第三が、こうした学習済みモデルの生み出す文章・音楽・デザインなどのAI生成物の保護となります。

（福井健策）

5 その他のサービス

AI・ロボットと著作権❷

🄫 AI 生成物は著作物か？

　前項で述べた AI をめぐる 3 要素の知的財産権の議論は、どれも同じ緊張関係のもとにあります。それは、それぞれの段階における、「データや技術をフリーライドから守ることで安心して金銭や労力を投資できる環境づくり」（保護）と「成果物としてのデータや技術への自由なアクセスを認めることによる社会の活性化やイノベーションの促進」（利用）の最適バランスをいかにはかるか、です。

　とくに、第 3 要素である「**AI が生成するコンテンツ**」の著作物性については、古くは著作権審議会の「第 9 小委」において 1993 年に一応の結論が出ています。そこでは、「人間がコンピュータをツールとして著作物を生み出すことはあり得る」が、「創作の過程における人間の寄与が必要」とされました。つまり、完全なる自動生成物は著作物性を否定されたことになります。「創作は人間の特権」とした 1978 年米国 CONTU レポート以来の欧米の議論を踏襲したものといえ、前述の知財本部の「次世代知財システム検討委員会」などでも、ほぼ同じ結論がいったんとられています。

　もっとも AI コンテンツの著作権をめぐる議論は、AI ネットワーク社会の進展のなかで今後も否応なく続くでしょう。その際には、次のような諸点がポイントとなりそうです。

　第一には、著作物性の決め手となる「人間の創作的な寄与」とは何か、という点です。例えば、「AI が膨大に生み出すコンテンツの中から魅力的なものを選び取る作業」などの「審美的な選択」は、どのレベルで「創作的な寄与」と認められるか、などの問題でしょう。

　第二には、「AI ゴーストライター」とも呼ぶべき問題で、仮に AI 生成物

が著作物と認められないなら、人々は「AI 生成物」と表示しないことで権利確保をはかるだろう、ということです。外形的には著作物らしき作品が登場しそこに著作者として個人・法人の名称が表示されていれば、人間がどの程度創作に関与したかは判断がつかないため、多くのケースでは著作物として扱うほかはない、という問題です。

　第三に、上記とも関連して、仮に膨大に生み出される AI コンテンツに著作権や何らかの法的権利が認められるとして、「その権利は誰が握るか」という視点です。現行法でのそれは、いったんは「AI 生成物の著作者と言える存在は誰か」という問いの形をとり、候補は、AI の開発者、学習のためのデータの提供者や権利者、ユーザなどでしょう。そして最終的には、これらの候補の中で契約的解決がはかられると予想されます。その際、権利者となる有力候補は、ビッグデータを握り AI 開発でも圧倒的優位に立つ巨大 IT 企業群であるように思えます（➡ p.287 〜 291「プラットフォームと規約・著作権①・②」参照）。

（福井健策）

AI・ロボットと責任

■AI をめぐる責任論

　「AI 生成物の権利者は誰か」という議論は、「AI の行為結果に誰が責任を負うか」という責任論の議論とも切り離せません。本稿執筆中、EU や日本での AI・ロボット法の議論の焦点は、むしろこの責任論です。典型例は「自動運転車が事故を起こした場合、その責任を負うのは開発メーカーか運転者か」といった議論でしょう。同様に、AI コンテンツによる大規模な著作権侵害や他者の名誉・プライバシー侵害などは十分に現実化しうる事態です（マイクロソフトの AI「Tay」が、公開から 24 時間ほどでヘイトスピーチを量産しはじめた事件は記憶に新しいところですし、多くの AI が既存の著作物を学習対象にする以上、出力するコンテンツが既存の著作物に酷似する事態は容易に起こり得ます）。

　誰も AI の行動結果を完全に予測することも制御することもできないなかで、一体誰がその行為結果に責任を負うのかは、法政策・法解釈上の重大な論点です。解釈面では、それは例えば AI による著作権侵害が疑われる場合に、「既存の著作物への依拠をどう認定するか」「関係者に過失があったと認定できるのか」といった問いの形をとるでしょう。そして法政策論としては、「どういう条件で誰に責任を問う（あるいは免責する）ことが社会の安定性・公平性や進歩を促すか」という問いの形となります。

　EU ではすでに、おそらくこうした責任論も念頭に、ロボットに独自の法人格（＝責任主体性としての切り離し）を認める「**電子法人**」の議論も生じています。前述知財本部でも、AI コンテンツの権利者として「AI 自体」という発言も大まじめに行われており、AI 知財と権利・責任主体性の議論は今後の焦点となる可能性があります。仮に、法人化などを通じてたとえ部分的にでも AI に独立の責任主体性を認めるとするならば、それは、適切な賠償責任保険の設計の議論と表裏になるでしょう。とはいえ果たしてリスクの性格や出現確率が刻々と変わりうる AI において、適正な保険商品を設計し引き受けられる企業が存在するかなど、興味は尽きません。

（福井健策）

5 その他のサービス
オープンガバメント、学術論文等へのオープンアクセス

© 「オープンガバメント」とは

インターネットを活用して政府を国民に開かれたものにしていく一連の取組みのことを**オープンガバメント**といい、近時議論が盛んになっています。一口にオープンガバメントといっても、その意味するところはさまざまですが、政府が保有する情報を広く国民に公開し、各種の利用を認めるという「オープンデータ」の一環としてオープンガバメントという言葉が用いられることも少なくありません。

こうしたオープンガバメントの取組みは、世界各国で行われており、例えば、2009 年 12 月に米国のオバマ大統領が発表した "Open Government Initiative" が有名です。

日本においても、2012 年 7 月に、政府の IT 戦略本部（高度通信ネットワーク社会推進戦略本部）が「**電子行政オープンデータ戦略**」を打ち出し、これに基づきガイドラインやロードマップが公表されました。その後、2016 年 5 月に高度情報通信ネットワーク社会推進戦略本部が、データ公開中心の取組みから「課題解決型オープンデータ」の実現をめざすこと等を内容とする「**【オープンデータ 2.0】官民一体となったデータ流通の促進**」を決定し、現在は、2017 年 5 月に同戦略本部と官民データ活用推進戦略会議が決定した「**オープンデータ基本方針**」に基づき、さまざまな地方公共団体等でオープンデータの利活用が行われています（その 一例は、内閣官房 IT 総合戦略室「オープンデータ 100」等で紹介されています）。

© 「オープンガバメント」と著作権

オープンガバメントは、政府が保有する各種データや情報を広く対象とし

た議論であり、著作物以外の情報にも関係する問題ですが、政府が保有する情報には著作物にあたるものも多く、その意味において、著作権は避けては通れない重要な問題です。

　ここで対象となる著作物の中には、国がその著作権を保有しているものも数多くあり、一例を挙げると、各種の白書や、審議会の報告書、各種の広報資料などがあります。著作権法には、国や地方公共団体などが一般に周知させることを目的とした著作物については、説明の材料として各種の刊行物に転載することができるという制限規定がありますが（➡ p.82 表4・32条）、この制限規定だけでは、オープンガバメントの目的を十分に達成することはできません。

　そこで、国が著作権を保有する各種著作物につき、**パブリックライセンス**（➡ p.166「『許諾』にまつわるエトセトラ①」参照）を付したうえで公表をするという取組みが行われるに至り、各府省の保有データをオープンデータとして利用できる場として開設されている **DATA GO JP** というデータカタログサイトでは、各種の統計データや白書などが**クリエイティブコモンズライセンス**（➡ p.166「『許諾』にまつわるエトセトラ①」参照）のもとで公開されています。さらには、すでに見たとおり、府省ホームページに掲載されるコンテンツの二次利用を積極的に認めることを目的として 2014 年に日本政府が作成している政府標準利用規約では、2016 年から適用されている第 2.0 版において、CC ライセンスとの互換性がある旨が明記されています。

　今後こうしたオープンガバメントの取組みがさらに進んでいくことが期待されます。

🖥 学術情報と著作権―オープンアクセス

　こうした「オープンデータ」の取組みについては、科学技術の分野におけるデータや学術論文の取扱いという観点からも議論がなされています。学術論文などをインターネット上で公開し、誰もが無料で閲覧等できるようにすることを**オープンアクセス**といい、わが国でも広がりを見せています。学術論文は著作物であるため、それをインターネット上で公開したり、あるいはさらに進んで複製や翻訳などの利用を行ったりするには、引用等の制限規定

226

が適用される場合を除き、原則として著作権者の許諾を得なければなりません。一方、研究者の中には、自身の論文等につき、著作権を強く主張するのではなく、むしろ、より広く読まれ、より広く引用やそれを越える形態で利用されることを望んでいる人も多いと考えられます。

　しかしながら、著作権者がそうした意思を積極的に外部に明示していない場合には、利用希望者としても、原則に則り著作権者から許諾を得なければならないと考えがちです。そのため、研究者の希望とは反対に、取引コストの面から利用を躊躇することになりかねず、ひいては貴重な研究成果によりもたらされるはずの便益を国民が享受できないことになってしまいます。権利者と利用者との意思疎通がマッチしないことによるこうした状況は、公益的な観点からも決して望ましいとはいえないでしょう。

　したがって、学術論文等についても、クリエイティブコモンズライセンスなどのパブリックライセンスを活用し、ライセンス条件を明示したうえで広く公表するという、オープンアクセスの取組みは、非常に意義深いものであるといえるでしょう。一方で、こうした取組みの成果をより安定的で使いやすいものにするためには、なるべく標準的でわかりやすいライセンス条件を選択することや、さまざまな種類のライセンス間の互換性を確保するといったことが重要です。

　著作権法は、基本的に著作物のジャンルには中立の法律であるといえ、例えば映画や音楽といったエンタテインメント的性格の強い著作物であっても、科学技術の学術論文やデータベースといった著作物であっても、同じ「著作物」として等しく同列に取り扱われます。しかし、両者の性格の違いに鑑みれば、同じアプローチで考えるのは必ずしも適当ではなく、ときとして不都合な結論を招きかねません。オープンアクセスの問題は、まさにこうしたことをわれわれに問いかけているといえるでしょう。残念ながら、この点に関する日本の議論は諸外国、とくに米国などと比べて遅れているといわざるを得ないのが現状であり、今後のさらなる議論の積み重ねが望まれます。

（池村 聡）

5 その他のサービス

教育のオープン化をめぐる動き

教育分野におけるインターネットの活用―MOOC

　デジタル化・ネットワーク化の波は教育の世界にも大きな影響を与えており、近時は、教育においてもインターネットを活用しようという取組みが広がりを見せています。とくに米国では、**教育のオープン化**と呼ばれる取組みが盛んであり、インターネットを通じてオンラインで授業を受けられる**MOOC**（Massive Open Online Courses：大規模オープンオンライン講座）が話題を集めています。MOOCには、米国の大学を中心に、世界中の大学が参画しており、日本でも東京大学などが講義を配信し、注目を集めました。

　こうした講座の大きな特徴は、授業を学生に限らず誰でも受講でき、さらには、基本的に無料で受講できるという点にあるといえるでしょう。また、リアルタイムでの受講だけではなく、後日受講することもでき、試験を受けたり、講師や他の受講者とのコミュニケーションが可能なものもあるなど、その機能は日々進化しています。日本においても、2013年10月に、日本オープンオンライン教育推進協議会（JMOOC）が設立されました。

　MOOCが登場する以前にも、大学が講義や教材をインターネットで配信する取組みは盛んに行われてきました。例えばマサチューセッツ工科大学のオープンコースウェア(OCW)という取組みが有名です。MOOCとOCWは、よく似た概念ですが、近時のMOOCは、OCWよりも大規模かつ多機能なものであり、さらには、外部の企業が運営に参画している点に違いがあるといえそうです。

　また、教育資源を広く公開し、利用を認める**オープンエデュケーショナルリソース（OER）**と呼ばれる取組みも、米国を中心に盛んになっています。

📺 教育と著作権──制限規定、パブリックライセンスの活用

　教育分野での先進的な取組みは、著作権とも深い関係をもっています。

　インターネットで講義を配信する場合、多くは、講義の映像や音声と教材が配信されますが、講義や教材はいずれも著作物に該当します。このうち講義に関しては、講師本人が著作権をもちますので、インターネット配信に了解して講義をすれば、著作権の問題は通常生じません。注意が必要なのは教材です。教材も、講師の完全オリジナルのものであれば、特段の問題は生じません。しかし、参考資料として第三者が著作権を保有する著作物も配信する場合、著作権者に無断で行ってよいかが問題になります。

　この点、著作権法には、教育分野に関する制限規定がいくつかあり、例えば、学校その他の教育機関で授業を行う講師や受講者は、授業の過程で使用することを目的とする場合には、自由に著作物を複製できるという規定が従前からありました（➡ p.82 表4・35 条）。しかしながら、その対象は、対面授業のための複製や、対面授業で複製等したものを同時中継の遠隔合同授業のために行う公衆送信のみであったことから、ICT を活用した教育には権利処理の壁が立ちはだかるといった指摘が多く寄せられていました。こうした指摘を踏まえ、2018 年の著作権法改正により、教育機関の授業における著作物の公衆送信は、広く**補償金付きの権利制限**（無許諾利用は可能であるものの、権利者に対して補償金の支払いを行う義務がある権利制限）の対象となりました。補償金の徴収や分配は単一の指定団体（**一般社団法人授業目的公衆送信補償金等管理協会**。通称**SARTRAS**）を通じて行われることとなっており、これにより、ワンストップの窓口に一定の補償金を支払うことにより、これまで権利処理が必要であった対面授業の予習・復習用の資料をメールで送信することやオンデマンド授業で講義映像や資料を送信すること、スタジオ型のリアルタイム配信授業の実施といったことが適法に行えるようになります。なお、この改正は、補償金の額や支払い方法が決定しないことには開始できないことから、現状施行日は未定ですが、関係者間で、一日も早い施行をめざして補償金の額等に関する検討が進められています。

　なお、今回の改正は、あくまで教育機関の授業における著作物利用を対象

とするものであり、MOOC や OCW のような、生徒以外も対象とするオンライン講座には適用されず、教材の権利処理が必要となります。この点、上記で見た SARTRAS は、補償金の管理団体としてだけでなく、35 条の適用外である教育目的の著作物利用につき、著作権等管理事業者として許諾を出す役割を担うことが予定されており（教育版 JASRAC）、MOOC や OCW への活用も期待されるところです。このほか、オープンエデュケーショナルリソースに関していえば、学術論文や科学技術データの問題と同様に、クリエイティブコモンズライセンスのような**パブリックライセンス**（➡ p.166「『許諾』にまつわるエトセトラ①」参照）を活用し、ライセンス条件を明示したうえで広く公表するといった取組みが鍵になりそうです。　　　　　　　　（池村 聡）

column 08

「ネット選挙」の解禁

　米国トランプ大統領のツイートに世界が注目するなど、政治家による SNS の活用は随分と一般化しました。他方、そのトランプ氏が大統領となった 2016 年の大統領選では、Facebook を舞台とした他国による選挙への介入疑惑が取りざたされるなど、政治や選挙におけるネット空間の重要性やリスクは増大する一方です。

　わが国では、2013 年の公職選挙法改正により、選挙運動におけるネット空間の活用可能性が拡大しています。その経緯や内容、残る問題点を見ていきましょう。

■公職選挙法の改正

　公職選挙法上、選挙運動期間中に掲示・配布することができる「文書図画」は、同法に規定されたものに限定されています。そして、2013 年の同法改正以前は、この「文書図画」の中に、パソコンや携帯端末のディスプレイ上に表示されるものも広く含まれると考えられてきました。政治家が日常的な政治活動に自らのウェブページやブログを活用することは珍しくありませんが、このような規制のため、選挙の公示後はウェブページやブログの更新が自粛される、という状況が続いていました。

　このような規制を緩和し、インターネットを利用した情報発信を明示的に認め

表 11 | 公職選挙法改正による「ネット選挙」の許容範囲

	政党等	候補者	それ以外の者
ホームページ、ブログによる選挙運動	○	○	○
SNS における選挙運動	○	○	○
選挙運動用の動画の配信	○	○	○
選挙運動用の電子メールの送信	○	○	×
選挙運動用のウェブサイトに直接リンクする有料広告の利用	○	×	×
それ以外の有料広告の利用	×	×	×

（前ページより続く）

ようというのが、「**ネット選挙**解禁」と銘打たれた公職選挙法の改正でした。改正法の解釈については、「インターネット選挙運動等に関する各党協議会」によるガイドラインが示されています。

　法改正によって、どのような行為が許されるようになったのか、表の形で簡単に整理してみます（表11）。

■「なりすまし」とその防止

　表の中に「それ以外の者」という項目があるように、ネット選挙の解禁によって、政党や候補者だけではなく、支援者などの第三者にとっても、許される行為の範囲が拡大することとなりました。支援者として特定の候補を支援する運動も、それとは逆に特定の候補や特定の政党に属する候補の落選を求める運動（いわゆる落選運動）も、インターネットを利用して行うことが広く許されるようになったわけです。

　このように、候補者を含め、誰でもある程度自由に「ネット選挙」にかかわることができるようになったことで、候補者への「**なりすまし**」行為が増加することが懸念されました。例えば、候補者を騙って Twitter アカウントを取得し、有権者の不興を買うような発言を繰り返すという行為が典型的ですが、そのほかにも、支援のつもりで候補者と誤解されそうな名前を名乗って勝手に政策を訴えるようなケースも考えられます。

　ネットの世界では情報発信者の顔が見えませんので、なりすましは新しい問題ではありません。もっとも、選挙において候補者へのなりすましが行われると、選挙の公平性を損ね、甚大な影響をもたらしかねません。ネットでは情報が容易に拡散しうることを考えると、なおさらです。

　そこで、公職選挙法上の虚偽表示罪となる行為の類型として、当選または落選の目的で真実に反する氏名、名称または身分を表示してインターネットで通信をする行為が追加されました。

■今後の検討課題

　これまで、大半の人にとっては、選挙運動をするといえば、街頭や電話での投票

勧奨をするのがせいぜいでした。しかし、「ネット選挙」の解禁によって、誰でもスマホを使って、どこでも気軽に選挙運動ができるようになりました。選挙運動の敷居は大きく下がったといえます。

　もっとも、「ネット選挙」の解禁以来たびたび国政選挙が行われたいまに至っても、選挙の素人であるほとんどの有権者のうち、どのような行為が許されていて、どのような行為が禁じられているかを正確に知る人はほんの一握りでしょう。今後も選挙のたび、政府による広報の努力が必要です。とくに選挙に着目した情報交換のサービスを提供する事業者は、そのユーザがサービス内で法令違反を犯さないように、丁寧な説明が必要となると思われます。

　なお、「ネット選挙」解禁によって、選挙期間中に動画を配信することができるようになりましたが、テレビで放映される各候補者の政見放送は、それを放送したNHK等の放送局が著作隣接権（放送事業者の権利）を有しているため、転載には許諾が必要です（著作権だけを考えれば、その内容が「公開して行われた政治上の演説又は陳述」に該当するとして、法40条1項に基づき利用できるのですが…）。しかし、候補者が決まった時間内で自らの政策を訴える政見放送は、候補者の政策に触れる機会を増やすにあたって格好のコンテンツといえます。放送局自身が関与する取組みとして、radikoにおいて音声による政見放送のサイマル配信やタイムフリー視聴が複数の局により実施されるといった動きはありますが、現状、動画として適法に視聴できる機会はありません。選挙期間中の再配信など、二次的な利用の是非や方法について、議論が期待されます。　　　　　　　　　　　（増田雅史）

パブリックドメインの活用

　すでに解説したとおり、著作権は永遠に存続するわけではありません（➡ p.94「著作権の保護期間①」参照）。いったん著作権が切れたものは、その後は誰でも自由に利用できる創作物となります。このように誰でも利用できる状態となったことを、公共の領域＝「パブリックドメイン」に属したといいます。これが転じて、著作権が消滅した状態それ自体も「**パブリックドメイン**」と呼ぶようになりました。

　本項では、パブリックドメインに属する著作物の利活用について見ていきます。

パブリックドメインは何をもたらすか

　ある著作物がパブリックドメインとなれば、誰でもその著作物を複製して配布できるようになります。例えば、明治期の文学作品が安価な全集となって出版されているのは、著作権がなくなり、誰でもそれを出版できるようになったからです。

　しかし、パブリックドメインの重要性は、単に作品を増やして配るのが自由になることだけではありません。むしろ、その作品を何らかの形で利用することによって、新たな創作がとても容易になるという点が、きわめて重要です。このような**創作の再生産**によって、文化がいっそう発展するという作用があるからこそ、著作権を永遠のものとせず、一定の期間が経過した時点で消滅する扱いにしているわけです。

　現代の創作活動は、およそ先人たちの表現内容やその工夫をベースとして成り立っているといえます。過去の表現物をまったく無視した完全な創作は難しいでしょう。元となった作品がはっきりしているものもたくさんあります。例えば、歌手・平原綾香氏のデビュー曲として知られる『Jupiter』は、

1920 年に初演されたグスターヴ・ホルスト（1934 年没）の組曲『惑星』の第 4 曲『木星』を、現代風の歌謡曲にアレンジしたものです。

　ところで、『Jupiter』が発表された 2003 年は、ホルストの死去から 69 年後でしたが、この時点では、ホルストの母国であるイギリスの著作権保護期間（70 年）は経過していませんでした。しかし、日本の著作権の保護期間は当時 50 年であったことから、日本国内では、ホルストの作品はパブリックドメインに属していたことになります（➡保護期間やその延長について、p.94 ～ 100「著作権の保護期間①・②」参照）。

🄯 青空文庫の試み

　コンピュータ資源を利用したパブリックドメイン作品の活用は、1971 年、米国で始まりました。当時イリノイ大学の学生であったマイケル・ハート氏が、大学のコンピュータを利用し、文字情報を電子テキスト化して保存する試みを始め、そのプロジェクトに「プロジェクト・グーテンベルク」と名づけました。この名称は、中世ヨーロッパで活版印刷技術を発展させたヨハネス・グーテンベルクの名前から拝借したものです。

　同プロジェクトはその後、インターネットの普及に伴い、パブリックドメイン作品を中心として大量の文学作品を電子化し、インターネット上で広く公開するというプロジェクトになりました。テキスト情報は手入力によってつくられていましたが、2000 年以降は、ボランティアの力を借りた収集が活発化し、現在は数万点という大量のテキスト情報を提供しています。

　そして、このプロジェクトの日本語版といえるのが「**青空文庫**」です。これは、雑誌編集者・著述家であった富田倫生氏を中心として 1997 年に立ち上げられた電子図書館であり、パブリックドメイン作品や許諾を得た作品の電子データを、インターネット経由で利用することができます。このプロジェクトも、プロジェクト・グーテンベルクと同様に、ボランティアによるテキスト情報の収集によってコンテンツ数を増やしており、2019 年 12 月の時点で 1 万 5000 点を超えるテキスト情報が提供されています。

　青空文庫によるデータ収集の難しいところは、日本語という、きわめて文字数が多く、場合によっては読み方の指定や注が必要なものを扱っているこ

とです。これは、プロジェクト・グーテンベルクではほとんど生じない問題です。もっとも、青空文庫では詳細な入力ルールを定めており、これに対応した形式でデータが提供されているため、第三者が書籍化・電子書籍化して販売したり、テキスト・トゥ・スピーチ（TTS）の技術を用いてお年寄りや視覚障がい者のためのオーディオブックとして利用したりといった二次的利用は、国内外で広範に行われています。

　ところが、わが国において著作権の存続期間が延長されたことにより、2018年の年末以降しばらくの間、パブリックドメイン作品はほとんど生まれないこととなりました（➡ p.98参照）。青空文庫はこの状況を踏まえ、当面は同改正以前からパブリックドメインであった作品の電子化に注力する方針を明らかにしています。

著作権の自主的なフリー化

　著作者が自ら進んで、自身の作品をパブリックドメインのように利用させる例もあります。漫画家・佐藤秀峰氏の『ブラックジャックによろしく』の例がよく知られています。

　佐藤氏は2012年、同作品についてTwitter上で「アプリ化してデータを販売することも、アニメ化、映画化、テレビドラマ化を行ない商業作品として上映することも、関連グッズを制作して販売することも、同人で二次創作を行なうことも、あらゆる作品の二次利用をどなたにでも認めます」と宣言し、その後「利用規約」を公表しました。佐藤氏の表現を借りれば、これは「二次利用」の自由化を認めるものですが、とくに新たな創作性を加えずに配布をすることも自由化していますので、実質的には（条件付きではありますが）**「著作権フリー化」**ということになるでしょう。

　もっとも、ここでも「著作権を放棄する」という言い方はされていない（すなわち放棄ではなく許諾）ですし、そもそも著作権それ自体を放棄することができるかも、学説上争いがあります。また、とくに当初のTwitter上での宣言についていえば、世の中のあらゆる人に対する許諾があると考えることができるかどうかも、厳密には不透明です。例えば、佐藤氏が途中で「やっぱやめた」とツイートした場合にどうなるかは、直ちに答えの出る問題では

ありません（それ以前の利用については許諾あり、といえそうですが）。

　なお、法律上可能な限り一切の権利を放棄または許諾したり、または何らかの条件付きで許諾を行ったりすることを容易にする仕組みに、**パブリックライセンス**があります（➡ p.166「『許諾』にまつわるエトセトラ①」参照）。

（増田雅史）

オーファンワークス問題と
国立国会図書館の試み

　著作物の保護期間問題とも密接に関連する「オーファンワークス問題」とは、どのようなものでしょうか。この問題に対する国立国会図書館の試みとともに、見ていきましょう。

© オーファンワークス問題

　「オーファンワークス」（孤児著作物）とは、著作権者がいるか否か、著作権者がいるとしてそれは誰なのか、その著作権者の連絡先はどこか、などの情報が不明な著作物のことをいいます。

　著作物をコピーするためには、権利者から許諾を得る（権利処理をする）必要があります。しかし、世の中の多くの著作物を利用しようとする場合、以下の3つのコストが問題となります（➡詳しくは福井健策『著作権の世紀』、2010年、集英社、p.165以下）。

①著作権者の存否や所在を確認するコスト（サーチコスト）

②許諾を求め交渉するコスト（交渉コスト）

③対価を分配するコスト（徴収分配コスト）

　このうち、とくにサーチコストが大きくなりがちです。そして、いくら探しても権利者の見つからない著作物は許諾のとりようがなく、まったく活用されないこととなりますが、これは社会的な損失ではないか、というのが「オーファンワークス問題」です。

© 文化庁長官裁定制度

　日本の著作権法は、権利者が不明な著作物などについては、文化庁長官の「裁定」によって利用を可能とするという、いわゆる**裁定制度**を設けています。具体的には、「相当な努力を払ってもその著作権者と連絡すること

ができないとき」には、文化庁長官の裁定を得て、相当額の補償金を供託することによって、著作物を無許諾で利用できるという制度です。

　もっとも、申請者がこの「相当な努力」を満たすためには、前記サーチコストを負担しなければならず、それが大きな障害となることがあります。

国立国会図書館の試み

　国会図書館は、国会に付属する立法作業の補佐機関としてさまざまな情報収集・調査を行っているほか、国立の図書館として、わが国において刊行されるあらゆる出版物の収集・保存を行っています。

　国会図書館はもともと、著作権法31条1項2号に基づいて許されていた「図書館資料の保存のために必要がある場合」に、所蔵資料の電子化を行っていました。しかし、これだけでは本が傷むのを待たなければ電子化ができず、またデジタル化資料の一般公開もできません。そこで、著作者からの許諾を積極的に集めることによって、所蔵資料の公開をもっと積極的に進めようとしたのが、2002年に開始された「**近代デジタルライブラリー**」という計画です。

　しかし、ここで「オーファンワークス問題」が立ちはだかることとなりました。

　「近代デジタルライブラリー」の対象には、大量のオーファンワークスが含まれていました。そのため、国会図書館は、膨大なサーチコストをかけたうえで、最終的には前記「裁定制度」を利用して権利問題を解決することを決断します。そして、2000年から2005年にかけて、明治期に刊行された図書約16万冊の調査を行った結果を公表しましたが、著者として洗い出された約7万3千人のうち、保護期間の満了が確認されたのは約2万人、逆に権利者が見つかり、デジタルデータ化およびインターネットにおける配信の許諾が得られたのは264人にすぎませんでした。そして、最終的に権利者への連絡ができなかったもののうち、約3万9千人分について裁定を求めることとなりました。

　裁定の際には、権利者が名乗り出た場合に支払われる対価（補償金）も合わせて決定され、裁定の申請者は、その金額を供託しなければなりません。

このとき決定された対価は、1冊あたり51円でした。しかし、そのために国会図書館が支出したサーチコストは、じつに著者一人あたり2300円にのぼりました。

📖 国会図書館の役割の拡大

国会図書館のこのような苦闘を受けて、2009年の著作権法改正では、国会図書館における所蔵資料の電子化を広く認める規定が導入され、さらに2012年には、こうした電子化資料を全国の図書館に一定の条件で配信できる規定も加わりました（2014年から配信開始）。さらに2018年には、補償金等の支払いが確実に期待できることを理由として、国（国会に属する国の機関である国会図書館も含まれます）や地方公共団体等（政令でNHKや独立行政法人も指定されています）には補償金の供託義務を課さず、事後に支払うことを認める改正が行われましたが、そもそも不明権利者はほとんどその後現れないことから、供託義務自体の廃止を求める意見もあります。

また、これと並行して、インターネット上に存在する情報量の増加などを受け、国会図書館が、国や自治体、民間機関がオンラインで公表する資料を収集することを認める規定も順次導入されました。これによって、紙の情報、ウェブ上の情報をそれぞれ電子化するにあたって、著作権法上の支障は急速に解消されることとなりました。2018年には電子書籍・電子雑誌の収集・保管・利用に向けた実証実験を行うなど、アーカイブの対象をさらに拡大する施策が進められています。国会図書館は、元は出版物を収集・保存することが中心の組織でしたが、これらの一連の動きによって、あらゆる情報の包括的なアーカイブ組織となる体制が整いつつあるといえます。

なお、「近代デジタルライブラリー」は2015年、国会図書館の保有するデジタル資料全体を収録する「**国立国会図書館デジタルコレクション**」に統合されています。

📖 オーファンワークス実証事業

国会図書館とは別のオーファンワークス問題へのアプローチとして、2016年から行われている「**オーファンワークス実証事業**」があります。これは、

日本文藝家協会、日本写真著作権協会、JASRAC 等の団体が組織する「オーファンワークス実証事業実行委員会」が裁定制度の利用について相談を受け付け（利用は任意）、各団体への照会等を通じた権利者の捜索、補償金の目安算定等の事務を担うことで、裁定制度の利用促進をはかる取組みです。常設の仕組みではなく、あくまで文化庁委託事業として年度単位で実施されているものではありますが、「相当の努力」要件や補償金額についての実務形成の一助となるなど、引き続き注目される動きです。　　　　　　（増田雅史）

Google Books 訴訟の波紋

　わが国におけるオーファンワークス問題は、前項で取り扱ったように一応の解決がなされていますが、それとまったく異なる方法でこの問題にアプローチしたのが Google です。ここでは、その舞台となった「**Google Books 訴訟**」について見ていきます。

Google Books 訴訟とは

　Google は 2005 年、大学などの図書館の蔵書をスキャンしたデータを検索・表示できるサービス「Google Book Search」(現在の Google Books) を試験公開しました。このサービスは、Google のウェブ検索と同じ要領で書籍の全文を検索することができるもので、検索結果の画面も同様に、内容の一部が抜粋して表示されます。

　これは、対象となった書籍の著作権者や出版社の許諾を得ずに行われていました。そこで、米国の作家協会や複数の出版社は、Google の行為が著作権侵害にあたると主張して、米国で訴訟を提起しました。Google はこれに対し、同社の行為は「**フェアユース**」(公正な利用。➡ p.80「制限規定とは何か①」参照) にあたるとして争いました。

　この訴訟は、「**クラスアクション**」という米国法上の仕組みを利用したものでした。これは、共通点をもつ一定の範囲の者 (クラス) を代表して、一部の人物が、そのクラス全員のために原告や被告になることができる集団訴訟の手続のことで、訴訟の結果には、手続に参加していないクラスのメンバーも拘束されることになる、という点が重要です。

　クラスアクションでは、和解をすることもできます。通常の裁判では和解したら裁判がすぐに終了するのに対し、裁判手続に関与していない人を巻き込むクラスアクションの場合、和解契約書案を公表するなどして、メンバー

となった人々に離脱の機会を与えて、さらに、裁判所の承認を得なければいけません。

和解契約書案の公表

Google Books 訴訟でも、訴訟の当事者たちが和解の合意に達し、2009年1月に和解契約書の案（和解案）が公表されましたが、これが大きく世間を騒がせることになりました。

まず、このときのクラスの範囲は、「2009年1月5日までに公表された書籍等について、米国で著作権を有している人物」でした。この点は重要なポイントです。条約上、ほとんどの国の著作権者は他国でも著作権を得ることとなりますので（➡ p.118「著作権の国際的保護①」参照）、例えば日本で本を書いた人であっても、米国で著作権を有していることになるからです。

そのため本件は、米国国内のみならず、全世界の著者にとって関係のある事件となりました。

次に話題になったのは、和解案の内容です。訴訟で原告が求めたのは、Google のサービスを停止することでした。しかし和解案を見ると、Google が今後も書籍をスキャンして不特定多数に配信することを許諾する、その対価は登録した著者や出版社にのみ「レジストリ」という団体を通じて配分される……といった、前向きなビジネスに変わっていたのです。

これには、世界中が驚きました。クラスアクションという手続の性質上、裁判から離脱（**オプトアウト手続**）しない者はすべて、裁判所が和解案を承認した場合、和解に拘束されることになります。米国国外の著作権者たちが困惑したのは当然で、ドイツやフランスは、政府が和解成立に反対する意見書を提出する事態に発展しました。

和解案がめざしたもの

著作権法の原則は、著作権者の許諾がない限りは著作物の利用はできない、というものです（いわゆる**オプトイン型**）。これに対して、本件でめざされていたのは、著作権者は自ら離脱しない限りそれに拘束されて、自ら「レジストリ」に情報を登録しない限り収益分配を受けられない、という「オプト

アウト型」のスキームでした。これは、「許諾なくして利用なし」という著作権法の原則を180度転換するものといえます。

　そして、これはオーファンワークス問題を一挙に解決する可能性をも秘めたものでした（➡同問題については、前項参照）。権利者の存否が不明な著作物も、仮にいるとすれば許諾がある（オプトアウトされていない）ことになるため、サーチコストが不要である点が最大のポイントです。

　和解案の究極的な目標は、法律ではなく司法手続によってオーファンワークス問題を解決しようとすることだったといえます。

🖥 その後どうなったか

　裁判所は結局、2011年、和解を承認しないことを決定しました。その主要な理由は、「著作権者が権利を守るために自ら申し出る責任を負うことは、著作権法の目的と合致しない」というものでした。結局は、オプトアウト型の考え方を否定したといえます。

　その後、Googleの行為が「フェアユース」にあたるかどうかが先行して判断されることとなりました。そして、裁判所は2013年、スキャン、図書館へのデータ提供、サービス上での抜粋表示が、いずれもフェアユースに該当し適法であると判断しました。この結論は上訴審でも維持され、2016年にはGoogleの勝訴が確定しています。

　結局、この訴訟を利用してオーファンワークス問題を解決することはできませんでした。他方、既存作品の大量デジタル化プロジェクトについて、幅広くフェアユースの成立可能性を認めた点は、影響大でしょう。わが国においても、2018年の著作権法改正においてウェブ検索サービス等に関する権利制限規定が見直され、情報検索・情報解析サービスに係るより広い権利制限規定がおかれたことで、Google Booksのような書籍検索サービスを適法に実施しうる道が開かれました。

（増田雅史）

6 パブリックドメインの活用とデジタルアーカイブ

デジタルアーカイブをめぐる EU の挑戦

EU では、「対 Google」ともいうべき対照的な動きが見られますので、本項で見ていきましょう。

「文化の安全保障」と「ヨーロピアーナ」

Google が Google Book Search を公表し話題となった後、フランス国立図書館の館長であったジャン‐ノエル・ジャンヌネー氏による著書『Google との闘い―文化の多様性を守るために』（邦訳題名）が出版され、話題を呼びました。同氏はその中で、Google による情報流通の支配によって、とりわけ英語による文化情報の重要性が高まっていくこと、それに伴い、英語以外の文化情報が相対的に弱体化する傾向にあることへの強い懸念を表明しました。背景には、思想、言語、宗教、文化といった観点から国を守ろうという考え方（**文化の安全保障**）があります。

その後、同氏の関与のもと「ヨーロピアーナ」（**europeana**）がつくられました。これは欧州委員会によって 2008 年から公開されている電子図書館サービスですが、Google Books とは違い、単独でデジタルコンテンツをアーカイブしているわけではなく、EU 各国のデジタルアーカイブを統合するためのポータルサイトとして機能しています。また、収録コンテンツは書籍に限定されておらず、絵画・音源など広い分野にわたっています。

同サービスでは、EU 各国のアーカイブを横断的に検索することが可能です。取り扱われているコンテンツは 2020 年 2 月現在、パブリックドメイン（➡ p.234「パブリックドメインの活用」参照）のものを中心に 6 千万点近くに達しますが、当初はフランス由来のコンテンツが半分以上を占めていたことからも、フランス（ひいてはジャンヌネー氏）が主導をしたことがうかがえます。

EU オーファン指令

　次は、EU 全体での立法面での動きについてです。

　欧州議会は 2012 年、オーファンワークス（➡ p.238「オーファンワークス問題と国立国会図書館の試み」参照）である書籍・音楽・映像などを、一定の要件のもとで、EU 域内で自由に非営利目的で利用できるようにするディレクティブ（いわゆる**オーファン指令**）を採択し、同年中に発効させました。

　これに基づき、EU 各国では、加盟国内にある図書館・放送局などの一部の公共機関が、入念な調査を行ってもオーファンワークスとなったものについて、デジタルアーカイブ化し公開する行為などが許されるよう国内法が整備されました。これによって、非営利のデジタルアーカイブのさらなる拡大と、そのヨーロピアーナを通じた公開に拍車がかかることが予想されます。

フランスの絶版書籍立法とその挫折

　このように EU では、統一的なアーカイブづくりという実態面と、オーファン指令という制度面の双方から、オーファンワークスを活用していこうという流れがつくられています。他方、フランス国内では、EU 全体よりもドラスティックな動きがありました。

　米国と同様、フランス国内においても、フランス出版社協会とフランス文学者協会が、Google を被告として、やはり差止訴訟を提起していました。こちらの訴訟は米国と異なり、2012 年中に和解が成立したのですが、注目すべきは、和解の 3 か月前に成立した「**20 世紀の絶版書籍の電子的利用に関する法律**」です。

　この法律は文字どおり、20 世紀に出版された絶版書籍約 50 万点を、5 年以内にすべてデジタル化して、有償で配信する仕組みを整備することを主眼とするものです。電子的利用の許可、著作権料の徴収と分配は、フランス文化・通信大臣の認可を受けた団体（Sofia という団体が認可を受けています）が行うこととされていますが、この団体は、Google books 訴訟の和解案でいう「レジストリ」に近いものといえます。同法に基づく電子化の細かいプロセスについては説明を省きますが、対象となる出版物は、最終的には電子化

して公開することが強制されることになります。権利者が電子化して利用しない場合には、前記の団体が、第三者に電子的な利用をライセンスできるという仕組みです。

著作権法の原則は、権利者が YES といわない限りは誰も利用できない方式（**オプトイン方式**）ですが、これを逆転させ、権利者が NO といった場合に限り利用できない状態（**オプトアウト方式**）とするわけです。対象を 20 世紀のものに限定したとはいえ、それがオーファンワークスか否かも問わず、著作権法の原則を一律に転換するという点で、大変ドラスティックな内容です。このプロジェクトは **ReLIRE**（フランス語で「読み直し」を意味する relire の語呂合わせ）と名づけられました。

ここで、フランスの権利者団体が Google と和解した内容を見てみましょう。これは大雑把にいうと、出版社が自ら著作権をもつ絶版書籍のデジタル版を Google に提供して、Google がこれを販売するための枠組みをつくる、というものです。このような内容となった背景には、前記の新法が関係しているのでしょう。つまり、出版社は、新法の制定により、絶版書籍を進んでデジタル化して販売するか、第三者への許諾を許すかを判断しなければならなくなったものの、Google との和解により、Google の資金・技術を利用して絶版書籍をデジタル化し、販売できるようになったわけです。立法とセットで見ると、フランス政府が、自国の文化・情報政策のため、国内の書籍をデジタル化して利用する仕組みを自ら整えるとともに、そのデジタル化を Google に担わせることとし、これまで敵視していた Google を積極的に利用する決断をした、という見方もできそうです。

もっとも、欧州司法裁判所は 2016 年、無許諾でのデジタル化を許容するこの法律が欧州著作権指令に違反するとの判断を示しました。これを受けて ReLIRE は停止され、現在に至っています。

🖥 イギリスの拡大集中許諾制度（ECL）

イギリスは 2013 年、EU のオーファン指令とは少し違った仕組みとして、**強制許諾制度**と**拡大集中許諾制度**（**ECL**）を、それぞれ採用しました。

このうち強制許諾制度は、オーファンワークスの権利処理を個別的に行う

ためのものであり、わが国でいう裁定制度（➡ p.238「オーファンワークス問題と国立国会図書館の試み」参照）と同じ系統に属する仕組みといえます。これに対し ECL とは、大量のオーファンワークスについて一括的に権利処理を行うための仕組みであり、北欧諸国でかつてから採用されてきた仕組みです。

　イギリスの ECL は、所管大臣の権限として、一定の要件を満たした権利管理団体に対し、その団体が著作権を有していないオーファンワークスについて、許諾権を与えるというものです。無論、実際の権利者は、その仕組みのもとで許諾がなされることを拒否することができます。

　一般に、大量の著作物を利用するための仕組みには、JASRAC といった権利管理団体を通じた集中許諾の仕組みと、Google Books が当初実現しようとしたオプトアウト方式による一括の許諾取得の仕組みの 2 種類があるといわれますが、ECL は、この二つのハイブリッド型といえるでしょう。

📋 日本版ヨーロピアーナ「ジャパンサーチ」の登場

　翻って、日本の状況はどうでしょうか。

　わが国の場合、オーファンワークスに対応した仕組みとして裁定制度がもともと存在していたことは、「オーファンワークス問題と国立国会図書館の試み」（➡ p.238）の項ですでに紹介したとおりです。これは、オーファンワークスの利用主体を問わない点で EU のオーファン指令よりも広い可能性を生むものですが、自主的な調査だけではなく、その後の公的機関からの「裁定」を要し、事前の供託を原則としている点で、オーファン指令よりも慎重な仕組みといえます。

　裁定制度については、国立国会図書館の苦闘を受けて、裁定申請中にも著作物の利用を開始できるようにするなどの法改正が行われましたが、オーファンワークス問題を一挙に解決するには至らず、関係者の苦闘はいまも続いています。

　そんななか、わが国にも大きな動きがありました。国会図書館は長年にわたり、同館の保有するデジタル資料を横断検索するための「国立国会図書館デジタルコレクション」を公表していますが、2019 年には、同コレクションだけではなく、国会図書館以外の機関が公開するデジタルアーカイブを含

めた横断検索が可能な「ジャパンサーチ」を公表し、2020年の正式運用開始に向けた調整が進められています。2020年2月の時点で、すでに63のデータベースから2千万件近くのコンテンツが検索可能となっており、その仕組みから「**日本版ヨーロピアーナ**」と呼んで差し支えないでしょう。今後は、参加アーカイブの拡大、資料のデジタル化の推進、デジタル資料の利活用促進がそれぞれ課題となりそうです。　　　　　　　　　　　　（増田雅史）

7 違法行為
「海賊版」の流通と対策の動向

　「**海賊版**」とは一般に、権利侵害品全般を指す用語です。「海賊版対策」といった場合には、何らかの媒体にコピーされ流通するものだけではなく、データの形で流通するものも含めるのが通常です。近年はとくに、「Free Books」や「漫画村」といった漫画の流通サイト、「AniTube」といった映像コンテンツの流通サイトが問題視されました。

　本項では、海賊版の流通と対策の実情について見ていきましょう。

🖥️ 海賊版流通の実態

　不正なコピー品の流通は、インターネットが存在する以前から広く存在していました。古くは、ラジカセ用の録音テープが安価な複製手段として普及しはじめたことによる、レコードを無許諾でコピーした録音テープの流通問題などです。

　その後、パソコンが普及し性能が向上したことで、誰でも簡単に、音楽や映像のデータを劣化のない形で複製できるようになりました。また、インターネットの登場と発展によって、CDなどの媒体を用いずに、データそれ自体を送受信することも可能になりました。のみならず、インターネットを利用したさまざまなサービスは、不正コピー品を送受信したいと考える人たちに対し、情報交換の場を提供するという役割も演じることになります（➡ファイル共有ソフトについては、p.270「ファイル共有ソフト」参照）。そして、広告モデルによるウェブサービスの収益化手法が発達した結果、ついには冒頭で述べた「漫画村」や「AniTube」のような、海賊版データを大規模に集積し閲覧可能とするサービスが登場するに至りました。

事前の抑止策

海賊版の流通に対する事前の抑止策は、前章で概略を説明した「コピーコントロール」と「アクセスコントロール」に大別されます（➡ p.108 参照）。

コピーコントロールは、複製行為を制限するための技術であり、「DRM（デジタル著作権管理）とは何か」（➡ p.107）の項で説明した CCCD やダビング 10 が例として挙げられます。もっとも音楽に関しては、パソコンやスマートフォンなどの複数の情報機器で楽しむことが一般化したことによりコピーコントロールが廃れ、その後ストリーミングを利用したサブスクリプションモデルが一般化するにつれ、手元にデータを保管すること自体が減少しつつあります。

アクセスコントロールは、コンテンツの利用・視聴行為を一定の範囲に制限するための技術であり、その例としては映像 DVD のリージョンコード技術が挙げられます。これは DVD に付されたリージョンコードと DVD プレーヤーのリージョンコードとが一致しない場合、DVD が再生できないという技術です。例えばハリウッドで製作された劇場用映画が、地域別に時期を分けて公開されるような場合に、先行公開された地域で発売された映像 DVD が、未公開の地域で販売・視聴されてしまうと、未公開地域で映画の興行収入が十分に得られないこととなります。そのような事態を防ぐために、映像 DVD の視聴可能地域を限定しようという目的のもと、開発されています。しかしこれも、動画配信のサブスクリプションモデルやペイ・パー・ビューモデルを用いたストリーミング配信が一般化するにつれ、あまり注目されなくなりつつあります。

事後的な対策

海賊版データの流通後の対策は、流通への関与者をどう摘発するか、にほぼ尽きるといえます。

日本国内の場合、権利者というよりは捜査機関が海賊版流通の探知・摘発の中心となっています（いわゆる**サイバーパトロール**）。権利者単独では、情報の発信者をつきとめるのに大変な時間や手間がかかるためです（➡ p.265

「どうやって侵害者をつきとめるのか」参照）。また、2016 年の著作権法改正により、権利者が有償で公衆に提示・提供している著作物等を「原作のまま」流通させる行為やそのためのコピー行為により、権利者の利益が不当に害されることとなる場合、権利者の告訴がなくともその刑事訴追が可能となりました（いわゆる**非親告罪化**）ので、捜査機関の自由度は増しています。もっとも、実際には権利者による情報提供等の協力は重要であり、コンピュータソフトウェア著作権協会（ACCS）やザ・ソフトウェア・アライアンス（BSA）、不正商品対策協議会（ACA）などによる活動が知られています。

　一方、海外における海賊版流通は、国内と同じようにはいきません。海外の当局が、日本の権利者の保護に協力的とは限らず、言語も異なるなど、個々の権利者が対応するには高いハードルがあるからです。そのため、海外コンテンツ流通促進機構（CODA）は、日本国内の権利者を代弁する形で、海外の当局者との意見交換、捜査機関担当者向けのセミナーの実施等をとおして、海外における海賊版摘発を後押ししています。また、動画投稿サービスにおける著作権侵害についても、一部の有名サービス事業者との間で協定を締結し、CODA からの通報にそって権利侵害データを削除するといった試みが行われています。

🄫 国際的な枠組みづくり

　日本のみならず、海賊版対策への関心は先進国を中心として高く、2011 年にかけて「**偽造品の取引の防止に関する協定**」（**ACTA**。交渉が進められている間は「模倣品・海賊版拡散防止条約」という名称で呼ばれていました）が策定され、TPP 交渉でも、海賊版対策が知的財産分野の検討事項となっていました（➡ p.40「著作権をめぐる国際的な対立の高まり」参照）。

　もっとも、ACTA の署名国数は、2012 年 7 月にメキシコが加わり 32 か国（EU 加盟国 22 か国のほか、EU 自身も署名）に達したものの、欧州議会が批准を否決するなどしたため、6 か国が批准するという発効条件を満たさず、批准国が日本のみという状況が続いています。TPP 交渉でも知的財産分野には多くの対立が見られましたが、その背景には、先進国と途上国との対立やインターネットの自由を守ろうとする立場との衝突があります。国際的な枠

組みが整うまでは、まだまだ時間がかかりそうです。

海賊版出版物と「電子出版権」創設、サイトブロッキング

　海賊版の流通について近年とくに話題となったのは「漫画村」をはじめとする漫画作品の海賊版サイトです。出版物は、ネットインフラ等の発達に伴いとくに海賊版流通が盛んに行われたコンテンツ分野であり、これまでいくつもの対策が議論され、講じられてきました。

　まず前提として実態を整理しますと、大半の出版物は紙の形で流通しており、それをスキャンし電子ファイルを作成することの防止は不可能です。また、電子書籍としての正規配信であればDRM（➡ p.107「DRM（デジタル著作権管理）とは何か」参照）による対策がある程度可能であるものの、そのデータや表示される画像を何らかの方法によりコピーすることを完全に防止することはやはり困難です。こうしたデータが、ネット上に海賊版として流通することとなります。

　著作権者に無断で出版物をスキャンしアップロードする行為が著作権侵害にあたることは明らかです。しかし、漫画作品を出版した出版社は、作品の事実上の管理者として振る舞うことはあっても、通常は著作権を有していないことから、侵害者に対して法的に対抗する術がありませんでした。また、著作権法上は著作権者から出版社に対する出版権の設定が可能であるものの、出版権は紙の出版物として複製する行為にしか及ばず、ネット上の海賊版に対して行使可能な権利ではありませんでした。そこで2014年、出版権制度を電子書籍すなわちネット配信にも及ぼすことを主眼とする著作権法の改正が行われ、いわゆる**電子出版権**が創設されました。出版社は、著作権者との間で契約を交わし電子出版権を付与されることにより、無許諾で公衆送信する者に対して差止請求権を行使できることになります。

　もっとも、出版社がそのような権利を得るためには契約が必要ですが、すでに契約関係がある著者との間でも契約の変更や巻きなおしが必要となりますし、すべての著者が権利の付与を認めるとは限りません。また、電子出版権を得たとしても、権利行使のために侵害者を特定する手間が変わるわけではありません。他方、「漫画村」といった海賊版サイトは、国境をまたいでデー

タを流通させるなど、運営者の特定が難しくなるよう振る舞ったため（CDNの利用について、➡ p.262「CDN サービスと権利侵害責任」参照）、さらに抜本的な対策を求める声が強まりました。

　そこで検討されたのが「**サイトブロッキング**」と呼ばれる施策です。インターネットサービスプロバイダ（ISP）から協力を得て、特定のウェブサイトへのアクセスを禁止する（ブロッキングする）というもので、これがすべての ISP で実施されれば、迂回手段等をもたないネットユーザからのアクセスを遮断することができるという点で、海賊版ウェブサイトによる被害の抑止という観点からは効果が高いとも指摘されました。他方、これを実施するためには各 ISP においてユーザがどこにアクセスするかを検知する必要があり、憲法上保障されている通信の秘密の観点等から問題が大きいとの批判もありました。

　このサイトブロッキング案は、政府が設置した「インターネット上の海賊版対策に関する検討会議」において議論されてきましたが、賛否両論が渦巻くなか、2018 年の時点では法改正による対応が見送られる形となりました。この点は別項で詳しく解説します（➡ p.283「ブロッキングその他の海賊版対策をめぐる議論と動向」参照）。　　　　　　　　　　　　　　　　（増田雅史）

7 違法行為
違法行為とプロバイダの責任

プロバイダに監視義務・削除義務があるか？

　動画投稿サービスなどにおいて著作権者の許諾を得ずに著作物が投稿された場合、著作権者は、投稿者に対して削除を請求できますが、匿名での投稿だった場合は、投稿者を特定することが非常に困難です。被害者である著作権者としては、まずは違法な投稿が削除されることが重要であるため、投稿者本人に対してではなく、サービスプロバイダ（サービス運営事業者）に対して、削除を要求することがあります。ここで、プロバイダが削除に応じない場合や、逆に削除した場合における、被害者・投稿者に対するプロバイダの責任の制限について定めたのが、**プロバイダ責任制限法**です（➡ p.258「プロバイダ責任制限法のしくみ」参照）。

　動画投稿サービスなどでは、日々多数のユーザが多数の著作物を投稿していますが、仮にプロバイダがこれらをすべて監視（パトロール）し、著作権侵害などの違法な投稿について削除義務を負うとすると、プロバイダにとっては多大な負担となります。それに加えて、一民間事業者にすぎないプロバイダが、違法な投稿とそうでない投稿とを判断して選別するような仕組みは、プロバイダによる「検閲」という問題を引き起こします（本来「検閲」とは、国家等の公権力が出版物などの表現物の内容を事前に検査し、不都合と判断したものを取り締まることをいいますが、情報の流通に大きな役割を果たしているプロバイダの影響力は、インターネット時代前の公権力が及ぼすそれに匹敵するとの指摘もあるところです）。

　そこで、プロバイダがこのような監視義務や削除義務を負うのかという問題が従前より議論されてきました。この点、日本では、プロバイダに監視義務はないと整理されており、米国などの諸外国でもこうした整理が一般的と

いえます。

著作権侵害へのプロバイダの対処

　次に、投稿されている情報について、著作権者からプロバイダに対して著作権侵害であるとの具体的な主張があった場合に、プロバイダとしてはどう対処すべきか、という問題があります。つまり、たとえプロバイダに監視義務がないとしても、プロバイダが投稿された情報について著作権侵害であるとの具体的な認識をもつに至った場合には、削除などの対処を行うことが可能であるのだから、侵害の拡大を防止する観点からも、積極的な削除義務を負わせるべきではないか、というわけです。

　この問題は、被害者の救済とプロバイダの適正なサービス運営のバランスをいかにとるのか、という観点から検討されており、先進国においては、

① プロバイダが違法な投稿であることを知っていた、または合理的根拠により知ることができた場合には、削除などの対応をする

② 投稿が違法であるかどうか不明である場合には、発信者（投稿者）に連絡をし、削除などの可否について意見を聞く

というアプローチが採用されているのが一般的です。

　もっとも、具体的な制度設計においては、各国ごとに細部が異なります。日本では、「プロバイダ責任制限法のしくみ」（➡ p.258）で説明するとおり、プロバイダ責任制限法が、著作権侵害に限らず、名誉毀損（きそん）などの権利侵害全般に関するルールとして、被害者・発信者（投稿者）に対するプロバイダの責任の制限、という形で要件を規定しています。プロバイダ責任制限法に関しては、通知を受けたプロバイダが著作権侵害コンテンツを削除する義務はなく、著作権者が抜本的な解決をはかるためには、煩雑な手続を経て発信者（侵害者）を特定する必要があるところ、発信者が CDN サービス（➡ p.262）を利用しているようなケースでは、発信者の特定が非常に困難であるという問題があります。そのため、とりわけ海賊版サイト対策との関係で、プロバイダに削除義務を課したり、発信者の特定を容易にしたりする制度改正を求める声が多く挙げられています。

　一方、米国では、著作権侵害の局面に関して、1998 年のデジタルミレニ

アム著作権法（DMCA）において、「**ノーティス＆テイクダウン手続**」と呼ばれる、非常に機械的な手続を導入しました。これは、プロバイダは、侵害の事実を知っていた場合を除いて、

①著作権侵害を主張する者から一定の要件を満たした通知が所定の連絡先になされた場合、速やかにその情報を削除する

②発信者（投稿者）に対し、削除の報告をし、発信者から削除に反対する旨の連絡があった場合には、著作権侵害を主張する者にそのこととともに削除した情報を復活させる旨を通知する

③著作権侵害を主張する者から差止請求訴訟を提起した旨の通知を受けない限り、削除した情報を復活させる

という一連の手続を踏みさえすれば、著作権侵害を主張する者に対しても、発信者に対しても責任を負わない、という内容の仕組みです。このように、決められたとおり行動すれば責任を負わない、という仕組みを「**セーフハーバー規定**」（安全港規定）と呼ぶことがあります。

　この手続により、プロバイダは著作権侵害か否かを判断することなく、機械的に削除などの対応を行うことにより免責されることから、米国のプロバイダからは大変評判がよいとされ、日本にも同様の手続の導入を望む声が従前から多くあり、こうした声は、海賊版サイト対策の文脈で近時さらに高まっているといえるでしょう。しかしながら、DMCAに対しては、自己に都合の悪い記事を削除するために使われるケースを念頭に、言論の自由を奪うものであるとの批判もあります。また、近時は、著作権者を名乗る第三者による虚偽申告によって、正規サイトが非表示となる事例も相次いでおり、例えば2018年に『艦隊これくしょん－艦これ－』の公式Twitterアカウントが一時的に凍結されてしまったケースが知られています。　　　　（池村 聡）

プロバイダ責任制限法のしくみ

　本項では、次のような著作権侵害事例を想定し、インターネットにおける情報の流通に関与する者の責任、著作権者が直接の侵害者をつきとめる仕組みについて、それぞれ検討していきます（図15参照）。

- 私（A）のイラストが、勝手に他人（B）のブログに掲載されてしまった。
- そのブログは、C社によって運営されているブログサービス内に置かれている。
- Bは、D社との間でインターネット接続サービスを契約している自宅から、ブログへの記事掲載を行った。

図15 | **著作権侵害の例**

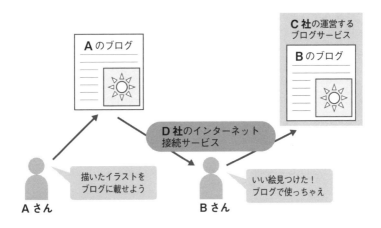

プロバイダの責任制限

　2001年に成立した「特定電気通信役務提供者の損害賠償責任の制限及び

発信者情報の開示に関する法律」（**プロバイダ責任制限法**）は、さまざまな情報がネット上で流通するにあたって、著作権侵害や名誉毀損にあたる情報が流通する可能性があることへの対策として、情報流通に関与する者による適切な対応を促進するために制定されたものです。

同法上の**プロバイダ**（**特定電気通信役務提供者**）には、典型的には**インターネットサービスプロバイダ**（**ISP**）が入りますが、そのほか、例えばウェブホスティングを行う者や電子掲示板の管理者であれば、個人であっても含まれるなど、その範囲は広範です。

同法は、二つの場面について、プロバイダ（冒頭の事例でいえばC社とD社）の損害賠償責任の制限を定めています。もっとも、免責される条件を文字だけで説明しようとすると難解ですので、次のページでフローチャートにしてみました（図16・17）。

このように損害賠償の義務が発生する場合を一定の範囲に制限することによって、情報を削除するかしないかの判断が、プロバイダにとって大きな負担とならないようにしているのです。

発信者情報開示制度

同法は、「**発信者情報開示**」という制度についても定めています。これは、著作権侵害などの権利侵害を受けた者が、その侵害者に対して差止請求などを行う前提として、当該侵害者を特定できる情報（発信者情報）を入手するための仕組みです。

冒頭の事例でいえば、AとBが赤の他人である場合、Bのブログの記事を見ただけでは、Bの氏名や住所を特定できないために必要になります。

ただし、発信者情報開示請求の要件は、「開示の請求をする者の権利が侵害されたことが明らかである」ことであり、そのハードルは決して低くはありません。また、情報開示の請求を受けたプロバイダは、その請求に応じなかったことにより請求者に損害が生じたとしても、故意または重過失がある場合でなければ賠償責任を負わないこととされています。

そのため、通信の秘密などの観点から開示に慎重なプロバイダが多いなか、権利者による情報の取得はなかなかスムースに進まないことが指摘されてい

図16 削除措置をとらなかった場合に、著作権侵害等の権利侵害を受けた者（A）に対してC社やD社が責任を負うかどうか

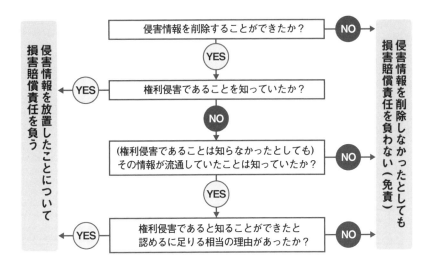

図17 権利者と称する者からの要請に基づいて、権利を侵害していない情報の削除措置をとった場合に、その措置を受けた者（B）に対してC社やD社が責任を負うかどうか

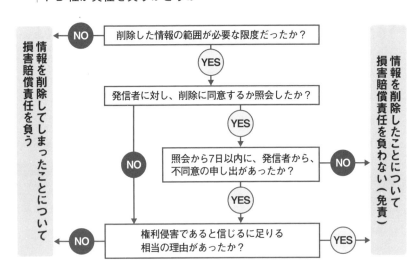

ます。一方、このような状況は、ISP の業界団体におけるガイドラインの作成や、それに基づく開示実務の定着により、改善しつつあるともいわれています。

　なお、本項から「どうやって侵害情報の削除を求めるのか」（➡ p.268）までは日本法の規律を受けるプロバイダの責任についての記述であり、YouTube など米国に本拠を置くプロバイダは、日本法とは若干異なる仕組みで侵害物の削除に応じています（➡ p.255「違法行為とプロバイダの責任」参照）。

（増田雅史）

7 違法行為

CDN サービスと権利侵害責任

🄫 CDN サービスとは

　オンライン海賊版の被害急拡大など、身元を隠したネット上での権利侵害が社会問題化するなかで、**CDN**（Content Delivery Network）と呼ばれる中継サービスの存在がクローズアップされるようになりました。CDN は、世界中に設置された専用の配信ネットワークを利用して、ウェブサイトにアクセスしようとするユーザに最も近い配信拠点から効率的・高速にコンテンツを配信する仕組みです。

　代表的な存在である「**クラウドフレア**」（米国カリフォルニア州）では、サイト事業者の申込みを受けて周期的に対象サイトをクローリングして内容を自らのサーバ(CF サーバ)に記録します。同社によれば本稿執筆時点で CF サーバは世界 151 か所に設置され、日本でも東京と大阪に所在し、特定のサイトにアクセスしようとするユーザは、直近の CF サーバに誘導されそのキャッシュからコンテンツの配信を受けることになります。これにより対象サイトへのアクセス集中を防止し、安価（無料プランもあり）・大量・安定的にコンテンツが配信されます。

　CDN は利便性の高いサービスですが、同時に海賊版蔓延の温床と指摘されることもあります。というのは、クラウドフレアの場合、利用者には同社の IP アドレスしか見えません。同社は「サイト上の言論を監視し判断する責任は負わない」というスタンスで、対象サイトが海賊版サイトであるとの通知を受けても配信停止（キャッシュ削除）には応じず、またせいぜい対象サイトが利用するホスティング事業者の名前と IP アドレスしか開示しない運用を続けていました。そして、こうしたホスティング事業者はしばしば旧共産圏などの海外に所在し、「DMCA Ignored」と名乗るなど秘匿性を売りに

する「**防弾ホスティングサーバ**」であるなど追及の難しい存在です。結局、追及を続けている間に被害は拡大するため、運営者の摘発を困難にしつつ海賊版配信などを拡大させる元凶の一つ、とも指摘されます。

🖥 CDN の法的責任は

こうした CDN の法的責任はどう考えるべきでしょうか。例えば海賊版配信をめぐる CDN への裁判では、次のような論点が浮上します。

①**管轄・準拠法の問題**：日本の裁判所に管轄が認められるかは民事訴訟法の問題となります。CDN という業務や著作権侵害という不法行為に基づく訴えですので、日本のコンテンツが、日本の実質的な規模のユーザによって閲覧されている場合、サーバの所在いかんにかかわらず日本の裁判管轄が認められる余地はあるでしょう（同法 3 条の 3 第 5 号、8 号）。他方、準拠法については、ベルヌ条約など国際条約の規律するところとなり、日本での保護が求められるのであれば日本法が準拠法となり得ます（同条約 5 条 (2) ほか。➡詳細は p.292「国境をまたいだサービスをめぐって①」参照）。

②**複製・送信主体の問題**：次いで、CDN は複製・公衆送信の主体といえるでしょうか。自らクローリングして対象サイトのコンテンツを自己のサーバに蔵置し、元サイトに障害があっても配信できる状況をつくっている点に注目するならば、総合的に考えて複製の主体（最判 2011 年 1 月 20 日参照）であり、また自動的に送信される状態をつくり出した主体（最判 2011 年 1 月 18 日参照）であるとみなされる余地はあるでしょう。その場合、CDN 事業者は自ら「侵害情報の発信主体」となるため、プロバイダ責任制限法による免責は受けられないことになります（同法 3 条 1 項本文ただし書）。

③**プロバイダ責任制限法による免責の有無**：代表的な CDN であるクラウドフレアは、そもそもキャッシュ削除などに自主的に応じないことが問題視されてきましたが、「侵害情報の発信主体」でないと評価される場合、同法の適用により免責される余地があります。免責されるかどうかの判断のしかたについては、p.260 の図 16・図 17 を参照ください。

海賊版被害で CDN の責任を問うべきとの意見が強まるなか、2018 年より、

肖像権侵害や著作権侵害を理由としてのクラウドフレアへの発信者情報開示請求やキャッシュ削除の仮処分が日本の裁判所で発令されるようになりました。同社も、2019年にキャッシュ削除の枠組みについて大手出版4社と協定を結ぶなど、部分的には権利者に対して協力的な姿勢を示しています。他方、無料サービスを提供しているにすぎない場合、CDNは対象サイト事業者の情報をほとんどもっていないのが常態で、発信者情報開示請求では実効性のないケースが多いなどの指摘もあります。大手CDNなど関連事業者と権利者サイドが協力して、サービスの利便性を維持しつつ悪質な権利侵害防止への実効性をどう上げていくかの体制強化が重要でしょう。　　　（福井健策）

7 違法行為

どうやって侵害者をつきとめるのか
── 発信者情報開示手続の実際

　前々項（➡ p.258）の著作権侵害事例を引き続き利用して、AがBの素性を
つきとめようとした場合の手続の実際について見てみましょう。

ⓒ ブログサービス事業者に対する請求

　Aの手元にある情報は、ブログ上の記事だけです。そのため、まずはブロ
グサービスの運営者であるC社に対して、**発信者情報の開示**を求めることに
なります。

　もっとも、C社はその記事を掲載したBの氏名や住所といった情報をもっ
ているわけではなく、記事が投稿されたときの**IPアドレス**やその時点（**タ
イムスタンプ**）といった情報をもっているだけです。そのため、まずはこれ
らの情報を入手し、Bが記事を投稿したときに利用していた**接続プロバイダ**
（**ISP**）を特定することが、最初の目標となります。

　C社のような事業者は、権利侵害の明白性に欠ける、通信の秘密を守る必
要があるなどと主張して、任意の開示を拒む場合があります。もっとも、こ
のような事業者は通常、開示した場合の責任を回避すること以上に開示を拒
む積極的な動機はありませんので、裁判手続を経れば事実関係をあまり争わ
ないことが多く、請求内容に大きな問題がなければ、請求したとおりに開示
される場合がほとんどです。

　この裁判手続は、発信者を最終的に特定する情報を入手するわけではなく、
また、プロバイダがもっている情報は一定期間で削除されてしまうことがあ
るため、公開の法廷で行われる裁判ではなく、**仮処分**という簡易・迅速な方
法で進めるのが一般的です。

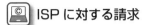 **ISP に対する請求**

　次に、この手続を経て開示を受けた IP アドレスをもとに、**WHOIS 検索**（例えば JP ドメインの場合、JPRS の WHOIS 〈http://whois.jprs.jp/〉で登録情報を検索できます）などの検索ツールを利用して ISP を特定します。冒頭の例でいうと、C 社から開示を受けた IP アドレスに従って検索を行えば、次に D 社にたどり着くことになるわけです。

　ISP である D 社は、その契約者である B の氏名や住所といった情報をもっています。そこで、入手した情報をもとに、D 社に対し、同じく**発信者情報開示**を請求することになります。具体的には、C 社から開示を受けた IP アドレスとタイムスタンプを利用して、「この時間に、この IP アドレスを用いて通信をしていた契約者は誰か？」と尋ねることになります。

　ここでも C 社と同様、D 社も任意の開示を拒む場合があります。その場合も裁判手続をとる必要がありますが、その内容は C 社に対する手続とは異なってきます。ISP は一定期間で発信者情報を削除することが一般的ですので、まずは早急に、**発信者情報の消去禁止を求める仮処分**を申し立てる必要があります。次に、ISP は発信者を最終的に特定できる情報をもっていますので、簡易な手続である仮処分においてその開示を求めることは通常許されておらず、発信者情報の開示を求める通常の訴訟を提起する必要があります。

　この訴訟で無事に勝訴することで、ようやく、D 社から B の氏名および住所の情報を得ることができます。

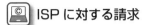 **まとめ**

　著作権者である A が、侵害者である B に対して警告書を送付したり、訴訟を提起したりするためには、このように、ブログサービスの運営者 C 社、ISP である D 社と、2 段階にわたって裁判手続を踏むことが必要となります。これは一見煩雑ですが、少なくとも当事者が国内で完結している限り、確立された実務として安定した運用がなされているといえるでしょう。

　これに対し、海外サーバを経由したコンテンツの発信がなされているなど、

通信経路が国内で完結しない場合、話はとたんに複雑化します。明確な中央管理者が存在しない分散型ネットワークであるというインターネットの特質もあいまって、権利侵害者を法的な強制手段を用いて特定することが困難となりうるわけで、これも権利侵害を抑止するためのアクセス遮断という強硬策が登場する所以です（➡ p.283「ブロッキングその他の海賊版対策をめぐる議論と動向」参照）。　　　　　　　　　　　　　　　　　　　　　　（増田雅史）

7 違法行為

どうやって侵害情報の削除を求めるのか
──削除請求手続の実際

前項までは、権利の侵害者に関する情報、「発信者情報」の開示を受けるための手続について説明をしてきました。

もっとも、権利者が必要としているのは、多くの場合、侵害情報それ自体の削除（**削除請求**。「**送信防止措置**」ということがあります）です。本項では、サービス事業者に対する削除請求について見ていきましょう。これを発信者情報開示請求と一緒にすることもあります。

削除請求の方法

削除請求の方法は、法令上はとくに決められていません。権利侵害の情報であることが客観的に見て明白であれば、サービス事業者が用意しているメールフォームなどから通報をするだけでも、対応をしてもらえる場合もあるでしょう。投稿サービスの場合、著作権侵害物のアップロードを事前に見越して、削除申請用のフォームが用意されていることもあります。

より正式な請求のしかたとしては、「**プロバイダ責任制限法ガイドライン等検討協議会**」が用意しているフォームを用いる方法がよく知られています。この協議会は、インターネット関連の団体や著作権関連の団体によって2002 年に立ち上げられたもので、通信やインターネットサービスの事業者向けに、削除請求や発信者情報開示請求があった場合の対応方針についてのガイドラインを定めています。そして、請求をしたい権利者に対しては、同ガイドラインに沿った対応が得られるような請求のフォームを提供しています。

もっとも、一般の人や会社が、このフォームに従った削除請求をしても、直ちに削除の対応がされるわけではありません。「プロバイダ責任制限法のしくみ」（➡ p.258）の項で解説したとおり、サービス事業者は、削除請求に

理由があるかどうかを、何らかの方法で確認する必要があります。

　また、これも同項で解説したとおり、サービス事業者は、投稿者に対して削除してよいか照会し、7日以内に不同意の申し出がなければ、削除をしても責任は問われません。しかし、投稿者から同意しないという申し出があれば、やはり権利侵害の有無について慎重に判断する必要があります。

🖥 信頼性確認団体

　同ガイドラインの策定の際には、サービス事業者が削除請求を受けた場合のこういった負担を取り除くため、「**信頼性確認団体**」という仕組みがつくられました。これは、削除請求が信用できる団体からされた場合は、形式的な確認だけで削除に応じてもよい、というものです。サービス事業者はこれによって、実質的な判断をする負担を免れることができます。

　信頼性確認団体となるためには、先ほど述べた協議会から認定を受ける必要があります。著作権関係の信頼性確認団体としては、2020年2月現在で、JASRACなど13の団体が認定を受けています。

　そして、信頼性確認団体には、削除請求をするにあたり、権利侵害を申し出た人物や事実関係に関し、次の点を確認することが義務付けられています。
①申出者が本人であること
②申出者が著作権者であること
③著作権等が侵害されていること

　このように、権利侵害の判断をする能力があると客観的に認められた団体が、権利の有無や権利侵害について確認をしてから通知した、という状況がそろうことで、サービス事業者は、安心して投稿情報を削除できることになります。

　なお、本項で説明をしたガイドラインやフォームは、「プロバイダ責任制限法関連情報ウェブサイト」（http://www.isplaw.jp/）に掲載されています。

（増田雅史）

7 違法行為

ファイル共有ソフト

コンピュータやインターネットの発展に伴って、個人間でファイルを送受信したり共有したりするツール（ファイル共有ソフト）も同時に発達しました。ファイル共有の仕組み自体は、本来は有用性の高い技術ですが、利用者の匿名性の高いツールが一般的に知られるようになってからは、許諾を得ずにコピーされたソフトウェアや音楽・動画ファイルなどの著作物が個人間で広くやりとりされるようになり、社会問題化しました。

本項では、ファイル共有ソフトに関する著名な裁判例を紹介します。

ファイル共有ソフトの種類

ファイル共有ソフトは、「**P2P**」（ピア・ツー・ピア）技術に基づいてつくられています。P2Pとは、対等の者（Peer）どうしがそれぞれ「ノード」となり、中央管理者なしに直接の情報交換を行うネットワークを形成し、一対一で（Peer to Peer）通信をすることを特徴とする通信方式のことをいいます。近年ではビットコイン等の仮想通貨（暗号資産）が、中央管理者を置かずにネットワークを維持・管理する技術として用いるなど、さまざまな形で応用されています（➡ p.111 column 02「ブロックチェーンと著作権」参照）。

ファイル共有ソフトは、ユーザ間でP2P技術を利用してファイルを交換するためのツールであり、全体を管理する中央サーバを必要とするもの（**ハイブリッドP2P**）と、そのような中央サーバを必要としないもの（**ピュアP2P**）に大別されます。BitTorrentやWinMXなどはハイブリッドP2Pに属し、Gnutella、Winny（後述）、Shareなどはピュア P2Pに属します。

ファイルローグ事件

「ファイルローグ」とは、中央サーバ設置型（ハイブリッドP2P）のファ

イル共有ソフトです。ユーザは、同ソフトから中央サーバに接続することで、同時に接続している他のユーザのパソコン内に保存されている電子ファイルのリストの中から、好きなファイルを選んでダウンロードすることができます。サービス事業者は、このソフトを配布するとともに、その利用のための中央サーバを設置・管理していました。

JASRAC は、音楽の著作権者として、このサービス事業者に対し、音楽ファイルの送受信の差止めを求め訴訟を提起しました。これが「**ファイルローグ事件**」です。

音楽ファイルを実際に送受信しているのはユーザであって、サービス事業者ではありません（中央サーバにはファイル名のリストがあるだけです）。そのため、「著作物を利用しているのは事業者かユーザか」（➡ p.214）の項で解説したように、直接の行為者ではないサービス事業者が著作権侵害の責任を負うかどうかが問題となります。

東京地裁はこの点について、ファイルローグによるサービスの内容や性質を詳細に検討したうえで、①ファイル交換のためにはソフトやサーバが不可欠であるから、ユーザによるファイルの送受信は、サービス事業者の管理のもとに行われているといえること、②サービス事業者は無料でサービス提供していたものの、それは将来有料化した際の顧客数の増加につながることや、広告掲載の需要が高まることから、ユーザによるファイルの送受信は、サービス事業者の営業上の利益を増大させる行為と評価できることをそれぞれ認定し、サービス事業者が侵害の主体であると認めました。これは、すでに解説した「**カラオケ法理**」（➡ p.215）と同様の手法による判断といえます。

💻 Winny 事件

その後使われるようになったファイル交換ソフトには、ファイルローグとは異なり、中央サーバの存在しない（ピュア P2P）ソフトも多くなりました。

なかでも「Winny」が日本国内では多くのユーザに使われましたが、2004年、その開発者である金子勇氏が著作権法違反の疑いで逮捕・起訴されました。金子氏は、不正にコピーされたファイルを実際にやりとりしている人物（ユーザ）ではありませんので、正確には著作権法違反の幇助罪に問われま

した。これが「**Winny 事件**」です。

　裁判で争点となったのは、金子氏に、ユーザによる著作権法違反を幇助する故意があるかどうかでした。Winny 自体は、適法な用途にも、著作権侵害という違法な用途にも利用できるという意味で、「価値中立」的なソフトであるためです。下級審では判断が分かれた（第一審では有罪、第二審では無罪）ため、最高裁の判断が注目されました。

　最高裁は、幇助の故意を否定し、無罪としました。その理由を述べるなかでは、Winny の「価値中立」性を指摘したうえで、それでも幇助が成立するためには、「一般的可能性を超える具体的な侵害利用状況」（現に著作権侵害が行われようとしているとか、多くのユーザが著作権侵害をする蓋然性が高いような場合）があることと、それを認識しつつソフトの公開・提供を行ったことが必要であると述べています。

🖥️ 近年の動向

　Winny 事件では、ソフトの開発者は結局無罪となりました。そうすると、著作権侵害のもっぱらの原因は、同ソフトのユーザ側にあることになります。

　しかし、ソフト自体はすでに大量に流通しているうえ、ピュア P2P の場合は中央サーバも必要ないことから、ユーザによるソフトの利用行為を誰かがコントロールすることは、きわめて困難といえます。そこで、ファイル共有ソフトのネットワーク上に大量のダミーファイルを流通させることによって、著作物を無許諾で入手しようとするユーザの減少を狙うなどの試みが検討されましたが、ネットワークインフラを無用に圧迫するなどの批判があり、実験レベルの試みにとどまっています。

　大量の著作権侵害ファイルを流通させたユーザが逮捕・摘発されるケースは、Winny の流行を受けて増加し、2012 年 10 月からは、違法にアップロードされた音楽や映像のファイルを私的にダウンロードする行為にも刑事罰が課せられることとなりました（➡その後の動きも含め、p.280「ダウンロード違法化、違法ダウンロードの刑事罰化、非親告罪化」参照）。文化庁から公表された調査報告書によれば、Winny や Share のノード数（接続者数）はその後減少傾向にあり、一定の抑止効果を上げたといわれます。もっとも、著作権侵害ファイ

ルの大規模な利用の場は、ファイル共有ソフトというITリテラシーの高い
ユーザが中心となってアングラ的に利用されていたサービスから、「漫画村」
に代表されるようにライトなユーザ層が気軽にアクセスして利用してしまう
ような海賊版サイトに重心が移っているといえます（➡ p.283「ブロッキングそ
の他の海賊版対策をめぐる議論と動向」参照）。　　　　　　　　　（増田雅史）

ニュースアグリゲータの行為は適法か

「必須知識編」の中で解説したように、著作物（➡ p.50「著作物とは何か①」以下参照）を利用する行為でない限り、そもそも著作権侵害は成立しません。

では、著作物性のない情報の利用行為は、名誉毀損などの別の問題を除けば、必ず適法になるのでしょうか。

© ヨミウリ・オンライン事件

この問題に関する著名な裁判例に、「ヨミウリ・オンライン（**YOL**）事件」があります。これは、原告（読売新聞社）のウェブサイトに掲載された新聞記事の見出しを、被告が自らのウェブサイト「ライントピックス」に転載したというものです。

転載された見出しは「いじめ苦？　都内のマンションで中3男子が飛び降り自殺」、「マナー知らず大学教授、マナー本海賊版作り販売」、「A・Bさん、赤倉温泉でアツアツの足湯体験」といったものであり、東京高裁は、これらの著作物性をいずれも否定しました。送信した見出しの著作物性がいずれも否定されたわけですから、必然的に、著作権侵害も成立しないことになります。

しかし、裁判所はこの判断に続いて、著作権侵害が成立せずとも、民法上の**一般不法行為**に該当し、損害賠償義務を負う場合があると述べました。そして裁判所は、①この見出しは、原告が多大な労力・費用をかけて作成したものであって、それだけでも取引の対象とされている実績があるから、法的な保護に値する利益となりうること、②被告は営利目的で、反復継続して、原告の見出し作成後すぐにコピーして配信しており、原告の業務と競合していることをそれぞれ指摘しました。そして、被告の行為は「社会的に許容された限度を越えたもの」であるとして、原告に対する不法行為の成立を認め、

被告に対し損害賠償を命じました。

 著作物にあたらないものでも、安心できない？

　ヨミウリ・オンライン事件の高裁判決からは、著作物に該当しない情報、例えば統計データなどを利用するサービスについても、第三者が公表しているものを無許諾で利用すれば不法行為にあたってしまうのではないか、との懸念が生まれます。

　もっとも、ヨミウリ・オンライン事件の高裁判決には、創作に費やした労力や費用を保護しようとする発想（これを**「額に汗」の理論**ということがあります）が見て取れますが、これは、著作権法が著作物を保護する目的と重複しつつ、大きくすれ違っているようにも思われます。著作物にあたらない表現の利用について不法行為の成立を認めることは、著作権法が「著作物」の定義規定によって線引きをしたはずの、表現物に対する権利保護の範囲を踏み越えるものではないか、との指摘です。

　この点、最高裁は、その後の別事件の判決中で、著作物に該当しないものの利用行為について、「<u>同法が規律の対象とする著作物の利用による利益とは異なる法的に保護された利益を侵害するなどの特段の事情がない限り、不法行為を構成するものではない</u>」と述べています（下線部は筆者）。これは、ヨミウリ・オンライン事件の高裁判決と比べて、不法行為が成立する余地をより狭く考えているようにも映ります。

 コンテンツアグリゲータ

　インターネット上のコンテンツを収集して整理するサービスを、「**コンテンツアグリゲーションサービス**」、または「**コンテンツアグリゲータ**」と呼ぶことがあります（➡類似のトピックとして、p.152「まとめサイト、キュレーションメディア」参照）。

　ネット上には大量のコンテンツアグリゲータが存在します。その中でも、とくにニュース記事に関して存在感を放っているサービス（**ニュースアグリゲータ**）は、「Google ニュース」でしょう。同サービスの中では、Google のウェブ検索サービスと同じように、収集対象となっている新聞社のインター

ネット記事が自動的にテーマ分類・序列化され、それぞれ見出しと冒頭部分が数行程度表示されます。そして、さらに記事を読みたければ、元の記事（新聞社のウェブサイト）へのリンクをたどることができます。

　こうしたサービスについては、検索エンジンと同様、ニュース記事へのアクセスを誘導するという効果があるとの指摘もある反面、ニュース記事に特化して検索結果を提供することにより利便性が高まった結果、アグリゲータが収集した情報だけで読者が満足してしまい記事へのアクセスがかえって減少する懸念や、そもそも第三者の記事を無許諾で利用して利益を上げることへの批判があります。

欧州の動き ― EU 著作権指令改正による「リンク税」導入へ

　欧州においては、まずドイツで Google が批判に晒されました。ドイツの新聞社らは、Google が得る利益は、本来であれば記事の出元である自分たちが得るべきものだと主張したのです。そして 2013 年、ニュース記事の配信権を新聞社に付与することを内容とする著作権法改正案、通称「**グーグル法**」が成立しました。Google の反対の結果、見出しなどの「最小限」の利用は保護の対象外となりましたが、その範囲はあまり明確でないと指摘されています。

　もっとも、ドイツ国内にもいろいろな意見があり、ヨーロッパ最大のニュース週刊誌「シュピーゲル」は、読者の利益のため Google からはライセンス料を徴収しない方針を明らかにしました。そちらの方が、自社のウェブサイトへのアクセス誘導ができる、という判断かもしれません。

　また、フランスにおいても、新聞各社がニュース記事の引用に対して料金を支払う仕組みである「**リンク税**」の提案を行いました。しかしこの動きは、ドイツと異なり具体化に進展することはありませんでした。フランスでは、過去にインターネット広告により収益を上げる企業からの税徴収が提案されたり、2013 年には 20 世紀中の絶版書物のデジタル化を原則として認める立法をしたりと（➡ p.245「デジタルアーカイブをめぐる EU の挑戦」参照）、Google を意識した動きが多く見られます。

　フランスの挫折により、「リンク税」の議論はいったん収束したように見

えました。しかし、Google らの米国発プラットフォーマーへの反発が欧州に燻り続けた結果、2019 年の EU 著作権指令の改正（欧州議会が 2019 年 3 月に可決した「デジタル単一市場における著作権に関する指令」（**DSM 著作権指令**）に基づくもの）により、報道コンテンツの保護として、サービスプロバイダは記事へのリンクの際のテキストを個別の単語または「非常に短い抜粋文」に限定するか、権利者に対して料金を支払うことを義務付けられることとなりました。主として反対派は、この仕組みを「リンク税」と呼んで非難していますが、ともあれフランスにおける議論が、より広域的な形で復活することとなりました。

（増田雅史）

7 違法行為
リーチサイト、
悪質なサイバーロッカーをめぐって

© リーチサイトとは

　インターネット上の著作権侵害の被害を拡大させるものとして、「**リーチサイト**」と呼ばれるサイトがあります。リーチサイトにはさまざまな形態がありますが、典型的なものは、違法にアップロードされたファイルがダウンロードできるサイトへのリンクや、他のアップローダに存在するファイルへのリンクが集められたサイトです。リーチサイトは、それ自体にファイルが違法にアップロードされているわけではないものの、ユーザはリーチサイトに掲載されているリンクを通じて違法サイトなどにアクセスし、違法にアップロードされた著作物をダウンロードすることになるため、違法サイトなどへのいわば道しるべ的な役割を果たしているといえます。

　ユーザは、リーチサイトの力を借りなければ違法サイトなどにアクセスできない場合も多く、その意味で、リーチサイトは著作権侵害の被害を大きく拡大するものであるといえ、各権利者団体は、その対応に頭を悩ませています。近時は、同様の機能を果たすアプリ（**リーチアプリ**）も増えています。

© 削除請求の可否

　それでは、著作権者や著作隣接権者は、リーチサイトの運営者に対し、リーチサイトの削除やリーチサイトに掲載されている違法サイトなどへのリンクの削除を請求できるでしょうか。

　この問題に関しては、リーチサイトの運営・管理行為は、著作権侵害そのものではないものの、著作権侵害の教唆ないし幇助にあたるとして差止請求（リンクの削除請求）を認めるべきであるとする見解もあります（➡ p.148「引用、転載、リンク②」参照）が、広く支持されてはいません。この見解による

と、例えば、ブログや Twitter などに動画共有サイトへのリンクを貼る行為も、動画共有サイトにはいまだ権利者に無許諾でアップロードされた動画が数多く投稿されている現状のもとでは、削除請求の対象となりかねないことになり、国民のインターネット生活に大きな影響を与えるおそれがあり、慎重に検討すべきように思います。

立法による対応

リーチサイトについては、長年審議会で議論が続けられてきましたが、2019 年 2 月に公表された文化審議会著作権分科会報告書において、一定の悪質なリーチサイトやリーチアプリに限定して、差止請求や刑事罰の対象とするよう法改正を行うべきであるとの提言が取りまとめられました。

その後、2019 年の通常国会で法改正が予定されていましたが、ダウンロード違法化対象拡大（➡ p.281）のあおりを受ける形で改正が見送られ、本書執筆時点ではいまだ改正は行われていません。比較的異論の少ない有効な海賊版サイト対策であり、早期の法改正が望まれます。

悪質なサイバーロッカーサービス

リーチサイトに関連するサービスに、「サイバーロッカー」と呼ばれるサービスがあります。

サイバーロッカーとは、クラウド上に設けられる仮想的なロッカー（ファイルストレージ）を提供するサービスであり、Dropbox などが有名です。

この種のサービスの中には、アップロードされたファイルの大半が、著作権者に無許諾でコピーされた他人の動画や音楽によって占められている悪質なものも存在し、リーチサイトは往々にして、このようなサービスでアップロードされた大量のファイルに対してリンクを貼っています。

このような悪質なサービスは、リーチサイトよりも直接的に著作権を侵害しているといえ、2012 年に閉鎖された「MEGAUPLOAD」を筆頭に、摘発・閉鎖される例が相次いでいます。

（池村 聡）

7 違法行為

ダウンロード違法化、違法ダウンロードの刑事罰化、非親告罪化

© ダウンロード違法化

著作権法は、著作物を家庭内その他これに準ずる限られた範囲内で使用することを目的とする複製（私的複製）は著作権者の許諾なく自由に行えるとする制限規定を設けています（➡ p.81 表4・30条、p.85「制限規定とは何か②」参照）。したがって、違法配信された音楽や映像をダウンロードする行為は、個人で楽しむ目的であれば、道義的な問題はともかく、著作権侵害の問題は生じませんでした。

しかし、インターネットの爆発的普及に伴う負の側面として、違法配信サイトやファイル共有ソフトなどにより違法配信される音楽や映像のファイルが大量に流通し、その結果、正規のコンテンツの売り上げに深刻な影響を及ぼしているという指摘がありました。また、違法にアップロードする者への権利行使だけでは対策に限界があるといった指摘もありました。

こうした指摘を受け、2009年の著作権法改正において、違法にアップロードされた音楽や映像を、違法にアップロードされたものであるという事実を知りながらダウンロードする行為は、私的複製であっても違法（複製権侵害）とする、いわゆる「**ダウンロード違法化**」が導入されました。

© 違法ダウンロードの刑事罰化

2009年の「ダウンロード違法化」では、ダウンロード者は違法にアップロードする者と比較して違法性の程度が低いことから、ダウンロード行為を刑事罰の対象とまではしませんでした。しかしながら、音楽業界を中心に、改正後も依然としてインターネット上の違法流通による被害が深刻な状況にあるとして、ダウンロード者を刑事罰の対象とすべきであるとする声が根強く、

その結果、2012年の著作権法改正において、政府提出法案への議員修正という形で、**違法ダウンロードの刑事罰化**が提案され、これがそのまま可決、成立しました。

　この改正は、違法にアップロードされた音楽や映像のダウンロードすべてを刑事罰の対象とするものではなく、CDやブルーレイの販売、有料配信といった形態で正規に有償で市場流通している音楽や映像のファイルが違法にアップロードされている場合に、違法にアップロードされているファイルであることを知りながらダウンロードする行為を刑事罰（2年以下の懲役または200万円以下の罰金）の対象としたものです。

　個人のダウンロード行為を刑事罰の対象とする法改正に対しては、国民のインターネットの利用を過度に阻害するおそれがある、改正の経緯が不透明であるなどとして、大きな反対もありました。前述の導入理由に照らせば、実際の運用に際しても、こうした趣旨を念頭に、必要以上に対象が拡がらないよう抑制的で厳格な法解釈が強く望まれます。例えば、動画投稿サービスに違法アップロードされた動画を、そのサービス上で閲覧しただけの者も閲覧した端末内に動画のキャッシュデータが一時的に生成されるため、刑事罰の対象になるとの見解もありますが、上記趣旨に照らせば、刑事罰の対象と解するべきではないでしょう。

🄫 違法ダウンロードの対象拡大─静止画ダウンロード違法化問題

　上記のとおり、違法ダウンロードの対象は映像や音楽に限られており、画像やテキストのダウンロードは除かれます。しかし、「漫画村」をはじめとする海賊版サイト対策の一環として、海賊版ブロッキング（➡ p.283）に代わる措置の一つとして、映像や音楽以外にも対象を拡大すべきとの意見が知的財産戦略本部で強まり、続いて文化庁の審議会でも、複数の委員から強い反対意見が出されたものの、当該方針のとおり取りまとめられました。この取りまとめを受け、2019年の通常国会において著作権法が改正される予定でしたが、ネットユーザを中心に大きな反対運動が起き、さらには、慎重な検討を求める有識者らによる緊急声明などが出された結果、法案提出が見送られるという事態となりました。違法ダウンロードの対象拡大を行う場合で

あっても、国民からの懸念の声への配慮という観点からは、海賊版サイト対策に有効で、かつ実効性のある内容にすることが求められ、本書執筆時において文化庁の検討会で議論が進められています。

📋 非親告罪化

　現行法上、著作権などを侵害する罪のほとんどは、被害者である権利者の告訴がなければ刑事訴追できないと定められています。このような定めのあるものを「**親告罪**」と呼びます。親告罪とされている理由については、著作権は私権であることから、刑事訴追をするかどうかの判断は権利者に委ねることが適当であり、権利者が刑事訴追を希望していない場合にまで国家が主体的に処罰を行うことは不適切であるからと説明されています。

　なお、2018年12月のTPP11の発効に伴う著作権法の改正により、

①侵害行為の対価として財産上の利益を得る目的または有償著作物の提供もしくは提示により権利者の得ることが見込まれる利益を害する目的を有していること

②有償著作物等を原作のまま公衆譲渡もしくは公衆送信またはこれらのための複製を行うものであること

③有償著作物等の提供または提示により権利者の得ることが見込まれる利益が不当に害されることとなること

をすべて満たす侵害行為については、権利者の告訴がなくとも刑事訴追ができるようになりました（**著作権侵害罪の一部非親告罪化**）。この改正に関しては、コミケにおける同人誌の販売等が非親告罪化の対象となり、二次創作活動に委縮効果が及ぶことを懸念する声が高まったことを受けて、結果的には、海賊版の販売や配信といったきわめて悪質な侵害行為のみが非親告罪化の対象とされています。

（池村 聡）

7 違法行為
ブロッキングその他の
海賊版対策をめぐる議論と動向

待ったなしの海賊版サイト対策

　近年、権利者の許可なく漫画やアニメ、音楽、ゲームなどのコンテンツをインターネット上にアップロードする、いわゆる**海賊版サイト**による被害はきわめて深刻な状況となっています。とりわけ漫画コンテンツは甚大な被害を受けており、無料で数万冊ものコミック作品が閲覧できた「FreeBooks」は、2017年5月に閉鎖されましたが、その被害は100億円ともいわれています。「FreeBooks」の閉鎖後は、代わって「漫画村」という別の海賊版サイトが猛威をふるい、若者を中心に、多くの人が罪の意識もなく漫画村を愛用した結果、出版業界は甚大な打撃を受け、大きな社会問題となりました。関係者の努力の甲斐もあり、漫画村に関与したとされる者の逮捕が続き、今後徐々に全貌が明らかになっていくことが期待されますが、ある海賊版サイトが閉鎖された後も、別の海賊版サイトが登場するなど、いたちごっこの様相を呈しています。

　こうした深刻な状況を踏まえ、政府は、これまで以上に本腰を入れて海賊版サイト対策を行う方針を強く打ち出し、2018年4月には、知的財産戦略本部と犯罪対策閣僚会議とが、「インターネット上の海賊版サイトに対する緊急対策」として、とくに悪質な海賊版サイトに対し、インターネットサービスプロバイダ（ISP）等による閲覧防止措置、いわゆる**海賊版ブロッキング**を実施しうる環境を整備する必要があるとし、これを受けて、海賊版ブロッキングをめぐり本格的な議論が開始されました。

海賊版ブロッキングとは何か

　ユーザが特定のサイトにアクセスしようとした場合に、ISP等が当該サイ

トへのアクセスを遮断する措置のことを**サイトブロッキング**といい、複数の技術的方法がありますが、海賊版ブロッキングにおいては、主として「**DNSブロッキング**」という方法が念頭におかれています。DNSブロッキングは、ユーザがあるサイトへアクセスをし、**DNS**（Domain Name System＝サイトが存在するサーバのIPアドレスと対応するドメインとを紐づけるシステム）に対してドメインからIPアドレスへの変換処理を要求した際に、そのドメインがあらかじめ特定された海賊版サイトのリストに含まれている場合には、IPアドレスへの変換はせずに、当該サイトへのアクセスを抑制する方法で、ヨーロッパを中心に導入されている国も多いとされます。

🖥ⓒ 通信の秘密との関係

　政府が打ち出した上記緊急対策では、ISP等による海賊版ブロッキングは、一定の場合には緊急避難（刑法37条）として違法性が阻却されるとされました。しかしながら、これに対しては、各方面より、通信の秘密を侵害するのではないかとの懸念が強く示されました。

　すなわち憲法21条2項は、「通信の秘密は、これを侵してはならない」と定め、通信の秘密を国民に保障していますが、これを受けた電気通信事業法4条1項は、「電気通信事業者の取扱中に係る通信の秘密は、侵してはならない」と規定しています。海賊版ブロッキングは、ISP等が、ユーザがどのサイトにアクセスするかを事前にチェックし、リストに該当する海賊版サイトへの通信を抑制するものであるため、通信の秘密の侵害にあたるのではないかという懸念です。

　こうした懸念の声が高まったこともあり、海賊版ブロッキングの検討の場であった知的財産戦略本部の海賊版対策タスクフォースでは、委員間で激しく意見が対立し、最終的に結論はまとまりませんでした。

🖥ⓒ 総合的な対策メニュー

　その後、2019年3月に開催された知的財産戦略本部の会合では、さまざまな施策を段階的に実施することを内容とする「インターネット上の海賊版に対する総合的な対策メニュー（案）」が示されました。同案では、「できる

ことから直ちに実施」する施策として、著作権教育・意識の啓発、正規版の流通促進、国際連携・国際執行の強化、検索サイト対策（検索結果からの海賊版サイトの削除・表示抑制）、海賊版サイトへの広告出稿の抑制、同意に基づくフィルタリング等、「導入・法案提出に向けて準備」する施策として、リーチサイト対策（➡ p.278「リーチサイト、悪質なサイバーロッカーをめぐって」参照）、静止画ダウンロード違法化（➡ p.280「ダウンロード違法化、違法ダウンロードの刑事罰化、非親告罪化」参照）、「他の取組の効果や被害状況等を見ながら検討」する施策としてサイトブロッキングが盛り込まれました。

　これに基づいて、出版界・通信界の実務レベルでの協力体制の構築、検索サイト・広告・フィルタリングなどの速やかな実施のための海賊版サイトリストの共有化、CDN 対策（➡ p.262「CDN サービスと権利侵害責任」参照）や海外での権利執行のスピード化など、民間での対策は進み（限界はあるものの）成果を上げつつあります。

ⓒ アクセス警告方式

　上記メニュー案では、「できることから直ちに実施」する施策として「アクセス警告方式」の検討、「導入・法案提出に向けて準備」する施策として「アクセス警告方式」の導入が、それぞれ盛り込まれています。

　「**アクセス警告方式**」とは、ユーザの同意に基づき、ISP 等が、ネットワーク上でユーザのアクセス先をチェックし、ユーザによる海賊版サイトへのアクセスを検知した場合に、「本当に海賊版サイトにアクセスしますか？（はい／いいえ）」等の警告画面を表示させる仕組みをいいます。この方式は、いわば「良心のある」ユーザに海賊版サイトへのアクセスを思いとどまらせることを期待するものといえるでしょう。

　アクセス警告方式は、ISP 等があらかじめユーザから同意を取得することにより通信の秘密に関する上記懸念をクリアできる点や同意しないユーザを対象から除外できるといった点がサイトブロッキングと異なるとされています。

　総務省の「インターネット上の海賊版サイトへのアクセス防止方策に関する検討会」は、2019 年 8 月に報告書を公表しており、同報告書では、現時

点でのユーザの意識や意向を前提とすると、ユーザから個別具体的かつ明確な同意を取得してアクセス警告方式を実施することは可能である一方、現状では、利用規約といった契約約款等による包括同意によってユーザの有効な同意があると考えることは困難であるほか、さまざまな技術的課題があること等が報告されています。

　上記のとおり、海賊版サイト対策は待ったなしの状況にあります。著作権者等の正当な利益を確保すべく、そして出版等の文化を守るため、ユーザの利益にも配慮しつつ、さまざまな施策を実行していくことが求められます。

（池村　聡）

8 グローバルな著作権問題

プラットフォームと規約・著作権❶

グローバル・プラットフォームと約款問題

　本書でも、改訂にあたって、GAFA（Google、Apple、Facebook、Amazon）などの巨大 IT 企業に代表される「プラットフォーム」の存在は色濃く反映されています。「プラットフォーム」は多義的な言葉ですが、本項ではとくに巨大 IT 企業（**グローバル・プラットフォーム**）を念頭におきます。その影響力はこの数年でもさらに大幅に増大し、EU をはじめ各国の IT・情報・競争・税制などの各政策においてもつねに中心的課題として話題と論争を集めてきました。ここではとくに、プラットフォームの規約・契約と著作権の問題に絞って、考えてみましょう。

　プラットフォームの利用規約が注目を集めることが増えてきました。われわれは彼らのアカウントを作成する際に、サービス規約・プライバシーポリシー・コンテンツポリシーなどと題される複数の**約款**に同意を求められることが少なくありません。それらは往々にして長文で、ときには原文（英文）からの直訳調で難解で、複数の文書が相互に参照されていて意味を取りづらいことこの上ない内容です。ほとんどのユーザは、そんな内容は読みもせずに 1 秒で「同意」ボタンをクリックし、サービスの提供を受けるでしょう。実際、いちいち読むことは到底考えられないほど、われわれの周囲は約款であふれています。つまり、現代は、「人々がかつてないほど契約を読まずにハンコを押している社会」ともいえます。

　こうした約款の有効性については、経産省の「**電子商取引及び情報財取引等に関する準則**」でも説明されており、改正民法にも規定があります。詳述は避けますが、それがわれわれを拘束する合意事項であることが明瞭に示されたうえで人々が同意をクリックしているなら、基本的には法的拘束力が認

められるケースが多いでしょう。では、いったい約款には何が書いてあるの
でしょうか。

約款の著作権条項

　約款の内容はしばしば一方的にユーザの権利を制限し、プラットフォーム
側の責任を免除する内容であるといわれます。広範な禁止事項も記載され、
プラットフォーム側はその違反があると判断した場合、あるいは単に必要が
あると判断した場合には、いつでもユーザがアップロードした情報を削除し
たりユーザのアカウントを停止・削除したりできる、と定められるのが典型
です。また、ユーザとの紛争に発展した場合には、プラットフォーム側の本
拠地（多くはカリフォルニア州のいずれかの郡）での裁判や仲裁で解決する、
と記載される例も少なくありません。さらに個人情報の取得と利用について
の広範な規定も見られますが、その点は次項②で後述します（➡ p.290）。

　著作権関連に絞ると、約款の内容は2種類の規定に大別されるでしょう。

　第一に、多くのユーザは個人情報に加えて、動画、画像、文章などの著作
物をプラットフォーム上にアップロードします。典型例は各種の投稿サービ
スやSNSサービスでしょう。多くのプラットフォーム約款は、これをおし
なべて「**コンテンツ**」ととらえます。かつては、こうしたコンテンツの著作
権はすべてプラットフォーム側に帰属する、と記載して炎上に発展した約款
もありました。

　現在では代表的なプラットフォームの多くはそうは書きません。コンテン
ツの著作権はユーザに帰属する、と記載されています。ただし、同時にプラッ
トフォームはその利用権を得る、とされるケースが大半でしょう。どんな利
用権かといえば、典型は「永久、全世界、サブライセンス可能、無償、改変
可能で全メディアであらゆる利用を行う権利」です。独占権と書かれていな
ければユーザ本人が使うのも自由でしょうが、プラットフォーム側でもほと
んど著作権者と同様に自由に使えるという規定です。用途は「プラットフォー
ム側のサービスに関連して」と限定されるケースもありますが、かなり広範
な利用が可能である点は同じでしょう。

　第二に、ユーザはプラットフォーム側の提供するコンテンツの利用を厳し

く制限されます。例えば今後、AIコンテンツを代表に自動的・半自動的に生成されるコンテンツはますますサービスの中心になっていくでしょう（➡ p.220「AI・ロボットと著作権①」参照）。それらが現行法のもとで著作権を認められるかは疑問もありますが、規約上は著作物であるなしにかかわらず、「プラットフォームの提供するコンテンツを彼らのサービスの範囲を離れて複製、公開、頒布、展示などすること」は原則として禁止される例が大半でしょう。

　違反すれば規約違反となり、理論上は何より致命的なアカウント削除もあり得ます。法的には著作権を認められないはずの大量の情報に、著作権類似の独占権が事実上認められるという意味で、これは、**「規約による著作権法のオーバーライド」**の典型的な例ともいえそうです。　　　　　（福井健策）

プラットフォームと規約・著作権❷

© 約款と消費者保護法制

　これらの**プラットフォーム約款**は、果たして有効でしょうか。**改正民法**では、約款が合意とみなされる場合でも、不当条項や不意打ち条項など、「一方の利益を不当に害する場合」には効力を否定されます（548条の2・2項）。また、**消費者契約法**上も「消費者の利益を一方的に害する条項」は無効とされています（10条）。ここでは、そもそもこれらの日本の法令が各約款に適用されるかの問題がありますが（➡ p.292「国境をまたいだサービスをめぐって①」参照）、日本国内でも広く利用されているプラットフォームの約款であれば、その可能性は低くないでしょう。ただし、「利益を不当に害するか否か」はかなり抽象的・価値的な要件ですから、ケース・バイ・ケースの判断とならざるを得ないでしょう。

© 約款と独禁法規制

　もっとも、こうした約款を締結するのは消費者たるユーザだけではありません。多くのコンテンツホルダーはいまや、一般ユーザと同様にプラットフォームの定型的な規約に同意する存在です。なかには文字通りユーザとまったく同じ規約に同意するケースもあれば、コンテンツホルダーに固有の約款が（ときに上乗せで）用意される場合もあります。この場合も合意内容は、一方的にプラットフォーム側に有利な場合が多いでしょう。

　さらに、前述の一般的特徴に加えて、「権利保有する全コンテンツの提供を求めるなどの囲い込み」「価格・発売時期・決済手段に代表されるようなマーケティング面での強い誘導」「最恵国待遇（最恵）条項」などの特徴が挙げられます。**最恵条項**とは、「他のプラットフォームに提供するのと同等

かより有利な条件」を相手方に義務付ける契約条項で、Amazon がこの件で公取委の立ち入り調査を受けたことは記憶に新しいところです。

「**更新拒絶を伴う漸進的改訂**」も問題となります。プラットフォームはしばしば、サービス開始時には多くのコンテンツを集めるために魅力的な条件を提示し、十分なマーケットシェアを獲得してコンテンツホルダーのプラットフォームへの依存度が上がってから、契約条件の改訂を始めるといわれます。新条件に同意しないコンテンツホルダーは、契約更新を拒まれるリスクがあります。著名な例としては、YouTube が有料サービスを米国などで開始した際、新契約条件に同意しないコンテンツホルダーは従来の公式チャンネルの動画も削除される、という通告を受けたケースが挙げられます。

こうした契約条件は**独占禁止法**（優越的地位の濫用など）に抵触する疑いがあるでしょう。2018 年、公取委など 3 省庁の組織した「デジタル・プラットフォーマーを巡る取引環境整備に関する検討会」は、巨大デジタル・プラットフォームのルールの公正性などを問題視し、調査の強化、専門組織の設置、契約条件の透明化などを求める基本原則を公表しました。特筆すべきは、同検討会が消費者との関係でも独禁法の適用可能性を示唆したことです。そこでは、消費者は経済的価値をもつ個人データをプラットフォームに提供しているという意味で取引関係にある、との指摘がされました。このロジックでいえば、多くのユーザは個人データだけでなく動画、写真などのコンテンツの利用権をプラットフォームに付与している意味でも「取引関係」にある、といえそうです。

そもそも、ネット社会においては事業者と一般ユーザとの違いは限りなく相対的になっています。YouTuber たちは消費者でもあり事業者でもあるでしょう。コンテンツ企業は、多くのプラットフォーム上で消費者と並列の一ユーザとして、その事業活動を展開しているともいえます。その意味では「B to B」「B to C」といった区分けの意味合いは薄れつつあるように思います。むしろ現代ではわれわれは等しく巨大プラットフォーム（P）の前では一ユーザ（U）であり、「**P to U**」の関係の中でその規律がどうあるべきかが広く問題になっているようにも思います。約款と著作権の問題にも、このような視点が必要かもしれません。

（福井健策）

国境をまたいだサービスをめぐって❶
――管轄、準拠法、執行

インターネットには国境がないため、海外企業により海外から提供される日本人向けサービスが増えています。こうしたサービスにおいて、著作権が侵害された場合、権利者はどこの国の裁判所で、どの国の法律により、どのように救済を受けることができるのでしょうか。

管轄

どこの国の裁判所に訴えを提起できるかという問題を、「**国際裁判管轄**」といいます。日本で裁判を起こせるかどうかについては、民事訴訟法がルールを定めています。

民事訴訟法は、①その外国企業が日本に主たる事務所や営業所をもつ場合にはそれらを管轄する裁判所に、②その外国企業が日本国内に事務所や営業所をもたない場合は、日本での代表者その他の主たる業務担当者の住所を管轄する裁判所に、それぞれ訴えを提起できると定めています。しかし、これでは、海外から日本語のウェブサイトを日本人向けにサービスを提供する外国企業のように、日本に事務所や営業所がなく、代表者や業務担当者もいないという外国企業を日本の裁判所で訴えることは困難でした。

そこで、2011 年に民事訴訟法が改正され、日本で事業を展開しながら支店を有していない外国企業に対して、その業務に関する訴えや仮処分を**東京地方裁判所**に提起できることとなりました。

そして、この改正法に基づき、日本においてブログなどのサービスを広く展開し、米国ネバダ州の法人である FC2 社に対し、発信者情報開示の仮処分を東京地方裁判所に申し立て、仮処分命令が発令された例やアダルト映像メーカー 7 社が、FC2 社が提供する動画投稿サービスにおいて著作権を侵害されたとして、東京地方裁判所に損害賠償などを求めて提起し、和解が成立

した例などが発表されています。なお、東京地方裁判所における仮処分の運用上は、ウェブサイト上の記載が日本語でなされており、日本からアクセスが可能である場合には、国際裁判管轄が認められています。

準拠法

外国企業に対して、日本の裁判所に管轄が認められたとしても、その裁判所において、どの国の法律を適用して判決を出すかは、別の問題です。これを「**準拠法**」の問題といいます。

準拠法についての基本的なルールは、「**法の適用に関する通則法**」という法律で定められており、例えば、契約をめぐるトラブルに関する訴訟の場合、当事者が自由に準拠法の合意をすることができるとされています。外国企業が提供するインターネットサービスでは、利用規約において外国法（例えば米国カリフォルニア州法）を準拠法としていることが多く、この場合、利用規約をめぐるトラブルはカリフォルニア州法に基づき判断されることになると考えられます。

次に、例えば中国のサーバにある日本語サイトから著作物が無許諾配信されており、日本のユーザが多数閲覧しているといった、著作権侵害に関する訴訟の場合に、準拠法をどう考えるかについては、さまざまな見解があります。この点に関し、侵害の結果が発生した地（**結果発生地**）の法律が適用されるとの見解がありますが、インターネット上の著作権侵害の場合、結果発生地をどう考えるのかという点についても争いがあります。送信行為が行われた地（＝上記例では中国）であるとする見解、受信行為が行われた地（＝上記例では日本など）であるとする見解がそれぞれ主張されているほか、インターネット上の著作権侵害の準拠法につき、特別なルールを定めるべきであるとする見解も有力であり、定説を見ない状況にあります。

執行

外国企業に対する訴訟については、このほかに「**執行**」の問題があります。つまり、裁判所で勝訴判決を得たとしても、その判決（例えば損害賠償の支払い）に相手方である外国企業が従わない場合には、「強制執行」という手

続で強制的に相手方の財産を差し押さえなければ、被害の救済は実現されません。

　ところが、強制執行は、相手方の財産が存在している国の裁判所しか行うことができません。つまり、損害賠償を回収するには、その被告が財産を有する国の裁判所の手続に基づき行う必要があります。

　したがって、日本の裁判所で勝訴判決を得た場合でも、相手方である外国企業の財産が外国にしか存在しないならば、結局相手国において、日本の判決を承認してもらうための法的な手続（**外国判決の承認手続**）を経ないとならず、そのために多くの時間と費用を要する場合も少なくありませんし、そもそも日本の判決が承認されない国もあります（中国、ベトナム、マレーシアなど）。このような理由から、日本で裁判を行うのではなく、直接相手方の会社が存在する国で裁判を行った方が、時間的にも費用的にも得な場合もあると考えられます。

　この点に関連して、米国における「**セクション1782ディスカバリー**」という制度を知っておくことは有益でしょう。これは、米国外の訴訟等において使用するために文書や宣誓供述書による証言を開示するように当事者に命じる権限を連邦地方裁判所に与えているもので、米国で訴訟を起こす場合でなくとも、米国企業から証拠開示を受けることを可能にするものです。当該制度により、例えば、日本で著作権侵害訴訟を提起しようとしている著作権者は、米国企業が有している文書について、**ディスカバリー（証拠開示）手続**を求めることができます。日本において、米国企業であるインターネットプロバイダを相手として、発信者情報開示請求訴訟を行う例が見られますが、日本の裁判所で勝訴判決を得て、米国の裁判所でこの判決を承認してもらい、執行をするよりも、上記制度を利用して、米国の裁判所に対して直接発信者情報の開示を求めた方が時間的にも早く解決することもあると考えられます。

（池村聡）

8 グローバルな著作権問題

国境をまたいだサービスをめぐって❷
──コピーライトヘイブンと国際競争

　インターネットの世界では、物理的には世界中が一つにつながっています。したがって、技術的には、インターネットサービスは世界中のどこからでも提供することができます。そして、法律的にも、日本のユーザ向けに提供される日本語のサービスであっても、日本国内から提供しなければならないということはなく、世界中のどこからでも提供することができます。

　一方で、どの法制度も、国や地域によってその内容が異なり、著作権法もまた、例外ではありません。条約で一定のハーモナイゼーション（制度調和）がされているものの、保護期間や、あるいはインターネットサービスの提供において重要な役割をもつ制限規定の具体的な内容については、フェアユース規定（➡ p.80「制限規定とは何か①」参照）の有無など、国ごとに違いがあるのが実情です。その結果、コピーライトヘイブン（Copyright Haven）と、著作権制度の国際競争が発生することになるのです。

📷 タックスヘイブン

　「タックスヘイブン」（Tax Haven）という言葉は有名ですので、知っている人も多いかと思います。これは、同じ経済行為を行った場合において、税制が最も有利な国や地域を指す言葉で、より具体的には、課税が著しく軽減されたり、免除されたりする国や地域を意味します。経済の流動化に伴い、税制がより有利な国で経済行為を行うことで節税効果をねらう企業や個人が増えています。例えば、不動産の証券化などの金融の仕組みにおいて活用される特別目的会社（いわゆる SPC）としては、税制等の優遇策などが影響して、英領ケイマン諸島に置かれた法人が利用されることが多いというのは有名な話です。

　また、日本は相続税、法人税、所得税などが他国に比べて高いとされてい

ることから、節税の目的で住居や資産等をシンガポールなどの海外に移転する企業や富裕層も増えているといわれています。税制優遇策を提供する国の側から見れば、特定の経済活動に関する税率を軽減したり免除したりしても、その結果、人やお金が集まることにより市場規模が拡大すれば、相対的にはその国の税収全体は増えるということもありえます。そのため、こうした税制優遇策を提供しているものといえます。

ⓒ コピーライトヘイブン

　このように、制度がより有利な国や地域に人やお金が集まるのは、租税分野だけには限られません。著作権分野に関しても、サービスを提供する事業者から見て、「より魅力的な、使い勝手のよい著作権法」をもつ国、つまり「コピーライトヘイブン」を求めて、ビジネスの本拠地を戦略的に選ぶことも珍しくなくなってきました。例えば、インターネット上のコンテンツ共有サービスやブログサービスなどは、日本人向けのサービスであっても、米国から提供する企業が多いといわれています。その理由の一つに、米国の著作権法におけるプロバイダの責任制限規定（いわゆる**セーフハーバー規定**。➡ p.255「違法行為とプロバイダの責任」参照）が、日本のプロバイダ責任制限法における規定よりも、プロバイダにとってコストやリスクの低い構造になっていることにあるのではないか、といわれています（もっとも、米国のサーバから日本向けサービスを提供している場合に、必ず米国の著作権法が適用されるとは限らず、この点は、難しい論点です。➡ p.293 参照）。

　近年、例えば、著作権法上の制限規定、オーファンワークス（孤児著作物）対策、プロバイダの責任制限規定、プライバシー法制など、インターネット上のサービスにも深く関係する多くの難しい論点について、欧米諸国などが積極的に改革の提言を行ったり、ルールを改正したりしています。その背景には、このような「コピーライトヘイブン」をめぐる国際競争が発生しつつあることを欧米諸国が強く意識していることがあると考えられます。

ⓒ 知的財産政策に関する基本方針

　日本も、このような「コピーライトヘイブン」をめぐる国際競争の視点を

もって、著作権制度や知的財産制度を設計しようとする動きが出てきました。2013年6月に閣議決定された「**知的財産政策に関する基本方針**」では、「これまでの知財政策のように他国に追い付くことを目標とするのではなく、また後れを取り戻すのでもなく、国内外の企業や人を引き付けるような世界の最先端の知財システムを構築していくこと」を目標の一つとして掲げています。

　この「知的財産政策に関する基本方針」にそって「世界最先端の知財システムを構築」するために、具体的にどのようなルールを定めるべきか、という内容面での議論はまだまだこれからであり、その具体的な内容こそが重要です。諸外国との具体的な法制度の違いに着目し、その違いが実際に、市場や文化の発展においてどのような違いを生み出しているかを冷静に分析し、今後の市場や文化の動向をにらんだ戦略的な思考に基づいて、具体的なルールの改正が行われていくことが期待されます。2018年の著作権法改正で導入された「**柔軟な権利制限規定**」（➡ p.208）については、国際的に見てもユニークなものであり、権利制限規定のあり方に関して日本と同様の課題を抱えている諸外国に重要な示唆を与えるものであると高く評価する声や、人工知能開発との関係では世界最先端の内容であると評価する声もあります。

（池村　聡）

9 プライバシー問題

個人情報の保護

「インターネットビジネスとその他の権利①」（➡ p.43）の項でも触れたとおり、ネットビジネスのうちとくに個人向けのビジネスでは、個人情報の保護が問題となります。本項では、著作権とは少し離れますが、その具体的な規制内容を見ていきましょう。

個人情報とは

個人情報の保護に関する代表的な法令は、**個人情報保護法**です。同法上の「**個人情報**」とは、特定の個人を識別できるものをいい、他の情報と組み合わせて個人を識別することが簡単なものもこれに含みます。

氏名や住所は典型的な個人情報であり、会社のメールアドレスなども、例えば個人の氏名をローマ字にしたアドレスであれば、個人を識別できる情報といえる場合があります。これに対し、ウェブページの閲覧履歴といった情報のみの場合、個人的な情報であることは事実ですが、それだけで特定の個人を識別することは通常困難ですので、同法上の個人情報にはあたりません。

他の情報との組み合わせができる場合であっても、個人情報に該当しうるのがポイントです。情報をどんどん集めていくと、やがて特定性が高まっていく場合が考えられるからです。例えば、スマートフォンで入力される文字列を取得して、それをクラウド上で分析し、より精度の高い日本語変換機能を提供するような文字入力補助サービスを考えてみましょう。サービスの内容からして、入力される内容やその頻度を把握することになるでしょうが、入力される氏名や住所らしきものを集積・分析していくと、より頻度の高いものが本人の氏名や住所である可能性が高まりそうです。

このように、個人情報に該当するかどうかは、厳密な線引きが難しい場合があります。そういった可能性を考慮して、個人情報にあたることを前提と

した対応をしておくのが安全といえそうです。

　なお、2017年の個人情報保護法改正により、個人情報のカテゴリとして「**要配慮個人情報**」が新設されました。これは人種、信条、犯罪歴といった、その取扱いにとくに配慮を要するものとして具体的に指定された種類の情報を指す概念であり、下記で述べるとおり、通常の個人情報よりも慎重な扱いが要求されます。また、特定の個人を識別できないように加工し復元できないようにしたものは「**匿名加工情報**」と定義され、その作成や提供等については別途の規律が設けられました。

個人情報取扱事業者の義務

　事業者は、何らかの形で検索可能な状態の個人情報（これを「**個人データ**」といいます）を事業に用いている場合、その件数にかかわらず**個人情報取扱事業者**として、以下のような義務を負担することとなります。ちなみに、従業員が受け取った名刺をエクセルに入力して管理している場合なども、検索可能な状態の個人情報を扱っているといえます。そのため、個人情報取扱事業者としての義務を負うのは、決して個人情報にフォーカスしたサービスを扱っている一部の企業だけではありません。

● 適正な取得

　個人情報は適正な方法により取得するものとされており、偽り、または不正な手段による取得が禁止されています。例えば、本来の利用目的を隠しての取得や、録音していることを隠しながら個人情報について喋（しゃべ）らせたりする行為などが禁止されます。また、要配慮個人情報については原則として、本人の同意がないまま取得することが禁止されます。

● 利用目的の明示

　個人情報を取得する際には、あらかじめ利用目的を公表するか、または速やかに本人に通知し、もしくは公表しなければなりません。企業のウェブサイト上で掲載されていることが一般的な「**プライバシーポリシー**」（個人情報保護方針）は、これに対応するために作成・公表されているものです。

● 目的範囲外での利用禁止

　個人情報は、通知または公表した利用目的の範囲外での取扱いが、原則と

して禁止されています。

● 安全管理の措置

　個人データの漏洩(ろうえい)、減失や毀損(きそん)を防ぐため、安全管理のための措置をとらなければいけません。個人データの管理責任者を定める、アクセスが許されている従業員を限定する、セキュリティ監査を行う、研修を行う、などの方策が考えられます。詳しくは、**個人情報保護委員会**が作成しているガイドライン等を参照するのがよいでしょう。

● 第三者への提供の禁止

　個人データを第三者に提供することは、原則として禁止されます。ただし、これにはさまざまな例外があります。

　例えば、個人情報の取扱い業務を他社に委託することは、委託先において安全管理がはかられているかどうかを適切に監督していれば、許されます。ゲームの運営会社が、ユーザの名前やメールアドレスなどのデータを保管するサーバとして、第三者がクラウドで提供するインフラを利用する場合などがこれにあたります。

　また、もともと第三者への提供を利用目的として示していた場合や、第三者との共同利用を行う旨を示していた場合も、第三者への提供が許されます（ただし共同利用でない単純な第三者提供の場合、個人情報保護委員会への届出が必要であり、また、要配慮個人情報は提供できません）。なお、情報を取得した会社が、その子会社にも情報を使わせるという場合であっても、共同利用に該当しますので、あらかじめその旨を明示しなければなりません。

🖥️ 個人情報保護法の継続的な見直し

　個人情報保護法は、前記の 2017 年改正の際、その施行後 3 年ごとに、国際的動向等を勘案した検討を行ったうえ必要があれば所要の措置を講ずることが定められました。その最初の見直しタイミングに合わせ、個人情報保護委員会は 2019 年 11 月、「個人情報保護法 いわゆる 3 年ごと見直し 制度改正大綱（骨子)」を公表しています。

（増田雅史）

⑨ プライバシー問題

インターネット上のプライバシー問題❶
── 「ライフログ」の保護

　近時は、情報端末やネットワークの発達により、個人のプライバシーにかかわる情報を大量かつ継続的に入手することも可能となってきました。個人の生活履歴に関する情報を「ライフログ」と呼ぶことがありますが、これがつねに前項で説明した「個人情報」に該当するとは限りません。

　では、このような情報の取得や利用については、なんら規制を及ぼさなくてよいのでしょうか。本項で検討していきましょう。

🖥 ライフログとは

　Wikipedia によれば、**ライフログ**とは、「人間の生活・行い・体験を、映像・音声・位置情報などのデジタルデータとして記録する技術、あるいは記録自体のこと」とされています。これにあたりそうな情報としては、例えば、ウェブの閲覧履歴、EC サイトにおける購買・決済履歴、携帯端末の GPS によって把握された位置情報、電車の利用履歴などを収集・蓄積したものが考えられます。

　これらの情報は、それだけでは特定の個人を識別できる情報にはならない可能性が高いものです。他方、その情報の主である個人の生活の中身が詰まった情報ともいえますので、その情報を利用して何らかのサービスを提供するニーズは高いといえます。

　しかし、これらの情報が、ひとたび特定の個人を識別できる情報と結び付いたとすれば、その個人の私生活が丸裸になる危険すらあります。ライフログとは、何を買ったのか、どこにいたのか、趣味嗜好は何かなど、他人に知られたくない情報の塊といっても過言ではありません。

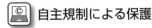 自主規制による保護

　このような事態を未然に防ぐためには、どうしたらよいでしょうか。まず考えられるのは法規制ですが、ライフログの定義自体が曖昧であるうえ、情報端末やネットワークの発達に応じて、ライフログを活用したサービスは次々と登場しています。このような状況のなかで、きっちりと法律の文言を整備してライフログを保護するのは至難の業といえます。法律をつくるまでには膨大な時間と作業が必要になりそうです。

　そこで欧米は、**自主規制**を中心とした対応が行われてきました。例えば、**行動ターゲティング広告**（インターネット上での閲覧履歴などの行動を把握したうえで、パーソナライズして提供される広告）へのプライバシー上の懸念から、インターネット広告の業界を中心として自主規制原則が策定され、それを国が一定の形でオーソライズし、違反者には法律を適用することを通じその遵守をはかる、という規制枠組み（いわゆる「**共同規制**」の手法）がつくられてきました。これに加え、とくに EU では、次項でも触れる GDPR により**データポータビリティ**（あるサービスが特定のユーザに関して収集・蓄積した利用履歴などのデータを、他のサービスで再利用できること）を権利として認めるなど、米国と比較してプライバシーにより配慮した仕組みがつくられています。

総務省が示した「原則」

　日本においては、総務省に設置された「利用者視点を踏まえた ICT サービスに係る諸問題に関する研究会」は 2010 年、ライフログの取扱いについて以下の「**配慮原則**」なるものを公表しました。

①広報、普及・啓発活動の推進

②透明性の確保

③利用者関与の機会の確保

④適正な手段による取得の確保

⑤適切な安全管理の確保

⑥苦情・質問への対応体制の確保

　ここでいう「透明性の確保」とは、情報をどのように取得して活用するのか、といった点をサービス利用者の知りうる状態におきましょう、ということです。そうすると、結局この「原則」の内容は、前項で説明した個人情報保護法上の規制内容と、とてもよく似ていることがわかります。

　その後、**日本インタラクティブ広告協会（JIAA）**からは、この「原則」にそったガイドラインが公表されています。欧米と同じように、まずはインターネット広告の分野から、自主規制の枠組みづくりが始まったといえます。

　もっとも、欧米とは異なり、日本はこのような自主規制に違反した場合の制裁の仕組みに乏しく、自主規制団体に属し、自主規制に従うインセンティブが十分にはたらかないことが指摘されています。現在は、総務省が自主規制の動きを「後押し」したり、事実上「指導」したりする程度が限界と思われます。

「情報銀行」の可能性

　近時は、「情報銀行」事業の可能性も議論されています。**情報銀行**とは、個人とのデータ活用に関する契約等に基づき、Personal Data Store（PDS）等のシステムを活用して個人のデータを管理するとともに、個人の指示またはあらかじめ指定した条件に基づき個人に代わり妥当性を判断のうえ、データを第三者（他の事業者）に提供する事業のことを指します。

　これは、個人情報を保護しつつ、安全な形で利活用するための方策として考えられました。個人が自らの意思で情報を蓄積し管理しつつ、その活用を第三者に委ねることにより、そこから得られた利益を個人に還元するという発想に立つもので、もっぱら政策上の概念として（法律上の定義はありません）、資産を預かり運用する信託銀行とのアナロジーで「情報銀行」（または情報利用信用銀行）の名を冠しています。

　個人に関するデータへのニーズは高まる一方であり、それを安全に管理しつつ利活用することには、個人・事業者双方にメリットがあるといえるでしょう。他方、そういったデータを資産のように扱ってポイントなどの経済的利益を還元することについては道なかばであり、疑問視する意見もあります。

（増田雅史）

インターネット上のプライバシー問題❷
──「忘れられる権利」、GDPR

　デジタル化・ネットワーク化の発展は、著作権問題だけでなく、プライバシー問題、個人情報保護問題にも大きな影響を与えました。最近では、いわゆる「**ビッグデータ**」（➡ p.217「ビッグデータビジネスの権利問題」参照）の利活用に関係し、プライバシーや個人情報保護のあり方について議論が活発に行われています。ビッグデータビジネスにおいては、個人の知らないところでその人にまつわるさまざまなデータが収集、分析され、分析の結果がさまざまな形で利活用されるため、対象となるデータや利活用の態様などによっては、個人の利益を侵害するおそれがあります。一方、プライバシー意識の高まりにより、法的に問題がない利活用であっても事業者が社会的非難に晒されたり、あるいは利活用自体の萎縮を招くおそれもあるところです。

　こうした状況を受け、2015 年に、①個人情報の定義の明確化、要配慮個人情報に関する規定の整備、②個人情報の有用性を確保するための各種整備（匿名加工情報の利活用に関する規定の新設）、③トレーサビリティの確保、④外国事業者への第三者提供、⑤個人情報保護委員会の創設等を内容とする個人情報保護法の改正が行われ、関係ガイドラインが整備されました。

忘れられる権利

　インターネット上に存在する（個人）情報の大きな特徴として、削除しない限り永久に残され、つねに拡散する危険があるということが挙げられます。

　例えば、ある人が逮捕され、メディア上で大々的に実名報道され、多くの話題を集めたものの、その後不起訴処分で釈放されたという例を考えてみましょう。従来であれば、報道後、時間の経過とともに、事件のことなどとうに忘れ去られ、過去の出来事になり、逮捕された人は平穏な生活を送れるケースも多いでしょう。しかし現代では、ネット上の記事などが削除されない限

り、誰でも何年経ってもそのサイトに容易に遭遇し、逮捕されたという情報に接することができます。インターネット上の情報の場合、検索サービスにおいてその人の名前で検索することにより、古い記事であっても埋没することなく容易にアクセスすることが可能です。また、逮捕時に不特定多数のインターネットユーザが事件についてブログや SNS などで言及しているような場合は、情報が拡散してしまっているので、さらに問題は深刻といえます。

　日本では、Google の検索結果から、検索結果に表示される自分の逮捕歴に関する情報の削除を求めた仮処分命令申立事件において、2017 年に最高裁が、「**忘れられる権利**」という表現こそ用いませんでしたが、注目すべき判断を示しています。

　最高裁は、「個人のプライバシーに属する事実をみだりに公表されない利益は、法的な保護の対象となる」とする一方で、検索サービスに関し、「情報の収集、整理及び提供はプログラムにより自動的に行われるものの、同プログラムは検索結果の提供に関する検索事業者の方針に沿った結果を得ることができるように作成されたものであるから、検索結果の提供は検索事業者自身による表現行為という側面を有する」とし、さらには「公衆が、インターネット上に情報を発信したり、インターネット上の膨大な量の情報の中から必要なものを入手したりすることを支援するものであり、現代社会においてインターネット上の情報流通の基盤として大きな役割を果たしている」と述べ、検索結果の削除は、こうした表現行為や役割の制約になると指摘しました。そのうえで、検索結果の提供行為が違法とされるか否かについては、「当該事実の性質及び内容、当該 URL 等情報が提供されることによってその者のプライバシーに属する事実が伝達される範囲とその者が被る具体的被害の程度、その者の社会的地位や影響力、上記記事等の目的や意義、上記記事等が掲載された時の社会的状況とその後の変化、上記記事等において当該事実を記載する必要性など、当該事実を公表されない法的利益と当該 URL 等情報を検索結果として提供する理由に関する諸事情を比較衡量して判断すべきもので、その結果、当該事実を公表されない法的利益が優越することが明らかな場合には、検索事業者に対し、当該 URL 等情報を検索結果から削除することを求めることができるものと解する」との判断基準を示しており、注

目されます。

📇 EU 一般データ保護規則（GDPR）

　欧州では、EU 域内における統一的なルール策定を目的として、2018 年 5 月に、**EU 一般データ保護規則（GDPR）**が施行されています。GDPR は、個人データの処理や欧州経済領域（EEA）域外への個人データの移転を行うための要件を定め、個人データの処理や EEA 域外移転を行う者が遵守すべきさまざまなルールを定める規則です。GDPR は、EU 域内に支社等を置く日本企業のみならず、EU 域内の消費者に日本から商品を販売する日本企業等にも適用され、違反した場合に巨額の制裁金が課されることもあり、多くの日本企業が対応に迫られることになりました。

　GDPR においては、EEA の域外に個人データを移転することは原則として違法とされていますが、移転先の国や地域において十分に個人データの保護措置を講じていると認められる場合（いわゆる**十分性認定**）には移転が適法とされ、日本は、2019 年 1 月に欧州委員会により十分性認定が行われています。そして、これを受けて、「個人情報の保護に関する法律に係る EU 域内から十分性認定により移転を受けた個人データの取扱いに関する補完的ルール」が施行されています。

　上記「忘れられる権利」との関係では、GDPR は、個人データの主体に、一定の場合に個人データを削除することを求める権利を付与しており、個人データの削除を請求された管理者は、遅滞なくこれに応じる義務があります。GDPR における「忘れられる権利」に関しては、Google の検索結果の削除をめぐって、EU 域外でも適用されるのか、すなわち Google は個人データ主体の請求に応じ、全世界のウェブサイトで削除を実施する義務を負うのかが争われてきました。この点に関し、2018 年 9 月に、欧州司法裁判所の法務官は、Google の主張に理解を示し、域外適用を否定する見解を示しました。

（池村 聡）

主要参考文献

- 加戸守行 著『著作権法逐条講義 六訂新版』(著作権情報センター、2013 年)
- 小泉直樹・田村善之・駒田泰土・上野達弘 編『著作権判例百選 第 6 版』(有斐閣、2019 年)
- 著作権法令研究会 編著『実務者のための著作権ハンドブック 第九版』(著作権情報センター、2014 年)
- 文化庁 編著『著作権法入門 2019 – 2020』(著作権情報センター、2019 年)
- 福井健策 編著・二関辰郎 著『ライブイベント・ビジネスの著作権』(著作権情報センター、2015 年)
- 福井健策 編 内藤篤・升本喜郎 著『映画・ゲームビジネスの著作権 第 2 版』(著作権情報センター、2015 年)
- 福井健策 編 前田哲男・谷口元 著『音楽ビジネスの著作権 第 2 版』(著作権情報センター、2016 年)
- 福井健策 編 桑野雄一郎 著『出版・マンガビジネスの著作権 第 2 版』(著作権情報センター、2018 年)
- 福井健策 著『著作権とは何か―文化と創造のゆくえ』(集英社、2005 年)
- 福井健策 著『著作権の世紀―変わる「情報の独占制度」』(集英社、2010 年)
- 福井健策 著『「ネットの自由」vs. 著作権― TPP は、終わりの始まりなのか』(光文社、2012 年)
- 野口祐子 著『デジタル時代の著作権』(筑摩書房、2010 年)
- 半田正夫・松田政行 編『著作権法コンメンタール 1・2・3（第 2 版）』(勁草書房、2015 年)
- 池村聡 著『著作権法コンメンタール別冊 平成 21 年改正解説』(勁草書房、2010 年)
- 池村聡・壹貫田剛史 著『著作権法コンメンタール別冊 平成 24 年改正解説』(勁草書房、2013 年)
- 池村聡 著『はじめての著作権法』(日本経済新聞出版社、2018 年)
- 増田雅史・生貝直人 著『デジタルコンテンツ法制―過去・現在・未来の課題』(朝日新聞出版、2012 年)
- 斎藤博 著『著作権法 第 3 版』(有斐閣、2007 年)
- 作花文雄 著『詳解 著作権法 第 4 版』(ぎょうせい、2010 年)
- 島並良・上野達弘・横山久芳 著『著作権法入門 第 2 版』(有斐閣、2016 年)
- 高林龍 著『標準 著作権法 第 3 版』(有斐閣、2016 年)
- 田村善之 著『著作権法概説 第 2 版』(有斐閣、2001 年)
- 中山信弘 著『著作権法 第 2 版』(有斐閣、2014 年)
- 総務省 編『情報通信白書（各年度版）』
  (https://www.soumu.go.jp/johotsusintokei/whitepaper/)
- インターネット白書編集委員会 編『インターネット白書 2019』(インプレス R&D、2019 年)
- デジタルコンテンツ協会 編著『デジタルコンテンツ白書 2019』(デジタルコンテンツ協会、2019 年)
- クリス・アンダーソン 著『フリー――〈無料〉からお金を生み出す新戦略』(日本放送出版協会、2009 年)
- ジャン‐ノエル・ジャンヌネー 著『Google との闘い―文化の多様性を守るために』(岩波書店、2007 年)

（前ページより続く）

- 生貝直人 著『情報社会と共同規制─インターネット政策の国際比較制度研究』（勁草書房、2011 年）
- クリエイティブ・コモンズ・ジャパン 編『クリエイティブ・コモンズ─デジタル時代の知的財産権』（NTT 出版、2005 年）
- 福田雅樹・林秀弥・成原慧 編著『AI がつなげる社会』（弘文堂、2017 年）
- 平野晋 著『ロボット法』（弘文堂、2017 年）
- 弥永真生・宍戸常寿 編『ロボット・AI と法』（有斐閣、2018 年）
- 総務省総合通信基盤局消費者行政第二課 著『改訂増補第 2 版 プロバイダ責任制限法』（第一法規、2018 年）
- 著作権法令研究会 編『逐条解説 著作権等管理事業法』（有斐閣、2001 年）
- ウィキメディア財団 編「Wikipedia」（http://ja.wikipedia.org/wiki/）

▦ あとがき

　「インターネットビジネスの著作権とルール」初回版が発行された2014年から今回の改訂版が発行される2020年の6年間、実に世の中は加速度的に変化した。著作権という権利の概念も世の中の変化に合わせて多様になっている。これが、初回版と改訂版の差分に相当するのだが、この新旧両方の版を手にとって読みくらべてもらい、その差分を時間的変容として感じ取る。次の時代、次の変化に向けてより鋭敏な時代感覚を習得するという使い方は、本書の別な楽しみ方の一つとして、読者にはぜひお薦めしておきたい。

　ところで、前述のとおり、この6年間の日常的な仕事上の会話においても著作権を意識する場面は確実に増えており、「こんなシーンでも著作権の話をするようになったのか」という状況に出くわすこともしばしば。良い傾向だと感心する一方で、著作権の内面を理解している感じにはやや遠く、一定の範囲の事実や各論を事例的ルールとして捉えられている雰囲気も同じくらい感じることがある。すでに出来上がっているビジネスやサービスについての手続きの話であればそれで良いのだろうし、それでこそ本書のナビゲーターとしての存在が6年の歳月を経て、一般的な著作権に対する概念の基盤を形成することに寄与してきたということを実感する。しかし、新しいビジネスやサービスにチャレンジするときにこれではいけない。薄く広く認知が進むことで、端的な判断や解釈が標準的ルールに置き換わったとき、新しいアイデアやプランは規格外の事例としてネガティブな印象に転じやすい。印象によって正否（あるいは善悪）が判断されやすい現在の世相においては、薄い知識が容易にイノベーションの足枷に成り得ることを危惧している。

　著作権は難しい代物である。原則的に著作権者の判断が権利施行可否を決定づける。だからこそ、可能性において著作権の活用範囲はもっと自由に発想され、議論されるべきである。構造上、“折り合い”をつけることで常識は覆る可能性を孕んでいるのだ。そのような可能性を希望に変えて、“今の常識”を超えて著作権をテクニカルに捉え、どのように使っていくのかといった議論やプロトタイプの先に著作権の未来“次の常識”があるのだと感じる。

　今や世界的にテレビを圧倒するメディアとなったインターネット動画共有

プラットフォームも、わずか十数年前には著作権における負の温床として世論の攻撃対象であった。インターネット技術は万人に発言と発表の機会を提供したことで、著作権の特異点を容易に超えるきっかけをつくったのである。手前勝手な解釈をすれば、法の専門家でもない私が本書の著者の一人として迎えられているのも、こうした世の中の理<ruby>理<rt>ことわり</rt></ruby>がひっくり返る渦中でどのようなことが起きてきたのかを知るものであり、その知見から未来の著作権がどのようにデザインされるべきなのかを、本書を通して示唆する役割を担っているのだろうと考えている。次の改訂を待たずして世の中はさらに大きく変わっていく。私たちが日々の生活で見聞き触れるものすべてはライフハックされる。コピーやダウンロード、アーカイブ、ストレージというデータ移動の概念は早々に消え去り、私たちが接する情報すべては有機的に一体化する。その裏側では著作権処理などはもれなく行われ、新たな価値を生んでいく時代が到来するだろう。そんな時代を前に、本書の読者にこそ、時代を予見した発想と議論、そしてトライアンドエラーを大いに行ってもらい、時代の最先端での眺望を堪能してほしいのだ。

　本書が、著作権の未来を描く礎となり、ビジネスを超えた社会システムの誕生のきっかけとならんことを願ってやまない。

Let's Think

2020 年 1 月

　　　　　　　　　　　　　　　　　　　　　　　　　杉本 誠司

▩ 著作権関係団体一覧

名称	住所・tel・URL
一般社団法人 映像コンテンツ権利処理機構（aRma）	〒 107-0061 東京都港区北青山 2-11-10 青山野末ビル tel：03-5775-4870 https://www.arma.or.jp
一般社団法人 映像実演権利者合同機構（PRE）	〒 160-0022 東京都新宿区新宿 1-14-6 御苑ビル tel：03-5312-6658 http://www.pre.or.jp
一般社団法人 演奏家権利処理合同機構（MPN）	〒 107-0061 東京都港区北青山 2-10-29 日昭第 2 ビル tel：03-5772-4481 https://www.mpn.or.jp
一般社団法人 コンピュータソフトウェア著作権協会（ACCS）	〒 112-0012 東京都文京区大塚 5-40-18 友成フォーサイトビル tel：03-5976-5175 http://www2.accsjp.or.jp
一般社団法人 授業目的公衆送信補償金等管理協会（SARTRAS）	〒 107-0061 東京都港区北青山 3-3-7 第一青山ビル tel：03-5786-0125 https://sartras.or.jp
特定非営利活動法人 肖像パブリシティ権擁護監視機構（JAPRPO）	〒 160-8501 東京都新宿区左門町 4 四谷アネックス tel：03-3226-0984 http://www.japrpo.or.jp
協同組合 日本映画監督協会	〒 150-0044 東京都渋谷区円山町 3-2 渋谷後藤ビル tel：03-3461-4411 http://www.dgj.or.jp
一般社団法人 日本映画製作者連盟	〒 103-0027 東京都中央区日本橋 1-17-12 日本橋ビルディング tel：03-3243-9100 http://www.eiren.org
一般社団法人 日本映像ソフト協会（JVA）	〒 104-0045 東京都中央区築地 2-11-24 第 29 興和ビル別館 tel：03-3542-4433 http://www.jva-net.or.jp

名称	住所・tel・URL
一般社団法人 日本音楽事業者協会（JAME）	〒 151-0051 東京都渋谷区千駄ヶ谷 1-26-3 tel：03-3404-4133 https://www.jame.or.jp
一般社団法人 日本音楽出版社協会（MPA）	〒 107-0062 東京都港区南青山 2-31-8 Daiwa 南青山ビル tel：03-3403-9141 http://www.mpaj.or.jp
一般社団法人 日本音楽制作者連盟（FMPJ）	〒 150-0001 東京都渋谷区神宮前 5-48-1 神宮前和田ビル tel：03-5467-6849 http://www.fmp.or.jp
一般社団法人 日本音楽著作権協会（JASRAC）	〒 151-8540 東京都渋谷区上原 3-6-12 tel：03-3481-2121 https://www.jasrac.or.jp
協同組合 日本脚本家連盟	〒 106-0032 東京都港区六本木 6-1-20 六本木電気ビル tel：03-3401-2304 http://www.writersguild.or.jp
公益社団法人 日本グラフィックデザイナー協会（JAGDA）	〒 107-6205 東京都港区赤坂 9-7-1 ミッドタウン・タワー tel：03-5770-7509 https://www.jagda.org
公益社団法人 日本芸能実演家団体協議会（芸団協）／ 実演家著作隣接権センター（CPRA）	〒 163-1466 東京都新宿区西新宿 3-20-2 東京オペラシティタワー tel：03-5353-6600 ▶芸団協 URL https://www.geidankyo.or.jp ▶ CPRA URL https://www.cpra.jp
一般社団法人 日本雑誌協会（JMPA）	〒 101-0051 東京都千代田区神田神保町 1-32 出版クラブビル tel：03-3291-0775 https://www.j-magazine.or.jp
協同組合 日本シナリオ作家協会	〒 107-0052 東京都港区赤坂 5-4-16 シナリオ会館 tel：03-3584-1901 http://www.j-writersguild.org

名称	住所・tel・URL
一般社団法人 日本写真著作権協会（JPCA）	〒 102-0082 東京都千代田区一番町 25 JCII ビル tel：03-3221-6555 https://jpca.gr.jp
一般社団法人 日本書籍出版協会（JBPA）	〒 101-0051 東京都千代田区神田神保町 1-32 出版クラブビル tel：03-6273-7061 http://www.jbpa.or.jp
一般社団法人 日本新聞協会	〒 100-8543 東京都千代田区内幸町 2-2-1 日本プレスセンタービル tel：03-3591-4401 https://www.pressnet.or.jp
一般社団法人 日本美術家連盟（JAA）	〒 104-0061 東京都中央区銀座 3-10-19 美術家会館 tel：03-3542-2581 http://www.jaa-iaa.or.jp
公益社団法人 日本複製権センター（JRRC）	〒 105-0002 東京都港区愛宕 1-3-4 愛宕東洋ビル tel：03-6809-1281 https://jrrc.or.jp
公益社団法人 日本文藝家協会	〒 102-8559 東京都千代田区紀尾井町 3-23 文藝春秋ビル新館 tel：03-3265-9658 http://www.bungeika.or.jp
日本放送協会（NHK）	〒 150-8001 東京都渋谷区神南 2-2-1 tel：03-3465-1111 https://www.nhk.or.jp
公益社団法人 日本漫画家協会（JCA）	〒 160-0001 東京都新宿区片町 3-1 YANASE 兎ビル tel：03-5368-3783 https://www.nihonmangakakyokai.or.jp
一般社団法人 日本民間放送連盟（JBA）	〒 102-8577 東京都千代田区紀尾井町 3-23 tel：03-5213-7711 https://j-ba.or.jp
一般社団法人 日本レコード協会（RIAJ）	〒 105-0001 東京都港区虎ノ門 2-2-5 共同通信会館 tel：03-5575-1301 https://www.riaj.or.jp

名称	住所・tel・URL
公益社団法人 著作権情報センター（CRIC）	〒164-0012 東京都中野区本町 1-32-2 ハーモニータワー tel：03-5309-2421 https://www.cric.or.jp
文化庁著作権課	〒100-8959 東京都千代田区霞が関 3-2-2 tel：03-5253-4111 https://www.bunka.go.jp
経済産業省商務情報政策局コンテンツ産業課	〒100-8901 東京都千代田区霞が関 1-3-1 tel：03-3501-1511 https://www.meti.go.jp
総務省総合通信基盤局電気通信事業部消費者行政課	〒100-8926 東京都千代田区霞が関 2-1-2 tel：03-5253-5847 https://www.soumu.go.jp
国立国会図書館（東京本館）	〒100-8924 東京都千代田区永田町 1-10-1 tel：03-3581-2331 https://www.ndl.go.jp

インターネットビジネス関係団体一覧

名称	住所・tel・URL
一般財団法人 インターネット協会 （IAJapan）	〒113-0034 東京都文京区湯島 2-21-1 長谷川ビル tel：03-5844-6840 http://www.iajapan.org
一般社団法人 インターネットユーザー協会（MIAU）	tel：03-6455-5466 https://miau.jp
一般社団法人 コンテンツ海外流通促進機構（CODA）	〒104-0045 東京都中央区築地 2-11-24 第 29 興和ビル別館 tel：03-3524-8880 http://www.coda-cj.jp
一般社団法人 コンピュータエンターテインメント協会（CESA）	〒163-0718 東京都新宿区西新宿 2-7-1 小田急第一生命ビル tel：03-6302-0231 http://www.cesa.or.jp
特定非営利活動法人 コンピュータエンターテインメントレーティング機構（CERO）	〒101-0044 東京都千代田区鍛冶町 2-3-1 神田高野ビル tel：03-5289-7928 https://www.cero.gr.jp
一般社団法人 コンピュータソフトウェア協会（CSAJ）	〒107-0052 東京都港区赤坂 1-3-6 赤坂グレースビル tel：03-3560-8440 https://www.csaj.jp
一般社団法人 コンピュータソフトウェア倫理機構（EOCS）	〒108-0023 東京都港区芝浦 3-11-13 SUDO ビル tel：03-6453-7185 http://www.sofurin.org
一般社団法人 情報サービス産業協会（JISA）	〒101-0047 東京都千代田区内神田 2-3-4 S-GATE 大手町北 tel：03-5289-7651 https://www.jisa.or.jp
一般財団法人 ソフトウェア情報センター（SOFTIC）	〒105-0003 東京都港区西新橋 3-16-11 愛宕イーストビル tel：03-3437-3071 http://www.softic.or.jp

名称	住所・tel・URL
一般社団法人 テレコムサービス協会 (TELESA)	〒103-0013 東京都中央区日本橋人形町 3-10-2 フローラビル tel：03-5644-7500 https://www.telesa.or.jp
一般財団法人 デジタルコンテンツ協会 (DCAJ)	〒102-0082 東京都千代田区一番町 23-3 千代田一番町ビル tel：03-3512-3900 http://www.dcaj.or.jp
一般社団法人 電気通信事業者協会 (TCA)	〒101-0052 東京都千代田区神田小川町 1-10 興信ビル tel：03-5577-5845 https://www.tca.or.jp
一般社団法人 日本インターネットプロバイダー協会 (JAIPA)	〒151-0053 東京都渋谷区代々木 1-36-1 オダカビル tel：03-5304-7511 https://www.jaipa.or.jp
一般社団法人 日本インタラクティブ広告協会 (JIAA)	〒104-0061 東京都中央区銀座 7-13-5 NREG 銀座ビル tel：03-6278-8051 https://www.jiaa.org
一般社団法人 日本オンラインゲーム協会 (JOGA)	〒150-0002 東京都渋谷区渋谷 1-8-3 TOC 第一ビル https://japanonlinegame.org
一般社団法人 日本スマートフォンセキュリティ協会 (JSSEC)	〒102-0093 東京都千代田区平河町 2-16-1 平河町森タワー tel：03-6757-0159 https://www.jssec.org
一般社団法人 日本ネットワークインフォメーションセンター (JPNIC)	〒101-0047 東京都千代田区内神田 3-6-2 アーバンネット神田ビル tel：03-5297-2311 https://www.nic.ad.jp
特定非営利活動法人 日本ネットワークセキュリティ協会 (JNSA)	〒105-0003 東京都港区西新橋 1-22-12 JC ビル tel：03-3519-6440 https://www.jnsa.org
ネットワーク音楽著作権連絡協議会 (NMRC)	〒101-0061 東京都千代田区三崎町 2-16-9 イトービル 音楽電子事業協会内 tel：03-5226-8550 http://www.nmrc.jp

名称	住所・tel・URL
ザ・ソフトウェア・アライアンス（BSA）	https://bsa.or.jp
ファイル共有ソフトを悪用した著作権侵害対策協議会（CCIF）	http://www.ccif-j.jp
不正商品対策協議会（ACA）	〒104-0045 東京都中央区築地 2-11-24 第 29 興和ビル別館 tel：03-3542-2010 http://www.aca.gr.jp
一般社団法人 モバイル・コンテンツ・フォーラム（MCF）	〒150-0013 東京都渋谷区恵比寿 4-4-5 第 3 伊藤ビル tel：03-5449-6409 https://www.mcf.or.jp

ワ

▓ 編著者・著者プロフィール

編著者

福井 健策（ふくい けんさく）

弁護士、ニューヨーク州弁護士（骨董通り法律事務所）。日本大学芸術学部 客員教授、神戸大学大学院 客員教授。1991年東京大学法学部卒。1993年弁護士登録（第二東京弁護士会）。米国コロンビア大学法学修士課程修了（セゾン文化財団スカラシップ）、シンガポール国立大学リサーチスカラーなどを経て、現在、骨董通り法律事務所 代表パートナー。著書に『著作権とは何か』（集英社新書、2005）、『エンタテインメントと著作権』シリーズ全5巻（シリーズ編者、CRIC、第2版2015～）、『契約の教科書』（文春新書、2011）、『「ネットの自由」vs. 著作権』（光文社新書、2012）、『18歳の著作権入門』（ちくま新書、2015）ほか多数。国会図書館審議会・文化庁ほか委員、「本の未来基金」運営委員、デジタルアーカイブ学会理事、think C 世話人、東京芸術大学兼任講師などを務める。http://www.kottolaw.com　Twitter: @fukuikensaku

著者

池村 聡（いけむら さとし）

弁護士（三浦法律事務所）。
1999年早稲田大学法学部卒。2001年弁護士登録（第二東京弁護士会）。2009年～2012年6月文化庁長官官房著作権課著作権調査官。森・濱田松本法律事務所を経て、2019年三浦法律事務所開設。文化庁では、平成21年、平成24年著作権法改正の立法作業をはじめ、著作権行政を幅広く担当。主要取扱分野は著作権法をはじめとする知的財産法、エンターテイメント関連法務、IT関連法務。著作に『はじめての著作権法』（日経文庫、2018）、『著作権法コンメンタール1・2・3（第2版）』（分担執筆、勁草書房、2015）、『著作権法コンメンタール別冊 平成21年改正解説』（勁草書房、2010）、『著作権法コンメンタール別冊 平成24年改正解説』（共著、勁草書房、2013）、『講座 現代の契約法各論2』（分担執筆、青林書院、2019）ほか多数。

杉本 誠司（すぎもと せいじ）

株式会社LATEGRA 取締役。株式会社ライブストリーミングジャパン代表取締役。桜美林学園（大学・大学院）客員教授。
2016年一橋大学大学院社会学研究科修了。後期博士課程在学中。インターネット動画サービス「ニコニコ動画」の運営会社ニワンゴに代表取締役社長として2005年より2015年の10年間にわたり従事。2015年、親会社であるドワンゴへの合併時には登録会員5000万人の有料課金会員250万人を数える、国内でも有数のWEBサービスへと成長させた。インターネットを通じたコミュニティ（ソーシャル・コミュニティ）や、ネットにおける著作権問題には造詣が深く、行政、民間の開催する委員会、勉強会などに数多く招聘。現在は、インターネットにおける新たなイノベーションを探求すべく、次世代の主力インフラならびにコンテンツ事業として期待されるVRやAR、ライブストリーミング等の分野に注力しており、株式会社LATEGRA、株式会社ライブストリーミングジャパンに参画。

増田 雅史（ますだ まさふみ）

弁護士、ニューヨーク州弁護士（森・濱田松本法律事務所）。
2004年東京大学工学部卒、2007年中央大学法科大学院修了。2008年弁護士登録（第二東京弁護士会）。米国スタンフォード大学法学修士課程修了、カークランド＆エリス法律事務所シカゴオフィス客員弁護士、シンガポール駐在を経て帰国後、2018年より金融庁市場課専門官として仮想通貨・ブロックチェーン関連の法改正に従事。主要取扱分野はIT・知的財産・FinTech。経済産業省メディア・コンテンツ課制度担当、東京大学大学院情報学環非常勤講師（情報社会論）、ソーシャルゲーム協会（JASGA）監事、コンテンツ海外流通促進機構（CODA）監事等、多数の公職に従事する傍ら、クリエイティブ・コモンズ・ジャパン（CCJP）等の非営利活動にも参画。著作は『デジタルコンテンツ法制』（共著、朝日新聞出版、2012）、『Google Books 裁判資料の分析とその評価』（共著、商事法務、2016）ほか多数。

装画………赤松 健（あかまつ けん）

エンタテインメントと著作権— 初歩から実践まで—⑤

インターネットビジネスの著作権とルール（第2版）

2014 年 7 月 1 日　初版第 1 刷発行
2020 年 3 月 16 日　第 2 版第 1 刷発行

編者 ――――― 福井健策
著者 ――――― 福井健策・池村 聡・杉本誠司・増田雅史
発行所 ――――― 公益社団法人 著作権情報センター（CRIC）
　　　　　　　〒 164-0012　東京都中野区本町 1-32-2
　　　　　　　　　　　　　ハーモニータワー 22 階
　　　　　　　tel：03-5309-2421　fax：03-5354-6435
　　　　　　　URL：https://www.cric.or.jp
印刷・製本 ――――― 株式会社 Reproduction

エンタテインメントと著作権 —— 初歩から実践まで —— ①
ライブイベント・ビジネスの著作権

福井健策 編／福井健策・二関辰郎 著　Ａ５判／228頁
定価：本体2,300円＋税

●ライブイベント・ビジネスの現場で活躍するクリエイター・スタッフ必携の書！
「ライブ・エンタテインメントの著作権」を改題し、内容を大幅にアップデート。
各種ライブイベント・ビジネスにおける著作権、実演家の権利、権利処理の知識などをわかりやすく解説する。

エンタテインメントと著作権 —— 初歩から実践まで —— ②
映画・ゲームビジネスの著作権 (第2版)

福井健策 編／内藤篤・升本喜郎 著　Ａ５判／328頁
定価：本体2,500円＋税

●映画・ゲームビジネスの現場で活躍するクリエイター・スタッフ必携の書！
初版から12項目を追加し、内容を大幅にアップデート。
映画・ゲームビジネスのしくみと動向、著作権の必須知識について、エンタメ・ロイヤーが初歩から実践までわかりやすく解説する。

エンタテインメントと著作権 —— 初歩から実践まで —— ③
音楽ビジネスの著作権 (第2版)

福井健策 編／前田哲男・谷口元 著　Ａ５判／312頁
定価：本体2,500円＋税

●音楽ビジネスの現場で活躍するクリエーター・スタッフ必携の書！
音楽ビジネスに欠かせないベストガイドの第2版。
音楽ビジネスのしくみと動向、権利処理の最新の知識がこの一冊で！

エンタテインメントと著作権 —— 初歩から実践まで —— ④
出版・マンガビジネスの著作権 (第2版)

福井健策 編／桑野雄一郎・赤松健 著　Ａ５判／296頁
定価：本体2,500円＋税

●出版・マンガビジネスの現場で活躍するクリエイター・スタッフ必携の書！
マンガなどの出版ビジネスに不可欠な著作権の知識を網羅した一冊！　出版業界の大きな流れを踏まえつつ、ビジネスのしくみと動向、著作権の必須知識から実践までをわかりやすく解説する。

そこが知りたい
著作権Q&A100 ～CRIC著作権相談室から～

早稲田祐美子 著　Ａ５判／240頁
定価：2,000円＋税

●著作権に関する疑問を解決！　1996年から開設している「著作権相談室」に実際に寄せられた疑問・質問に、ジャンルごとに分類された目次構成でわかりやすく解説する一冊。